The ABCs of CBM
A Practical Guide to Curriculum-Based Measurement
(Second Edition)

课程本位测量实践指南
（第2版）

［美］米歇尔・K. 霍斯普（Michelle K. Hosp）
［美］约翰・L. 霍斯普（John L. Hosp）　　◎ 著
［美］肯尼斯・W. 豪厄尔（Kenneth W. Howell）

刘　颂　◎ 主译

华夏出版社
HUAXIA PUBLISHING HOUSE

谨以此书献给所有的读者。

——丹尼尔·霍斯普（Daniel Hosp）

作者简介

米歇尔·K. 霍斯普博士（Michelle K. Hosp，PhD）是马萨诸塞大学阿默斯特分校特殊教育专业副教授，是有关问题解决和进步监测数据运用的知名培训专家，曾担任艾奥瓦阅读研究中心主任、美国进步监测中心和美国干预反应中心的培训专家，目前为美国密集干预中心的技术审查委员会成员。霍斯普博士的研究关注于阅读以及与课程本位测量（CBM）、课程本位评价（CBE）相关的多层支持系统/干预反应模式（MTSS/RTI），他撰写了大量期刊文章、书籍及书籍篇章。

约翰·L. 霍斯普博士（John L. Hosp，PhD）是马萨诸塞大学阿默斯特分校特殊教育专业教授。他重点研究的领域为多层支持系统/干预反应模式，对接受特殊教育的少数族裔学生人数比例过高、教学与评估的一致性以及课程本位测量、课程本位评价等问题尤其关注。霍斯普博士在美国开办研习班，撰写50多部作品，包括期刊文章、书籍及书籍篇章。

肯尼斯·W. 豪厄尔博士（Kenneth W. Howell，PhD）是西华盛顿大学特殊教育专业荣誉教授。他曾担任过普通教育教师、特殊教育教师和学校心理学家。豪厄尔博士在其职业生涯中主要关注有学习问题和行为问题的学生，包括问题青少年。他曾在美国以及国际上有关课程本位评价、多层支持系统/干预反应模式、青少年矫正、社交技能等的会议上发表学术演讲，发表多篇关于课程本位测量、课程本位评价与问题解决的文章。

推 荐 序

2020年10月，中共中央、国务院印发了《深化新时代教育评价改革总体方案》，对我国新时代教育评价改革做了重要部署。该文件明确提出，要强化过程评价，探索增值评价，充分利用信息技术，提高教育评价的科学性、专业性和客观性，通过教育评价理念和方法的更新，加快教育现代化，提高教育水平。2022年11月，教育部印发了《特殊教育办学质量评价指南》，该文件提出要有效发挥教育评价的引导、诊断、改进和激励功能，定期组织开展特殊教育学校和随班就读普通学校的校长、教师全员培训，使教师具备较强的教育评估能力，改革评价方式，全面提高特殊学生的受教育质量。这些文件的颁布，为特殊教育领域教育评价的纵深发展提供了良好的政策环境，在此背景下华夏出版社组织有关专业人士翻译出版《课程本位测量实践指南》（第2版）一书具有重要的现实意义。

《课程本位测量实践指南》（第2版）全书共包括10章内容，头两章首先对CBM进行了概述，阐述有关CBM的若干基本问题；然后中间6章系统地介绍了阅读、写作、早期数字、数学等学习领域CBM的测验样例、施测方法和应用；最后两章介绍了CBM的两项关键技术，即数据统计图的制作方法和CBM的规划与运作。

《课程本位测量实践指南》（第2版）的结构紧凑，条理清晰。对各个学习领域CBM方法的介绍具体明确，并针对CBM使用过程中可能出现的问题做出了解答。书中提供了可以免费获取或购买多种CBM材料、计算机操作软件的电话和网址，可以方便读者拓展学习和使用。概括而言，本书具有以下几个鲜明的特点：

1. 秉持教学评一体化的理念，符合当前课程评价改革的精神。CBM中的题目是根据各学科或内容领域的课程标准和教材编制的，这样的评价就不会偏离教育目标。通过CBM的施测可以监测学生学习的进步情况，诊断学习问题，帮助教师调整和改进教学，从而保证教育目标的实现。

2. 提供了一种客观、科学的过程评价的方法。例如，以监测为目的的 CBM 使用信度和效度较高的测验及复本，每周至少施测一次，持续地收集反映学生学习结果的信息。根据这些信息，可以筛查出存在学业失败风险的学生，及时地给予补救教学。而对于进步较快的学生，通过提高教学目标，促使学生取得更大的进步。

3. 用小粒度直接测量的方式监测学生的学习状况，所收集的数据对教学效果十分敏感，对于学习速度相对较慢的特殊儿童这是一种非常适宜的评价方法。例如，在数学四则运算 CBM 中不仅对受测者答案的正确数字记分，还对解答过程的正确数字记分，从这些过程数据中教师能够细致地分析学生知识和技能的掌握情况，有助于教师后续对有学习困难的学生采取精准的补救措施，并优化教学策略。

4. 书中介绍的课程本位测量方法容易学习和掌握。这种测量的题目和指导语都比较简短，无论是个别施测还是团体施测，每次施测的时间一般不超过 10 分钟，因此不会占用太多宝贵的教学时间，也不会给教师带来额外负担。用易于解释和使用的方式呈现数据，便于教师基于数据进行教学决策。这种测量和评价方法可以用于教师的在职培训，以提高特殊教育教师的专业化水平。

《课程本位测量实践指南》(第 2 版) 的中文翻译忠实于原著，该书的译者用词准确，文字表达简洁流畅。鉴于此，本人向我国广大的特殊教育教师、教育研究者和管理者推荐这本译作。

北京师范大学中国基础教育质量监测协同创新中心

2023 年 6 月 22 日

译 者 序

我们翻译《课程本位测量实践指南（第 2 版）》的初衷是希望给在特殊教育学校与普通学校从事特殊教育工作的教师提供一本内容全面、脉络清晰、实践性强的有关课程本位测量的专业书籍，能为当前国内特殊教育领域测量应用实践提供有针对性的参考与借鉴。

近年来，在特殊教育领域越来越强调测量实践与课程、教学的结合，以监测教学过程并为教学调整提供有价值的信息。无论是特殊教育学校的教育教学，还是针对普通学校随班就读学生的教育教学，都已经自发、自主乃至自如地探究如何运用课程本位测量监测教学过程或者个别化教育计划（IEP）目标的落实情况。

我在研究生课堂上和学生讨论课程本位测量时，试图整合散落在数量有限的学位论文、期刊文章、个别专著中有关课程本位测量应用的论述，同时结合我带着学生在特殊儿童个案教学干预研究中对课程本位测量的零星实验，发现并梳理了课程本位测量的一些关键特征，如测量工具等价性、重复性、嵌套于干预方案之中，但是我们还是存在以下疑惑：（1）课程本位测量是非正式测量吗？其信度和效度是否可以被检验？（2）各领域中课程本位测量编制的理论依据是什么？抑或课程本位测量就是一种单纯的测评手段，教考合一而已？（3）既然课程本位测量来自课程，那么测量工具的具体试题与教学内容如何区分？（4）课程本位测量与 IEP 的关系如何？（5）目前国内较为成熟的课程本位测量应用是在对识字障碍学生的阅读测评方面，而在针对功能性导向的生活语文、生活数学乃至整合性的课程内容方面应该如何开发适宜的课程本位测量工具？

对于上述大部分问题，我在翻译过程中找到了满意答案，受到相关启示，相信读者也能获得有价值的发现。本书的翻译工作分工如下：第 1、2 章、第 5 章、第 8—10 章由刘颂翻译，第 3、4 章、附录 A 由杜慧德、周麟翻译，第 6、7 章、附录

B 由周麟、杜慧德翻译，两位学生还协助本人进行了全书的统稿与校稿工作。

然而，因为中英文语言文字的差异以及本书主要关注学业方面的课程本位测量，有些议题尚待继续探讨与深入实践，借由本书抛砖引玉，我们将持续提高认识与完善实践。

刘　颂
2022 年 10 月 23 日

主译简介

刘颂，教育学博士，副教授，北京联合大学特殊教育专业负责人，马萨诸塞大学波士顿分校访问学者，长期从事融合教育、特殊儿童数学认知发展与教育等领域的研究，已翻译多部有关差异教学的著作。

目　　录

第1章　CBM 是什么，为何应开展 CBM 1
我为什么需要这本书 2
CBM 是什么 2
为什么时限、统计图等可以构成 CBM 的特征 3
为什么 CBM 不同于其他测量 4
CBM 的主要优点是什么 7
根据 CBM 数据可以做哪些类型的决策 8
CBM 与多层支持系统/干预反应模式有何关系 8
CBM 与课程本位评价有何关系 8
CBM 涉及教育的所有方面吗 9
CBM 是否有不同类型 9
我从未见过 CBM，如果它如此强大，为何没有得到广泛应用 14
CBM 可否应用于特殊教育或普通教育 14
谁来实施 CBM 15
如果我想使用 CBM，是否意味着我需要根据教学材料编制测验 16
我从哪里获得 CBM 材料 17
那么，我们从这里开始，前往何处呢 17

第2章　以评估与问题解决为目的的 CBM 18
我需要知道哪些有关教育决策的事情 18
课程本位测量是标准化测验吗 22
CBM 的信度和效度如何 22
他们从哪里获得 CBM 的表现标准 22
CBM 如何应用于筛查 23

CBM 如何应用于进步监测 ·· 25
　　如何运用这些信息撰写个别化教育计划的长短期目标 ·········· 27

第 3 章　如何开展早期阅读 CBM ·· 29
　　为什么应该开展早期阅读 CBM ·· 29
　　简要概述几个不常见的早期阅读 CBM ·································· 31
　　首音 CBM ··· 34
　　音素分割 CBM ··· 40
　　字母命名 CBM ··· 45
　　字母发音 CBM ··· 49
　　无意义单词 CBM ·· 54
　　单词识别 CBM ··· 60
　　应该多久实施一次早期阅读 CBM ······································· 64
　　早期阅读 CBM 施测和记分需要多长时间 ····························· 65
　　阅读 CBM 的记分 ··· 65
　　如何运用这些信息撰写早期阅读 IEP 的长短期目标 ················ 66
　　实施早期阅读 CBM 时的特别注意事项 ································ 67

第 4 章　如何开展阅读 CBM ··· 68
　　为什么应该开展阅读 CBM ·· 68
　　短文朗读 CBM ··· 71
　　完形填空 CBM ··· 77
　　应该多久实施一次短文朗读 CBM 与完形填空 CBM ··············· 82
　　阅读 CBM 施测和记分需要多长时间 ··································· 82
　　阅读 CBM 的记分 ··· 83
　　如何运用这些信息撰写阅读 IEP 的长短期目标 ······················ 84
　　阅读 CBM 常见问题 ··· 85

第 5 章　如何开展写作 CBM ··· 87
　　为什么应该开展写作 CBM ·· 87
　　实施写作 CBM 所需材料 ·· 88
　　写作 CBM 故事启发器 ·· 88
　　写作 CBM 的指导语与记分过程 ··· 91

应该多久实施一次写作 CBM ……………………………………………… 98
　　写作 CBM 施测和记分需要多长时间 ………………………………… 99
　　写作 CBM 记分 …………………………………………………………… 99
　　如何运用这些信息撰写写作 IEP 的长短期目标 …………………… 105
　　写作 CBM 常见问题 …………………………………………………… 105

第 6 章　早期数字 CBM　107

　　为什么应该开展早期数字 CBM ……………………………………… 107
　　数数 CBM ………………………………………………………………… 108
　　读数 CBM ………………………………………………………………… 114
　　找出缺失数字 CBM ……………………………………………………… 119
　　比较数字大小 CBM ……………………………………………………… 124
　　应该多久实施一次早期数字 CBM …………………………………… 128
　　早期数字 CBM 施测和记分需要多长时间 …………………………… 128
　　早期数字 CBM 的记分 ………………………………………………… 129
　　如何运用这些信息撰写早期数字 IEP 的长短期目标 ……………… 130
　　早期数字 CBM 常见问题 ……………………………………………… 131

第 7 章　如何开展数学 CBM　132

　　为什么应该开展数学 CBM …………………………………………… 132
　　计算 CBM ………………………………………………………………… 132
　　数学概念与应用 CBM …………………………………………………… 143
　　应该多久实施一次数学概念与应用 CBM …………………………… 148
　　数学概念与应用 CBM 施测和记分需要多长时间 …………………… 148
　　数学 CBM 的记分 ……………………………………………………… 149
　　如何运用这些信息撰写数学 IEP 的长短期目标 …………………… 151
　　实施数学 CBM 时的特别注意事项 …………………………………… 151
　　数学 CBM 常见问题 …………………………………………………… 154

第 8 章　如何开展内容领域 CBM　156

　　为什么应该开展内容领域 CBM ……………………………………… 156
　　短文朗读与完形填空 CBM …………………………………………… 156
　　词汇匹配 CBM …………………………………………………………… 157

应该多久实施一次内容领域 CBM ……………………………………………… 160
　　内容领域 CBM 施测和记分需要多长时间 …………………………………… 160
　　内容领域 CBM 的记分 ………………………………………………………… 161
　　如何运用这些信息撰写内容领域 IEP 的长短期目标 ………………………… 161
　　实施内容领域 CBM 时的特别注意事项 ……………………………………… 162
　　内容领域 CBM 常见问题 ……………………………………………………… 162

第 9 章　制作数据统计图以辅助做出决策 ……………………………………… 164
　　呈现 CBM 数据常用的统计图 ………………………………………………… 164
　　如何根据进步监测目的绘制 CBM 数据的统计图 …………………………… 167
　　如何根据进步监测设定目标并用统计图加以呈现 …………………………… 168
　　用图表呈现目标 ………………………………………………………………… 170
　　数据应该多久收集一次 ………………………………………………………… 171
　　帮助教育者运用数据做教学决策的原则 ……………………………………… 172
　　内容领域数据呈现的注意事项 ………………………………………………… 174
　　干预反应模式中的 CBM 应用 ………………………………………………… 174
　　电脑制图与数据管理软件 ……………………………………………………… 175
　　呈现 CBM 数据的常见问题 …………………………………………………… 179

第 10 章　CBM 的规划与运作 …………………………………………………… 180
　　制订使用 CBM 的计划 ………………………………………………………… 180
　　启动 CBM 的建议 ……………………………………………………………… 186
　　保持 CBM 运作的建议 ………………………………………………………… 186
　　CBM 规划与运作的常见问题 ………………………………………………… 187

附录 A　早期阅读 CBM、短文朗读 CBM 和完形填空 CBM 常模 ……………… 189
附录 B　实施 CBM 的快捷指南与表格 …………………………………………… 193

第 1 章

CBM 是什么，为何应开展 CBM

本书详细阐述课程本位测量（curriculum-based measurement，简称 CBM）这一评估工具。开篇将介绍 CBM 的概念和来源，重点关注如何在教室、学校、学区使用 CBM 以提高教育决策的质量。

当前教育界有诸多评估与评价方案，你可能会好奇为什么需要了解 CBM。这是一个合理的问题。

我们特别希望你了解，CBM 并不是额外的工作。CBM 可以替换你正在使用的或帮助你避免使用耗时或决策过程太复杂的评估程序。评估工作通常会挤占教学时间，尤其当这些工作缺乏效率或者与教学、学生的学习进步只有较低关联度时更是如此。

假设你正在规划一次旅行，开车前往某处，需要对多条线路和日程安排做出合适的选择，于是你查询"传统评估"的旅游网站。当你打开网页时，上面列出了家与目的地之间的道路清单，而页面上没有地方供你输入起点位置和终点位置，于是你无法规划路线（目的地名称即使选用"在加州"也无济于事）。

所以，你可以尝试"CBM 之旅"。打开 CBM 网页后就会有弹幕询问你当前地址与目的地的准确信息，还会询问你旅程终点与到达时间。CBM 还会监控进程，当你偏离原定路线时立即发出提示，告诉你如何适宜地调整。为此你不仅不会耽误时间，还能弥补之前浪费的时间。我们猜测你会放弃传统的评估旅程而开启 CBM 之旅！

在你出发前你需要知道 CBM 的以下信息：

1. CBM 不是额外的评估工具，而是替代工具。你不需要旅行两次，一次是传统的评估旅程，另一次是 CBM 旅程。你不需要通过评估两次来做一个决策！

2. CBM 是性价比极高的评估工具。需要的评估时间更少，花费的精力更少，效率也更高，令你更快地达成目标。

我为什么需要这本书

本书描述了一系列有助于提高教学质量的技能。它会介绍如何收集与使用信息。无论我们从事哪一项重要工作，在正式开始之前制订计划并在工作中监测进度，这都是最佳的工作模式，可以提高工作的效率，使工作安排更加周密。上述工作模式有助于清晰界定待完成的任务，当出现偏离目标的状况时及时发现，并且基于已获信息来决定如何调整。对儿童、青少年的教育相当重要，因此教育工作应该包括目标设定、计划、教学与监测。为了做好以上工作，教育工作者需要信息！信息的质量决定了工作的质量。

在美国，数百万的学龄儿童有严重的阅读问题，他们中有些来自低收入家庭或者属于某些少数族裔/种族。因此，教育工作者越来越迫切地需要在教授阅读等重要技能上做出基于信息的教学决策，以及发现有学业问题的学生有何需求。对于教师而言，如果没有可操作的工具与具体的信息，即使非常努力也难以完成上述工作。CBM 能为教育决策者提供准确的功能性信息。通过本书你将知道如何获得与使用这些信息。

CBM 是什么

CBM 是一种具备专属特征的评估工具。在简要介绍其特征之前，我们先大致了解 CBM 的全貌。

CBM 通常包括标准化指导语、计时器、测验材料（即短文、测验题、清单）、记分规则、表现评价标准与记录表或图。指导语是指用简明易懂的语言告知学生需要完成的任务；测验任务通常与学生的课堂活动没有太大差异（如读书、写作或者解答计算题）。在测量时学生使用的材料与课堂学习材料相似。在 CBM 中，学生需要完成限时任务，以便采取每分钟正确回答数量或错误回答数量的方式记录学生的表现（如学生在 1 分钟内读对了 47 个单词，读错了 8 个单词）。因此，主试需要使用计时器。同时，将学生表现水平的数据绘成图表或输入电脑以便分析该生的学习趋势。

当你观察 CBM 时，因为你无法看到表现标准或记分规则，你可能不会意识到 CBM 也像测验或评估一样需要施测。CBM 更像教学活动（不过，在 CBM 中不需要给予纠正性的反馈），CBM 的基本原则之一是"与课程保持一致"。一致性原则将会确保你的教学更具成效，即"考你所教的，教你要考的"。你所教的即课程（curriculum，源自拉丁语，原意指"跑道"，因此，课程指遵循特定路线以达到终点的学习过程），其目标在于培养社交和学业能力。

为什么时限、统计图等可以构成 CBM 的特征

CBM 源自斯坦·德诺（Stan Deno）与菲利斯·墨金（Phyllis Mirkin）20 世纪 70 年代末与 80 年代初在明尼苏达学习障碍研究所的工作（Deno & Mirkin，1977）。当时他们致力于开发一套"基于数据的方案调整"（data-based program modification，简称 DBPM）程序，包含目标设置、干预计划（强调合作和协商）的制订与监测。然而，为了发挥 DBPM 的功效，需要持续收集数据来获得所需信息以指导决策，促进方案的进一步调整。尽管许多教学干预计划的制订是通过协商完成的，但是其实施人员通常不是负责学生学业的人员（好比现今的状况），这也对方案调整提出了现实需要。

德诺与墨金意识到需要基于一般原则制订一套由标准化程序和规则组成的评估系统。当时，已经有以应用行为分析形式存在的评估系统，用于诸如课堂管理、社交行为等领域，但是没有涉及学业内容。因此，德诺与墨金决定开发 CBM。

CBM 具备以下特征（Deno，2003）：

1. 首要且最显著的特征是"一致性"。在 CBM 框架中，学生测量的内容即他们被教授的课程，这意味着：

- 内容一致；
- 刺激材料一致；
- 预期的学生回应一致。

2. 测验质量高。这意味着评估工具的信度和效度优良。你可以从提供进步监测的美国密集干预中心（National Center on Intensive Intervention）与提供筛查的美国干预反应中心（Center on Response to Intervention）获取众多课程本位测量的信度和效度证据。尽管 CBM 通常由教师在课堂中使用，但它不是非正式评估！非正式评估通常没有质量检测方面的证据（这是导致评估非正式的原因之一，不是指评估者休闲的穿衣风格）。

实证研究证实了 CBM 成效显著。在过去的 30 年，在权威期刊上有成百上千篇的实证研究论文支持 CBM 的实践运用。事实上，因为 CBM 用于测量学生的表现水平与进步速率，所以针对 CBM 采用的实证检验方法是传统测量检验中未曾使用过的。

3. CBM 通常使用标准参照，而非常模参照（后续详述）。

4. 在 CBM 中，应使用标准化程序进行施测与记分。所有希望与他人分享数据（如作为项目评估或者学生正式报告的组成部分）的 CBM 人员都必须遵循同样的施测与记分规则。例如：

- 针对每个内容领域设置标准化任务（如要求学生完成 3 个 1 分钟限时朗读任务，以考查学生的阅读表现水平）；

- 在选择或制作测验材料时，遵循标准化程序；
- 为每个程序制订标准化施测与记分规则。

5. 表现取样（performance sample，有时被称为行为数据）。CBM 采取直接、低推论测量，即计算某个时间段内（通常以分钟为单位）学生在特定任务中正确和错误的行为次数。因此，对测验结果的意义解释和推论保持在最低水平。例如，某个学生完成的一个阅读 CBM 反映了这个学生可以以每分钟 47 个正确单词的速率阅读五年级水平的短文。

6. 决策规则可解释学生在一段时间内不同的表现水平或者进步速率的意义。这些规则以表现标准为基础，通过取样或实验过程得以标准化。

7. CBM 强调重复测量，用于确定学生的进步速率与表现水平。因此，教师可以使用 CBM 数据监测学生在学习上的进步情况，从而根据需要及时调整学生的教育方案。因为 CBM 也测量当前的教学内容，而学生的表现会在学习过程中变化，所以重复测量能反映当前的教学干预方案对学生学习的影响程度。那么，教师可以运用 CBM 和进步监测数据评价自己的教学质量（以及决定何时需要改变）。因此，CBM 数据不仅有助于教师确定教学内容，而且有助于选定教学方法。

8. CBM 具有高效性。有关人员经过短期培训即能开展测量，而且整个测量过程用时短，所以 CBM 在实施上具有高效性。当你使用表现数据时，你可以根据学生在测验中的实际表现而直接下结论。（所有教育和心理测量都需要测量学生的行为，但是很多时候的原始表现，通常被称为原始分数，需要被转化成其他形式后方能使用。）绝大多数情况下 CBM 无须转换原始分数。

例如，如果某个学生每分钟阅读 47 个单词，而标准为每分钟阅读 60 个单词，结论为该生的阅读速率比标准少了 13 个单词。就这样简单！

为了方便课堂教学，可采取简单的行为描述方式对 CBM 结果进行总结和解释，不需要将其转化成百分位数或者正态分布曲线等值分数。如果某个学生每分钟正确阅读了 47 个单词，你只需要知道该生每分钟的正确阅读单词数量再增加 13 个就可达到年级要求。

9. 最后，可以通过多种手段对 CBM 数据进行有效地统计整理，如纸笔图表、基于网络的数据管理系统。因此，任何教育层级都能快速获取并运用数据。更重要的是，方便班级教师和学生使用。

为什么 CBM 不同于其他测量

上文阐述了 CBM 与传统评估在九个特征上的重要差异，这些差异源于二者在基本理念上的不同。

教育界相关人士都清楚学校里有种类繁多的评估,从复杂的美国州级学业成就测验到简单的书写评价。我们在教育中运用这些测量为决策者提供信息支持。这些测量通常具有特定的功能。

不同的决策类型需要不同的测量信息,因此学校有不同类型的测量。正如前文所述,CBM 旨在帮助教师制订教学计划,监测学习进步情况以检查教学效果。CBM 从四个方面实现上述目的:(1)与课程一致;(2)测量可改变的变量;(3)运用低推论测量;(4)标准参照。

课程

当测量基于课程时,我们预期测量取样来自所教授的内容。当测量涉及一般学业成就、残疾类型、学习风格、固定能力(如智力或认知能力)、发展阶段与知觉加工过程时,测量取样并非来自学生学习的内容。事实上,这些测验会尽量避开学生的学习内容。

我们猜测,你会期望课程本位测量能反映课程(对你有用!)。但是,CBM 也是在特定的教学系统中发挥功能,如多层支持系统(multi-tiered system of supports,简称 MTSS),也被称为干预反应模式(response to intervention,简称 RTI)。该教学系统的核心是提供一系列教学干预以及连续评估学生的表现。在这样的系统中,需要对学生的学习表现进行直接测量。对于其他问题解决范式,如传统的学生缺陷模式或者持"学生们在某项技能上的掌握情况应在接受教学后呈正态分布"这一假设,使用的测量方法与 CBM 不同。但是这两类测量的差异是什么呢?

可改变的变量

CBM 与其他传统的教育和心理测量的重要差异在于 CBM 旨在测量可改变的变量(alterable variable)。在教育领域,可改变的变量指随教学发生变化的事物。学生在完成课程任务上的表现被认为是可变化的,因为它受教师的直接控制(即学生的表现会因有效教学而变化)。CBM 不是简单记录存在的问题或者找出问题的缘由,而是通过数据收集系统生成指导教学的信息。例如,教师可以通过 CBM 了解某个学生在某种特定技能上的知识水平,既然教学是提供新知识的过程,那么这些信息就会影响教师接下来的教学安排。

至此,我们有必要探讨可改变的变量与固定变量的议题。关于测量有关学生的固定变量(如知觉加工过程、发展阶段、学习风格或者智商水平)是否为教学提供了有益参考,争议依然较大。说得更直白一点,教师通过教学可以改变学生在完成课程任务上的表现。然而,诸如学习风格、认知能力甚至一般学业成就通常被认为具有相对稳定性。因此，教师花时间测量上述固定变量，即使测量可能有效，对于改变这些变量也无能为力。更糟糕的是，尽管这些测量有效，倘若无法指出学生需要学习的技能，测量结果依然缺乏参考意义，所以，CBM 能弥合上述测量与教学之间的鸿沟。

低推论测量

测量甲的工具与得出乙的结论之间需要推论加以连接。我们需要应用理论分析测验结果，此为高推论测量。例如：认知测验工具（如智商测验）不包含任何认知能力测验题，但是包含认为测验者可以推论出学生认知能力的题目。因此，当学生在认知能力测验中用积木拼出几何形状时，分数不会被冠以"拼几何形状"，而是采用"认知能力"名称。如果我们认可此推论所依据的认知能力理论，就只能接受这种解释。

CBM 对学生在课堂中的可观察行为进行取样，这是不同于教育与学校心理学领域高推论测量的显著特征。CBM 不用于解释学习发生或不发生的过程，也不用于遵照特定理论分析学生的思维、注意、记忆或信息加工过程。因此，对 CBM 测验结果的意义解释和推论保持在最低水平。课程本位测量采用直接（低推论）观察，即计算某个时间段内（通常以分钟为单位）学生在所教授的任务中（如加法）正确和错误的行为次数。如果学生在 1 分钟内计算了 7 道加法题，其得分被称为"每分钟 7 道加法题"。如果标准为每分钟 40 道加法题，将每分钟 7 道题的得分简单解释为：需要给予该生加法运算方面的额外教学。

标准参照测量

CBM 不同于传统教育和心理测量的另外一个特点是 CBM 避开了正态分布理论，而是采取标准参照标准（虽然许多测量的常模已存在）。标准参照标准（criterion-referenced standard）可判断学生在完成某个任务上运用的知识是否达到了特定表现水平（即标准）。判断基于以下假设：缺乏相应技能且需要相关学习的学生无法通过此技能测验，而具备相应技能的学生可以通过测验。

问题在于常模参照标准（normative standard）几乎成为教育评价中唯一采用的方式。如果测量的目的是将学生的表现水平与他人进行比较，常模参照的方法具有合理性，但这不是教师最想知晓的结果！对于备课而言，教师知道学生是否掌握了先备知识和技能（或者学生将要学习的知识和技能）更为重要。仅仅知道学生的表现与他人相比如何，不能提供有价值的信息！

CBM 直接源自干预方案，目的在于向教师提供有关教什么和怎么教的策略信息。正如前文所述，CBM 为教学服务。这意味着测量必须具备以下特征：

- 与课程一致；
- 对教学敏感；

- 重复测量以监测学生的进步情况；
- 参照标准以判断学生何时掌握了特定技能。

上述特征有助于教师设定目标、判断学生已有的知识水平、将教学与测量相匹配、了解目标达成程度。

CBM 的主要优点是什么

CBM 具备有效性、一致性、监测进步的优点。有效性非常重要，因为没人愿意使用不方便、费解且费力的评估工具。CBM 便于操作，其测量结果也便于理解。这意味着评估用时更短，节省出更多的教学时间。

第二个优点是 CBM 与教学结果的一致性或关联性。测量与课程之间的关联性有助于使用者做出更好的教学决策。例如，关联性提高了在判断学生可以学习哪些内容和不能学习哪些内容上的决策质量。正如你所见，CBM 促使我们更加准确地选择教学目标以及判断学生现有的表现水平。

传统的常模参照测量是以难度各异的题目为样本，常常缺乏关联性（你很熟悉这种测验形式。测验以容易的题目开始，随后题目难度逐渐增加）。不幸的是，为了使测验尽可能测量多种技能且保持在易于施测的规模，测验题涉及的课程内容通常跨度较大，针对每项技能设置的测验题数量极其有限。鉴于上述原因，再加上需要完全回避某些技能，这些传统测验缺乏一致性。

当测验采取的任务形式不同于学生在学校实际做的任务时，一致性也是缺失的。例如，在团体测验中，学生通常需要以画圈或者连线的方式作答。在教学实践中，学生不需要选择出正确答案，而需要自己解答出正确答案！这两种技能截然不同。

CBM 的第三个优点是有利于监测学生的进步情况。典型的常模成就测量对于短时间内的教学效果难以做出准确评价，得出的分数也会保持相对稳定（学生在常模参照测量中的分数不会在短时间内发生变化），而且这些测验并没有足够多的等价题目来开展多次重测。然而，CBM 采用等值取样进行重复（甚至每天）测量，从而实现进步监测的功能。这意味着在相对较短的时间内，CBM 可以检验教学是否有效，也意味着 CBM 有助于做出教学方法的决策。CBM 能及时反映教学是否有效以及/或者教学何时需要改变。

教育者通过 CBM 可获取进步方面的数据，因而不断获得新的信息。借由这些信息，教育者可做出一系列新的且明智的教育决策。在教学过程中收集信息即形成性评价（formative evaluation）。形成性评价是当初德诺与墨金开发的 DBPM 系统的核心组成部分，指借助重复的直接测量获取信息来展示学习趋势，从而根据学生的进步水平做出教学决策。CBM 是所有教师或者学校心理学家可以毫不费力就能操作且功能最强的评估工具！

根据 CBM 数据可以做哪些类型的决策

正如本书第 2 章所述，在教育领域常见以下四种主要的决策：
1. 筛查决策，以确定需要帮助的学生名单与不需要帮助的学生名单；
2. 进步监测，以确定教学何时转向新目标或者进行调整；
3. 诊断决策，以确定学生需要何种类型的帮助；
4. 结果决策，以确定何时终止特殊服务与记录所有学生的整体学习成效。

我们根据决策的类型来选择测量类型。结果与技能本位的 CBM 常常被用作调查工具，而侧重掌握程度的 CBM 常常被用作特定测量工具，本书稍后将对此进行详解。

CBM 与多层支持系统/干预反应模式有何关系

多层支持系统和干预反应模式经常被视为同义词，意在为有不同特殊需要的学生提供不同层次的干预与支持。一般而言，二者都涉及做出基于数据的决策以解决问题。良好的多层支持系统/干预反应模式的关键组成部分是运用评估工具进行筛查和监测进步以及用分层的方式提供教学与干预。这就意味着如果学生有更多的教学需求，则得到更多或更密集的教学与支持。如前文所述（第 2 章会深入阐述），CBM 能完美发挥筛查与监测进步的功能，而这二者正好是多层支持系统/干预反应模式的关键组成部分之一。

CBM 与课程本位评价有何关系

多层支持系统/干预反应模式的第三个关键组成部分是指依据学生的需要与学习情况做出决策。这就意味着越是有困难的学生，对其提供的教学支持越密集。课程本位评价（curriculum-based evaluation，CBE）是做出教学决策的一种方式，以满足特殊需要学生的需求。CBM 和 CBE 这两个概念都包含"课程本位"一词，因此，也就不难猜出，CBE 是一个系统化的问题解决过程，该过程根据 CBM 提供的数据做出决策，即基于数据的决策。

CBM 涉及教育的所有方面吗

不，CBM 不包含教学！

CBM 不是教学或干预方法，而是提高教学匹配度的工具。同样，CBM 不是课程。因此，CBM 阅读方案并不存在。

CBM 是一种可以加以灵活运用的评估工具，其施测与记分规则好比模板，可以嵌套于各种内容领域的教学目标中。因此，CBM 特别有助于教师实现教学的多样性，即教师可以运用不同的教学方法或者对不同学生采取不同的方法。

市面上有不少成套的课程本位测量工具，它们根据特定的目标系统而被开发，但是这些工具的目标与任务并非 CBM 的要素（它们以不同的任务、具体目标和课程为基础并反映其要求）。CBM 的要素指基于课程开发的一整套程序，该程序不仅涉及对测量结果的记录、总结和解释，还囊括了测量工具的编制、施测和记分。因此，你不可能买到一套适合所有科目或者所有课堂的 CBM 工具。

CBM 是否有不同类型

测量只有从设计、施测和记分三方面符合 CBM 的开发流程，才能成为 CBM。CBM 可以分为以下三类：一般结果测量、技能本位测量、掌握度测量。这三种类型既具备 CBM 共同的特征，又在使用目的和所要测量的技能上差异明显。

一般结果测量

一般结果测量（general outcome measure，简称 GOM）指设置最复杂的任务进行表现取样，而学生只有成功运用了大量子能力方能顺利完成该任务。子能力不需要单独进行测量。在一般结果测量中的表现反映了子能力的综合运用程度。因此，一般结果测量是整体导向，而掌握度测量是分解导向。

一般结果测量的最佳实例可能是朗读短文。想要流畅朗读，学生必须同时使用多种技能，包括运用字母、字母组合、构词、词汇、句法与内容知识的能力。学生在以上任何技能上的进步，理论上都能提高其朗读短文的水平。因此，将口头朗读作为一般结果测量，你就无须监测每个子能力（无论这些子能力是单独教授还是混合教授）。

一般结果测量具有以下显著优点。第一，可以大大减少测量的数量，合理避开测量引入、管理、施测、记分与追踪的繁琐工作。在一年里只需要 4 到 5 个覆盖某个领域的一般结果测量工具，教师就可以监测整个学年的教学成效。第二，运用一般结果测量还可以避免子能力与情景分离。如果你设置的任务不符合学生的日常学习情景（如要求学生读出无意义单词或者读出单个字母的发音），那么这种测验的效度很有可能降低。第三，在一般结果测量中取得的进步若以视觉形式呈现将是一条长长的斜线，即学习习得斜率①（acquisition slope），这就为进步监测与基于数据的教学调整创造了合适的机会。

如上所述，一般结果测量尤其适用于筛查与进步监测，以了解整体的表现水平。一般结果测量的主要缺点是缺乏针对性。如果学生的口头朗读能力有限，而你想获知相关技能的发展状况，一般结果测量无法提供该方面的详细信息。还有一个缺点是在某些课程领域无法设置复杂程度更高的任务来反映各项子能力的综合运用情况。例如，很难针对高年级的数学开发一般结果测量。

技能本位测量

技能本位测量（skills-based measure，简称 SBM）可以弥补一般结果测量的缺点。其优点是当无法设置最复杂的任务时，可以运用技能本位测量在课程领域进行筛查与进步监测。

技能本位测量的最佳实例为数学计算。在特定年级，数学课程中的计算领域包括一系列技能。例如，二年级课程可能包括加法、两位数不进位加法、两位数进位加法、减法。没有哪个单一任务可以同时测量上述各项能力的掌握水平，需要运用技能本位测量对每项能力进行直接测量。

技能本位测量首先需要确定特定内容领域的目标体系。时间跨度可以是整学年或者相对较短的时限。一旦确定了目标体系，需要设计测量每个目标的试题。同一个目标下的试题应该具有相同的难度。接着，以随机方式组合试题，编制成成套试卷（其实，试题应该按照特定考虑确定顺序，这种顺序还不能轻易被识别）。这确保了同一课程内容之下的测量等价。

测验中的试题不是按照教学顺序或者复杂程度编排。相同目标之下的所有题目不会编排在一起。根据每个目标都能在每个测验期同等体现（即初期测验、中期测验、后期测验）的原则来组合试题。标注每个试题所测量的技能非常有必要，以便教师将测量表现与教学目标相关联。

技能本位测量通常采取如下指导语："尽你所能做题目。如果你遇到不会的，可

---

① 编注：斜率反映了直线对水平面的倾斜程度，在本书中，斜率越大，表明学生在学习上的变化越大。

以跳过去。"讲完指导语，发放测验材料，学生开始测验，如果学生刚开始接触测验涉及的课程内容，他们肯定跳过许多题目不答，得分也不高。随着课程的进展与学生对新技能的学习，他们可以完成更多试题，得分也会逐渐提高。因此，技能本位测量的优势在于可以用于监测进步，也能同一般结果测量一样生成一条长长的斜线。此外，只要采取的试卷编制步骤能够确保每类试题都有充足的取样，且试题与目标互相参照，这样的技能本位测量还可以提供分析性信息。

技能本位测量的最大缺点是教学刚开始时，大部分试题因超出学生当前表现水平而变得与学生无关。在教学末期，因为学生已经学过了，大部分试题将再次变得无关。基本上，这意味着在特定时期，只有少部分试题与学生当前的学习直接相关。

掌握度测量

掌握度测量（mastery measure，简称 MM）在如下方面具有不同于前两种 CBM 的特点，一方面是在作为任务编制来源的课程中的相对层次，另一方面是测量网络[①]的规模。一般结果测量的任务比掌握度测量的任务更复杂、更高阶；相较于技能本位测量，掌握度测量测量的技能更少（即技能本位测量包含更广泛的技能网络）。因此，掌握度测量一般用于测量课程内容中分离且容易识别的领域，这些领域均与某些技能、主题、概念或者解决策略紧密相关，如标点（写作）、乘法口诀（数学）、字母发音（早期阅读）。

掌握度测量适用于以下情况：

1. 想要聚焦于一系列特定的技能时。这些技能可能包含所谓的工具技能（tool skills），需要学生较为熟练地掌握（如字母组合、不发音的字母 e 转换成元音、基本计算）。这些技能对于完成许多其他任务也非常关键，如快速完成分数乘法。

2. 如果你想找出问题的原因，需要开展专项测验（如考查学生是否因为不知道如何从不相干的信息中找到关联性而在阅读理解上有困难）。

3. 需要监测单一技能的学习成效时（尽管掌握度测量关注单一的技能，但并不意味着采取分离的方式教授技能，而是为了聚焦某项单一技能才采取分离的测量方式）。

掌握度测量的缺点主要在于关注范围狭窄。这种测量不适合用来调查表现的总体情况或者监测长期目标的实现情况。运用掌握度测量去监测进步，其数据统计图看起来类似锯条上的齿尖一样高低起落（见图 1.1）。数据呈现出现这种特点是因为：一旦学生在某个特定测验中取得高分，马上引入新的测验，这样学生的得分就会下滑。这被称为测量转移（measurement shift，有时也被称为悬崖降落）。针对课程的同一部分内

[①] 原注：测量网络，英文是 measurement net，指测量取样的规模与特征。例如：包含 25 种计算能力的测验比只包含 5 种计算能力的测验的测量网络更广泛。

容开展的一般结果测量或技能本位测量由一系列的掌握度测量所组成，因此不会出现测量转移现象，而是生成一条长长的典型的学习曲线以供决策时使用（见图1.2）。

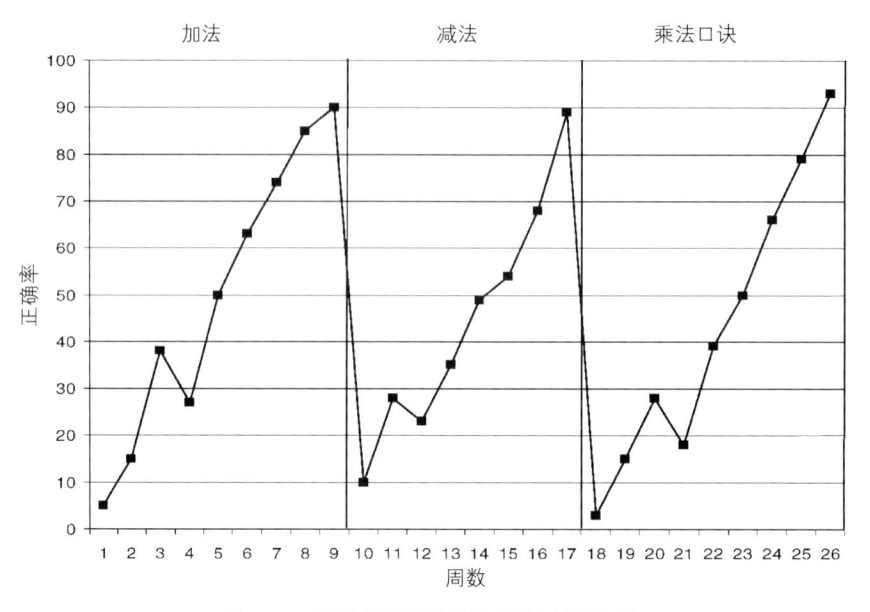

图1.1　掌握度测量进步监测统计图示例

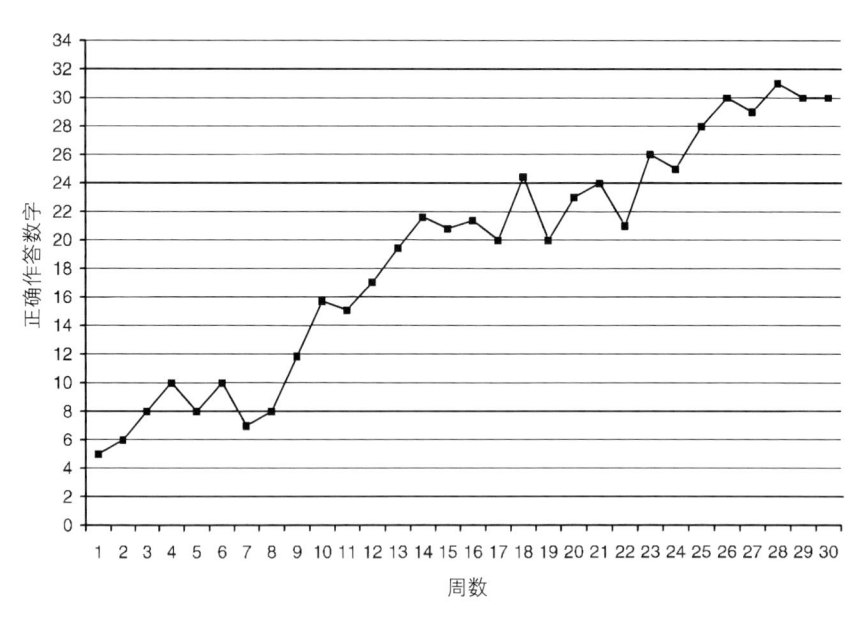

图1.2　一般结果测量或技能本位测量进步监测统计图示例

对每种测量的特征简要总结见表1.1。

表1.1 三种课程本位测量类型的比较

一般结果测量	技能本位测量	掌握度测量
主要用途		
• 筛查 • 调查测验 • 进步监测	• 筛查 • 调查测验 • 进步监测	• 诊断性评价 • 特定测验 • 测量特定内容领域 • 测量不同的熟练水平与反应类型
结构		
• 使用整体/互动任务 • 单一技能未被分离或标注 • 朝向长期目标 • 常常包含常规课堂任务	• 由基于系列目标编制的多种试题组成 • 通常从整学年的目标中对技能进行取样 • 单一技能未被分离或标注 • 试题常常与目标相互参照	• 可能仅测量某个特定技能或者短期教学目标 • 针对每个技能收集大量的表现样本 • 试题作为技能和/或熟练水平的参照 • 可能以分离的方式测量某些技能
优点		
• 提供视角 • 描述技能的总体掌握情况 • 适用于监测 • 不存在测量转移 • 可解释维持与迁移	• 描述技能的总体掌握情况 • 适用于监测 • 不存在测量转移 • 可解释维持	• 适用于复核一般结果测量或技能本位测量中显现的问题 • 适用于检验技能或子技能缺失的假设 • 提供焦点
缺点		
• 提供的诊断信息有限 • 不能提供特定技能的信息 • 常常包含高于或者低于学生现有技能水平的试题 • 有些内容领域不存在最复杂的任务	• 每个目标的小样本限制了诊断功能 • 常常包含高于或者低于学生现有技能水平的试题 • 可能不要求技能的迁移或交互使用	• 不能提供全貌（无法概括或者应用） • 技能和子技能之间的关系不一定真实存在 • 不能用于监测进步

我从未见过 CBM，如果它如此强大，为何没有得到广泛应用

可能有多种原因。我们认为，主要原因在于在普通教育领域未曾提出 CBM 可以回答的问题，但是近期情况有所改变。一方面是因为问责制（accountability）[①] 在专业和立法领域得到越来越多的重视，另一方面是因为早期基础读写技能的动态指标（Dynamic Indicators of Basic Early Literacy Skills，简称 DIBELS）[②] 与其他 CBM 产品得到推广。DIBELS 最初作为 CBM 应用于早期读写技能领域。后来，美国儿童早期健康与人类发展研究会（National Institute of Child Health and Human Development，2000）与美国研究协会（National Research Council，1998）的报告强调了早期读写技能的重要性，在该报告出来几年后，DIBELS 测量开始运用于普通教育中，成千上万名学生开始接受 DIBELS 的读写测量，尤其在全州阅读能力提升运动（如阅读开始方案）的背景下 DIBELS 测量进一步得到推广。

关于 DIBELS 是否为 CBM，存在一些争论。大多数情况下，人们认为在 DIBELS 的早期阅读任务中运用了 CBM 程序；但是，某些记分规则、试题形式与 CBM 存在差异。随着基于网络的 CBM 管理系统的发展，如 aimsweb、EasyCBM 与 FastBrigde Learning，DIBELS 还会出现一些变化，这些变化中大多数属于微调，随着 DIBELS 在新人群与内容领域中的应用而出现。

过去十年里，因为研发机构开发并推广 CBM 产品，也因为教育界筛查学生阅读和数学领域关键技能的现象愈趋普遍，越来越多的教育者熟悉 CBM。既然 CBM 经心理测量学检验属于可靠的评估工具，可以满足筛查需求，那我们就不难理解为何在普通教育与特殊教育领域越来越盛行 CBM 了。

CBM 可否应用于特殊教育或普通教育

CBM 最初应用于特殊教育与补救教学，因为 CBM 测量的是特定技能，而且对教学

[①] 编注：问责制，原商业术语，于20世纪70年代在美国的教育领域得到广泛应用，逐渐发展成为教育问责制，强调学生的实际学业成绩需要接受家长、学生与纳税人的问责并汇报实现此结果所利用的资源，问责中没有通过的学校得到的支持将大大减少。本书中提及的问责测验即为问责制的一种测量方式。

[②] 编注：早期基础读写技能的动态指标（DIBELS）是一种早期读写技能筛查和评估工具，在美国得到广泛应用。

具有敏感性，所以尤其适用于根据个别学生的需求调整教学，但是特殊教育工作者并不是唯一的使用者。如前文所述，普通教育者使用 CBM 的比例越来越高。部分原因源自多层支持系统/干预反应模式作为服务提供模式得到了推广。人们越来越意识到需要对学生进行筛查与进步监测，以准确、及时地找出发展落后的学生。在阅读、口头表达、书面表达、数学与社交技能这些重要内容领域（其中一些内容领域本书没有涉及），对学生的进步监测尤为重要。因此，CBM 越来越被整个学区（州）选用，以覆盖辖区全体学生。

谁来实施 CBM

这个问题的答案取决于测量的缘由。通常在整个学年中对全体学生施测三次 CBM，以了解学生在阅读、数学与书面表达等关键技能上的整体表现水平与进步速率。阅读理解、数学与书面表达测量采取团体施测。如果准备充分，数学与书面表达测量（取决于学生的年级水平）一般需要 5~10 分钟测验时间。短文朗读需要个别施测，如果学生参与测验的顺序安排与材料准备妥当的话，一位主试应该能在每 5 分钟内收集 3 份阅读样本，最多需要 20 分钟的测验时间。大部分测量采取团体施测。以阅读测量举例，所有学生在校筛查，其测验实际实施者可能是由普通教育教师、特殊教育教师、学校心理学家、阅读教练和教师助手组成的团队。为了保障测验的保密性和组织的有效性，我们不建议社区人员，如家长、志愿者或者学生，作为筛查主试。

虽然在准备测验材料、布置考场、培训施测人员、记分与记录上花费了时间，但这些工作都有助于提高测验质量。一旦测验完成，数据由学校人员（同样，社区志愿者不能参与）输入电脑或者基于网络的管理系统。许多出版商也能将学生反应输入电脑软件，因此减少了数据处理时间，提高了记分效率，因为分数无须再次转换。电脑软件的另一个优点是便于访问数据。我们将在第 10 章详细介绍组织和实施 CBM 与相关活动的指导原则。

鉴于使用课程本位测量来分析学习问题是另外一个话题，本书不涉及诊断性评估。用于诊断的评估通常由内容领域的专家与 CBE 专家负责。人员可以是普通教育教师、特殊教育教师、内容领域专家或者学校心理学家。课程本位测量可用于分析学习问题，但并不存在成套的标准测验。相反，可以选择特定测量工具以考查是某些技能的出现还是缺失导致了这个学习问题。为此，我们需要系列的测验工具，但不幸的是，市面上不存在现成的成套工具。本书第 2 章的"资源与拓展阅读"[①]将提供一些介绍如何编

---

① 编注：本书所有"资源与拓展阅读"已转为在线资源，可前往"华夏特教"微信公众号浏览参考。

制或找到上述材料的资源供读者参考。

最后，CBM 也适用于在一段时间内重复测量学生的同一技能，通过查看学习趋势来监测教学效果。

如果我想使用 CBM，是否意味着我需要根据教学材料编制测验

简短回答是不需要。因为 CBM 的特征之一就是它是经过心理测量学检验的优质工具，所以一定可以找到已出版或公开的且经过检验的材料。如果使用 CBM 做出有关筛查与进步监测的决策，则一定要选用信度和效度高的工具。你应该欣喜其他人做好了这样的工具。

详细回答（如果你对此好奇）是你提了一个重要的问题，而且大家对此还存在一些争议。回答取决于更基础的一个问题，即"什么是课程?"我们已经说过课程是你所教的内容，即学生需要达到的社交与学业能力，但有人认为课程指"你用来教学的材料"，即所使用的教材。

如果从使用视角分析，课程并不仅仅是教授的技能，还包含教授的方式。因此，你希望获得特定教学方案的测验（例如，如果你的阅读材料中有许多插图，你的阅读 CBM 可能会包含插图）。

如果从内容视角分析，你无须使用与教材的形式和实例都一致的测验。你希望不必使用相同的材料就能实施测量，以了解学生的同一技能发展水平并预测重要的学习结果，你可以从现有的通用工具中选用合适的。我们赞同内容视角，理由如下：

1. 没有统一的教学顺序和教学安排。教育中最大的挑战是教学内容和教授时间不存在标准化操作（尽管共同核心州立标准[1]提供了每个年级结束时应达到的一般标准）。就正式出版的教学方案来看，确实没有标准化方案。显然，这在流动性较高的社会里会造成问题。

2. 特定教学方案的测验可能无法告知是否学习发生了泛化。我们特别提醒你应该仔细梳理和选择课程，不应参照某套教材来测量技能。其实，有人喜欢选用有些变化或混合设计的 CBM 试题，以确保学习泛化（你肯定不希望学生只会解答以特定形式呈现的问题）。

3. 特定教学方案的测验会造成教师依赖该方案。教材不会永远保持不变，而是经常修订，或者教师选用新版的。如果教师选择使用特定教学方案的测验，那么一旦选择一个新方案就必须开发一个新的测验。难道你还有精力教学吗？

---

[1] 编注：共同核心州立标准，英文全称是 Common Core States Standards，是美国的一项教育规划，详细规定了 K-12（从幼儿园到 12 年级）各教育阶段的学生应该掌握的知识和技能，旨在提高学生的学业水平，为升学和就业做准备。

我从哪里获得 CBM 材料

现在有许多获取 CBM 材料的途径。有些需要购买，有些免费使用。网络上也能搜寻到材料。本书涉及的内容领域的材料在相应章节都有提及。你只需要在选择 CBM 材料时记住以下两点：

1. 一致性：材料必须与任务、标准、结果匹配。这就是说你选用的材料样本应该取自你关注的内容（如阅读）并要求学生按照所教技能输出同样的行为（如口头朗读）。

2. 取样充足：确保有足够的试题，确保作答时长合适，使学生有机会展示所学知识。良好的行为取样是判定学生掌握情况的保障。

请记住评价比测验更复杂。你需要准确地记分、记录数据和解释意义。本书将介绍 CBM 记分规则以及如何解释分数的意义，评估是为决策服务，我们需要知道分数的意义才能正确使用。

那么，我们从这里开始，前往何处呢

本书第 1 章从"是什么"和"为什么"角度回答有关 CBM 的基础问题。第 2 章在教育决策的大框架之下详细介绍 CBM。接下来，本书都将围绕"怎么实施 CBM"而展开。

第 3—8 章[①]从不同的课程领域阐述 CBM 使用的基本原理、所需材料清单与获取途径、指导语与记分过程、施测频率、测验与记分所需时间、不同 CBM 分数传达的信息、撰写 IEP 目标的方式以及常见问题。第 9 章阐述设定目标与绘制统计图的过程与程序，介绍如何将 CBM 融入多层支持系统/干预反应模式中。第 10 章讲述如何使用、运行与维持 CBM。附录 A 罗列了第 3、4 章所涉及的 CBM 阅读测量常模，测量基准在相应章节内。其他常模表格因当前尚无测量基准，因而在所属内容章节内罗列。附录 B[②] 提供了可复印的资源，供实施 CBM 时使用，包括书中各个 CBM 任务的指导语和记分快捷指南、两个用于实施 CBM 的检核表、绘制数据统计图的模板。

本书的章节结构能为读者实施 CBM 提供重要参考。当使用数学材料时，我们需要知道与数学有关的施测指导语、记分和比较标准。绘制数据统计图、设定与撰写目标不会因课程领域的不同而有差异，因此也就没有必要在每章中阐述这些内容。

[①] 编注：此书英文原版第 5 章是关于英文拼写（spelling）的 CBM，考虑到汉字与英文拼写差异较大，对国内读者的参考价值有限，因此中文简体版中未保留此章内容。

[②] 编注：可前往"华夏特教"微信公众号浏览查阅附录 B 和本书参考文献的电子版。

第 2 章

以评估与问题解决为目的的 CBM

教育者是积极的问题解决者。我们时常做教学计划的决策，但随着计划的调整、修改甚至偶尔终结，决策也在变化。鉴于班级内学生年龄、个性与课程内容的多样性，一所普通学校在任何一天中所做的教育决策数量远远超过一家公司（我们认为学校的决策更重要）。教育决策是班级、学校、学区乃至全州教育部门的工作组成部分，但决策类型会因教育层级的工作差异而不同，比如，上述教育层级在管理与教学二者上的具体工作比例存在显著差异。

州与学区层级的教育部门的管理工作相对较多[①]。管理者通常不从事教学工作，而是通过提供倡导、协调、评估等服务来领导、支持、管理教学。教学工作直接与教、学有关。优质的管理与教学工作需要解决问题和做好决策。为了做好这些工作，需要至少注意以下四点：

1. 解决问题的过程；
2. 理解工作中做决策的方法；
3. 可靠的数据；
4. 充足的资源。

我需要知道哪些有关教育决策的事情

本书无法涵盖教育决策的方方面面，而且决策的方式有许多种，CBM 可以与其中许多方式相匹配（本章"资源与拓展阅读"列出了我们推荐的方式），因此我们在课

---

① 编注：美国的教育行政组织体制属于地方分权制，其现行的教育行政组织体系由联邦、州、地方三级组成，办学和管理的主要责任集中在各州和地方。

程本位评价的框架下聚焦 CBM 教育决策的基本问题（详细介绍请见 Hosp，Hosp，Howell，& Allison，2014，pp. 8-13）。

虽然你需要可靠的数据来做出好的教育决策，但收集数据并不是好决策的充分条件，换而言之：

- 做好决策，你需要有效思考。
- 为了有效思考，你需要可靠信息。
- 你应该收集可靠信息以做好决策。

缺乏可靠信息（如数据），无法做好决策（即"无用输入即无用输出"的道理），但是仅仅收集信息永远无法做好决策，你需要处理信息，这就是为什么在充分理解 CBM 之前需要知晓 CBM 如何用于决策与解决问题。

决策有不同类型。教育决策存在多种分类模式，从功能、待回答问题、评价程序等维度划分出四种决策类型，这是最常用的（也是最易懂的）分类模式。

类型 1：筛查决策

- 功能：快速判断具备能力的学生与/或有学业失败风险的学生（可能需要额外的教育支持）。
- 待回答问题："哪个学生当前存在学业失败的风险？"
- 评价程序：实施高效的评价程序，以测量全部学生的关键能力。
- 备注：因为收集的数据只是用于快速识别出有学业失败风险的学生，因此测验结果往往不能指明如何改善其学业。同时，"风险"一词用来指代筛查中预测如无额外支持可能学业难以成功的学生，并非指学生有某种残疾或者内在缺陷。

类型 2：进步监测策略

- 功能：确保教学效果。
- 待回答问题："学生是否朝着重要的学习目标取得了进步？"
- 评价程序：程序包括以下环节：
  1. 与课程直接匹配；
  2. 对学习敏感；
  3. 可多次施测。
- 理论上，通过这个测量得到的信息应便于整理并以图表形式呈现。
- 备注：既可以对团体（当班级参与一学年三至四次的筛查/基准测验时）也可以对个别学生实施进步监测。当一个学生被发现有学业问题时，应该增加对其监测的次数。

类型 3：诊断决策

- 功能：针对学生的明显问题制订教学计划。

- 待回答的问题："应该教授该生哪些内容，以及怎么教？"
- 评价程序：实施个别化的评价程序以细致且系统地考查个别学生的能力，从而为该生选择个别化的目标与教学方法。
- 备注：一般而言，当进步监测显示多种教育支持服务的效果不佳时，后续才采用诊断性评价。

类型4：结果决策
- 功能：判定与记录教育方案的成效。
- 待回答问题："方案有成效了吗？"
- 评价程序：实施评价程序以获得所需信息，判断方案目标是否达成。
- 备注：结果决策所依据的测量比较多样，从特定的CBM阅读短文到全州高利害评估（statewide high-stakes assessments）。选择何种工具很大程度上取决于使用结果的需求方。

CBM有助于做出上述四种决策。本书主要聚焦在如何开展筛查与进步监测上，也会在必要的时候提及诊断性评价以及所需的工具。

有关比较的标准也需要思考。CBM常用两种标准：基准（benchmarks）与常模（norms）。常模指对随机选择的学生样本进行测验所获得的分数分布。常模中的分数代表样本来自的总体。标准（criterion）是指代表学生理想的表现水平的分数。基准是一种特定类型的标准，高于或等于该表现水平意味着学生在某项重要结果测量中（如阅读）已经达到了预先设定的熟练程度。基准与常模都属于需要通过标准化流程来建立的标准（standard）。这是CBM的正式程度不亚于其他用于问责或资格评估的测量工具的原因。

CBM与问责/资格测验（accountability/eligibility tests，简称AET）有如下重要差异。问责/资格测验用于学生之间的比较，当学生团体参加测验时，测验分数处于某个分值区间。如果所有参加问责/资格测验的学生都得到相同的分数，如17分，这种情况就无法区分表现好与表现差的学生。那么，使用问责/资格测验比较学生间差异的计划就会落空。因此，问责/资格测验的编制方在编制测验的时候常常会夸大学生之间的差异（即提高分数的变异性），这就降低了教育者基于测验进行教学决策的能力。

问责/资格测验编制方确保学生不会获得相同分数的一些方法：

编制方提高问责/资格测验变异性的方法	对教育价值的影响
测验包括一系列题目，从简单的技能开始，逐渐增加复杂程度。	对任何一个学生而言，许多测验题目的难度高于或者低于当前接受的教学水平。因此，学生在测验中的表现与当前的学习无关。 • CBM与教学目标匹配，关注学生当前的学习。

编制方提高问责/资格测验变异性的方法	对教育价值的影响
排除大多数学生能够正确完成或者无法正确完成的题目，以免无法区分学生的分数。	大多数学生正确完成了教师普遍认为重要的题目。这就意味着问责/资格测验会剔除这些涵盖重要课程内容的题目。 • CBM 依据课程编制，只包含与教学目标相匹配的题目。
因为测验包括多种难度的题目，编制方可能针对每个技能只设置了几道题（以免测验时间太长）。	每个技能上的行为取样可能不充足。 • CBM 提供足够数量的题目，可充分对学生行为进行取样。
许多问责/资格测验，尤其是成就测验，编制时采取了便于团体施测或者电脑评分的方法，因此，测验采取识别反应的题目形式（如选择题）。	测验中学生的反应行为与课堂中教师期望的学生行为不一致。 • CBM 采取的题目形式也是学生在课堂中会遇到的，并要求学生采取相同的反应方式。

很显然，我们会认为 CBM 是能够满足多种测验目的的优秀工具，但是，支持其他测量的人员也可能对 CBM 存在质疑。因此，真实的问题应该是"达到目的的最佳技术是什么?"，下一个紧接着的问题是"与谁比较?"。

对教学有价值（仅是我们的标准）的测量/评估一般包含如下特征：

1. 有助于决定教授内容和/或教授方法；
2. 信度和效度良好；
3. 经过了标准化处理，可根据目标判断学生的表现水平；
4. 从知识、内容与行为领域取样，了解学生完成题目所需的知识和能力；
5. 与所教课程一致；
6. 对行为取样充分，确保有把握地下结论；
7. 采用适宜的评分规则，测验结果可准确反映学生的技能和知识掌握情况；
8. 允许收集速率数据，以便得出流畅性与正确性的结论；
9. 易于实施，便于高效完成施测和记分（学校无须停学 2 周来开展测验）。

我们使用的每种测量并不需要具备上述所有特征，因为它们都包含在我们的评估包中；如果每种测量都符合上述九点，当然更好，因为每个特征对于教学使用都很重要。

课程本位测量是标准化测验吗

标准化有两层含义：其一，测验以标准方式实施，包括遵循相同的施测与记分规则；其二，建立了标准（基准或常模），因此可以将分数与标准进行比较以解释分数的意义。形成标准的过程即标准化。

CBM 符合标准化的两个定义。CBM 遵循同样的施测与记分规则，标准采取表现标准或常模的形式，可用于分数意义的解释。

大多数 CBM 为标准参照测验。标准来自课程标准或目标，与其他学生的表现无关。例如，五年级第一学期的学生口头朗读五年级的材料的标准，为至少每分钟 111 个单词的速率与 97% 的正确率。口头朗读的标准描述了特定年级学生的理想表现水平，尽管某班级中大部分学生的最快速率是每分钟 65 个单词。

CBM 的信度和效度如何

我们很高兴你问这个问题！

尽管本书呈现的所有测量在信度和效度上存在差异，但都达到了信度和效度的一般标准。目前已有上百个研究检验了 CBM 的信度和效度，对上述研究的总结和分析分散在本书的其他章节中，你可以从相关章节的"资源与拓展阅读"中获取相关信息。

本书没有涉及的某些领域的 CBM，并不意味着这些工具的信度和效度不好，而是限于本书篇幅或者相关研究尚处于初期。既然某些领域的 CBM 还处于开发阶段，你作为消费者需要认真核查工具的信度和效度，以确保适宜性。

他们从哪里获得 CBM 的表现标准

CBM 的表现标准常常采用预测效度（predictive validity）模式来设置，指采用实证或统计方法确定表现水平，该表现水平可有效预测未来在另一个结果测量中的成功表现。例如，我们需要知道二年级的学生在学年初每分钟阅读多少个单词，就可成功预测出他/她能顺利通过全州二年级问责测验（一般在学年末施测）。如果采用这种模式设置表现标准，你需要考虑该标准用于预测什么，它是你真正想让学生掌握的技能或达到的表现水平吗？

表现标准通常采用"基准"一词,指分数。"基准"曾被用来指根据筛查目的收集数据(我们使用"筛查"而不是"基准"一词,以避免混淆)。基准指预测未来成功完成相关任务的分数,有关现有表现的适宜标准。然而,基准分数不是最高分数,也不是中间分数,而是预测学生未来不会学业失败的最低分数。尽管学生在学年初的表现未到该基准水平(全班接受筛查),只要学生保持持续进步,就可能在学年末达到掌握水平,我们就可以相信学生表现良好,并且不存在后期的学业困难风险。这好比驾照考试,每个人在测验中的表现必须达到或者高于特定标准才可获得驾照,这与同龄人的分数无关,而同龄人的分数是常模样本方法的基础。

表现标准的另一种设置方法采用常模样本。先在学年末(或者一学年测量三次)测量全体学生,然后将年级的平均分或者某种百分比作为年级的目标表现水平。在基准推广与使用之前,教育者依据常模判定学生的何种分数能代表期望值。某些课程本位测量(尤其在阅读领域)结合了代表性极佳的全国常模。许多学区更喜欢使用地区常模。地区常模可能因某些学校的平均表现水平不佳而出现明显偏差。因此,地区常模可能会错误描述学生的熟练水平。

当我们努力探寻常模的使用价值时,也应理解在运用常模上 CBM 已有悠久的传统。因此,对于已建立了常模的任务而言,我们提供常模数据。对于实证研究尚未建立基准的 CBM,我们在本书相应章节提供常模。附录 A 提供了早期阅读 CBM、短文朗读 CBM、完形填空 CBM 等内容领域的常模,这些 CBM 已建立基准。

CBM 如何应用于筛查

筛查通常采用一般结果测量或技能本位测量,主要目的是找出学业落后或者存在学业失败风险的学生。理想的筛查测验应该便于快捷实施。筛查数据不需要提供太多信息,只需要能够有效预测未来特定内容领域的学业是否成功。如果经过筛查测验发现问题或者潜在问题,学生通常会得到教育支持和更密集的进步监测。如果问题非常严重,需要立即对学生进行诊断性评价。一般而言,只有当通过进步监测发现学生对教学缺乏学习反应时,才对学生实施进一步的诊断性评价。

通常建议全体学生每学年至少参加三次筛查,以监测学生到学年底时是否取得了学习进步,从而得出"学生到学年底时是否存在学业失败风险?"的结论。在一学年通常实施两至三次(秋季、冬季和春季)筛查测验,将得出的分数与基准作比较。

CBM 用于测量特定的关键技能以考查学生的"学业健康状况",就像医生和护士快速检查生命体征(如体温、心跳、血压)了解个体的健康状况一样,这是马克·希恩(Mark Shinn, 1989)对此的通俗化比喻。CBM 的理论基础是:如果学生在特定任务上的表现说明其无须接受干预，表示该生在相关课程领域有一定的优势。如果分数处于可接受范围之外，专业人士需要特别关注该生的学习问题。CBM 具有有效性、学习敏感性、与学习结果直接关联性，非常适宜作为筛查工具。

通过每学年三次的筛查，还可以回答以下问题："我们的核心教学是否满足了大部分学生的需求？""所有子群体学生都能成功吗？"如果核心教学有保障（所有学生仅接受了核心教学，没有接受干预），你会期望大约 80% 的学生达到或高于每个测验阶段的基准水平。你也会期望校内不同子群体的学生出现相同趋势。

CBM 用于找出问题的两种指征：其一，关键技能的低表现（或者表现水平）；其二，关键技能习得速度慢（或者进步速率）。习得是指学生的学习表现随时间变化的过程。只要筛查采用了足够灵敏的工具，你就能看到是否有变化迹象。这意味着筛查必须在学年内对全体学生进行重复测量，通常至少三次。在学生参加完筛查后，将所得分数与预期表现水平、预期进步速率相比较，以做出筛查决策。在该系统中，学习问题的表现方式可能是测试表现相对较好但没有显示进步。例如：拉里刚转学过来，在秋季的朗读筛查中得了高分。在冬季的筛查中，拉里的分数依旧，这说明拉里没有进步。相比许多同学，他依然处于高表现水平，但前后两次分数没有变化，而他的同学当前处于低表现水平，但前后两次分数显示有提高。鉴于以上信息，你会更担心拉里的学习。

CBM 有助于监测学习的进步情况。因为 CBM 直接测量教学内容，并且可重复测量，所以我们可以从中收集进步数据。而其他常用的测量工具无法满足此用途。短文朗读（此为阅读的一般结果测量）是筛查任务的好例子，具有施测快速（每个学生三个 1 分钟时段）、反映阅读综合能力的特点。所以，三个为期 1 分钟的限时朗读可作为阅读问题的有效筛查工具。

选择适宜的测验时间是筛查时需要特别注意之处。例如：我们不建议在开学的前 2 周实施筛查，原因如下：第一，学生常常需要教学重新获得可能遗忘的某些技能；第二，开学初经常有学生缺席或延期报到。时间过早的筛查可能会遗漏真正需要帮助的学生，教师可以根据最终报到情况来重新分配或安排。

筛查测验时间太早还可能过度识别需要额外教学帮助的学生，而真正最需要教学帮助的学生所接受的资源、时间和干预会因此受到影响。因此，我们建议开学至少 2 周后再开始对全体学生进行筛查，冬季和春季的筛查日期避免紧邻在长假之后。

筛查小结

- 评价问题："哪个学生当前存在学业失败的风险？"
- 功能：筛查所有学生，找到需要额外帮助或其他教学方式的学生。
- 评价程序：检查"学业特征"。运用 CBM 数据，根据学生的表现水平与进步速率快速区分学生。根据学生的需要做出选择：使用已有的教学方案或者新方案，又或者增加诊断性评价。

CBM 如何应用于进步监测

在设计教育方案时，我们始终都要面对这样一个议题：我们能在多大程度上确保每个教学决策产生了积极成效（在心理学、法学、医学、经济学与政府学等领域也关注此议题）。因此，我们需要监测决策与教学的效果以判定其是否有效。对学生学习状况的持续监测，同时结合正式的教学决策规则，可极大提高教学质量。其实，将进步监测引进课堂或学校系统是一项富有影响力的创新！

我们采用进步监测为教学或干预过程的决策提供信息。任何层级的教育方案都不能缺少此环节。进步监测可为全州阅读改革提供调整信息，也能为针对学生个体的多样化教学提供信息，两种不同层级的教育方案中的监测原理相同。为了达到上述目标，进步监测工具必须具备对教学影响的敏感性。在教育实践中，即意味着教育者使用的监测工具必须能展示日常学习引起的细微行为变化。这是教学中获得及时调整反馈的唯一方法。有益于教学干预的监测工具必须具备以下特征：

- 从教学内容中直接取样；
- 行为取样充足；
- 允许重复施测。

大部分课程本位测量满足上述标准，当我们需要监测进步时，常常会使用一般结果测量或者技能本位测量，将其作为筛查工具。这是因为干预的目标是将学生的技能提高到该生能通过筛查测验的地步（不再被鉴定为需要支持的学生）。此外，一般结果测量或者技能本位测量的优势在于采用了复杂任务。例如：写作样本可以作为书面表达的监测数据来源，是因为写作样本可反映学生的多种相关能力，即使现有教学可能只关注了其中的一到两种技能。（同样，符合年级水平的短文阅读常作为监测阅读能力的材料，因此你能看见学生在使用材料方面越来越熟练。）

最后，有必要再次重申：进步监测系统的敏感性并不完全取决于 CBM 工具每次发挥了哪些作用，也取决于测量是否可以重复施测。作为一般原则，你测量的次数越频繁（典型的频率为每周一至两次），你收集的数据越敏感，当然你能根据数据做出方案质量决策的次数也越多。CBM 的编制目的就是方便频繁施测，而其他类型的测验不能重复施测，否则测验的效度会降低。最初编制 CBM 就是为了满足进步监测的目的，因此这也是可以重复测量的原因之一，本书第 1 章已经阐述了这个观点。

我们借助筛查数据确认哪些学生的进步需要密切监测。监测的目的就是确保学生从教学中获益，我们通过频繁考查学生到学年末时是否达到基准分数来实现这个目的。我们一般在筛查阶段瞄准未达到基准分数的学生群体。该群体常常包括残疾学生与落后于同年级学业水平的学生。因为学生的学业已经处于落后状态，持续多次监测其进步非常关键。"多次"指每周至少一次，"持续"指采取相同难度的测验材料。如果标准每周都变化，我们无法知道学生是否经由教学取得了适当进步，或者分数变化是学生本身的变化还是测验材料的变化所致。编制多篇具有相同难度的短文，本身费时又费力。所以，我们一般推荐大家购买市面上已有的材料，以减少自编材料造成的差异性。

每周的进步监测可以回答以下问题，如"学生从教学中获益了吗？""干预帮助到大部分参与的学生了吗？"对于学生个体，进步监测可提供的数据基础既有助于判定是否需要做出教学调整，也有助于判定该生的进步速率能否让其到学年末时达到基准分数。如果学生能达到学年末基准分数，这表示其学习已步入正轨，脱离了学业失败的风险。此外，所有接受干预的学生构成了数量可观的数据基础，通过比较这些学生的进步状况来判定干预成效。具体方法包括计算这些学生斜率的平均值以及达到学年末基准分数的学生人数所占百分比。增长最快与达到学年末基准分数的学生人数所占百分比最多的干预方案，值得继续开展。与此相反，增长不明显、达到学年末基准分数的学生人数所占百分比为零的干预方案，应该被淘汰。在学年末，根据这两条标准检核所有干预方案，进而制订第二年的计划。如果进步监测数据显示所有干预方案都未成功，我们应该多关注实施的忠诚度问题，而不是仅仅调整干预方案本身。

在收集进步监测数据时，切记不允许学生把监测材料带回家练习。测验与教学分离很重要。如果你希望学生有机会多练习类似 CBM 中的试题，可以在学习材料中融入相似材料，切不可直接将 CBM 试题作为练习使用。例如：教授高频词（sight words）时，你应该使用根据课程或者高频词清单建立的单词库，而不是直接使用 CBM 中的单词。

进步监测小结

- 评价问题："干预有效吗？""我们希望出现什么样的改变？"
- 功能：确保教学有效；在需要改变时发出信号，指导方案调整。
- 评价程序：使用的测量能够就学生在技能习得和达到标准这两个方面取得的进步描述学生对教学干预或方案的反应。

如前所述，学生在课程学习中进步明显，这比仅仅要求采用特别方法学习更为重要。在教育领域，进步监测的另一个基本原则就是：如果不想做出改变，就没必要监测。如果学生个体（或者群体）进步不明显，教师或学校有责任尽量找到新方法教授该技能。虽然筛查与进步监测数据可作为提示你改变的信号，但是并不能告诉你如何改变。

如果进步监测显示学生学习良好，继续实施现有方案。如果监测显示学生学习不佳，就有必要实施诊断性评价。诊断性评价不是本书关注的内容，在将 CBE 作为问题解决过程时我们会详细介绍诊断性评价，这是《课程本位评价实践指南》（*The ABCs of Curriculum-Based Evaluation*）一书的焦点，具体请参见本章的"资源与拓展阅读"。

学生不能完成任务的主要原因是缺乏必要的先备知识。换句话说，学生不知道如何做，就无法完成任务。因此，当目标是调查与测量时，考查学生是否掌握先备知识最为重要。例如，如果学生阅读六年级的历史文章有困难，你要把阅读历史书所需的技能列为测量目标。这些技能应该体现在课程中。

当开展课程本位的诊断性评价时，不要抛开"是否掌握先备知识"这个前提。一旦抛开，你可能就会将学习风格、智力、认知加工特征、知觉能力、听觉分辨、视觉-动作统合甚至一般学业成就作为干预目标，并进行测量。这些都不是组成课程的技能和知识，其中大部分只是与课程存在某种有待证实的或相关的关系。而像多重学业能力量表（Multilevel Academic Skills Inventory，简称 MASI）这样的测量工具则可以帮助你将思考聚焦在先备知识上，也能精准提示你需要在逻辑体系中教授哪种技能。

在课程本位范式中，如果以测量与问题解决为目的，你需要了解课程领域并掌握直接测量学生技能的知识。这就意味着你在利用自己的课程知识提出目标时，还需要借助 CBM 检测学生的当前水平以及确定他/她是否具备关键的先备技能。这就是选择正确的标准并分析现有知识如此重要的原因。

在设计良好的课程中，必要的先备知识位于技能考查优先序列的较低层。当你开展调查时，CBM 是探查学生掌握先备知识或技能程度的最佳方法。用于筛查的一般结果测量与技能本位测量常常不能提供充足的有关先备技能的样本或者专门聚焦于先备技能的分析上。因此，旨在分析特定技能的掌握度测量常常发挥此诊断功能。

如何运用这些信息撰写个别化教育计划的长短期目标

在撰写个别化教育计划（IEP）长短期目标时，CBM 数据是重要的参考依据。因为教育者能每周监测学生的学习状况，他们无须屏住呼吸，祈祷学生能在学年末的测验中达到目标。CBM 是当前用于监测学生长期目标实现情况的最佳测量系统。使用 CBM 监测进步的好处在于当学生学习良好的时候，CBM 对学生的进步具有敏感性，你能看到学生每周 CBM 分数的提升。如果学生学习不佳，你无法看到每周 CBM 分数的提升。教师根据需要做出教学改变。按照这种方式使用 CBM，将促进学生实现 IEP 小组设定的长短期目标。

此外，CBM 尤其适用于撰写长短期目标，这是因为 CBM 提供的方式有助于清晰界定行为和观察行为。例如，在阅读领域，读出字母发音、读单词、读短文是阅读行为，完成单词完形填空是理解行为。因此，在撰写长短期目标时结合 CBM 信息，可以为判定学生学业成功提供直接且清晰的标准。撰写适宜的长短期目标，需要包括以下 7 个要素：

1. 时间（目标达成所需的时间，一般一学年）

"在一学年里……"

2. 学生（为谁写的目标）

"……乔……"

3. 行为（学生将展示的特定技能）

"……读出……"

4. 水平（课程所属年级）

"……2 年级……"

5. 内容（学生所学领域）

"……阅读……"

6. 材料（学生所用的物品）

"……来自阅读 CBM 进步监测材料中的短文朗读"

7. 标准（预期的表现水平，包括时间和正确率）

"1 分钟内念对 90 个单词，95% 的正确率"

第 9 章会介绍如何设置标准。

CBM 的其他网络资源请见本章的"资源与拓展阅读"。特定领域的课程本位测量信息请分别见第 3—8 章。

第 3 章

如何开展早期阅读 CBM

为什么应该开展早期阅读 CBM

我们越早甄别学生是否具有成功阅读者的潜质，就越有可能尽早干预并改变学生阅读技能的发展轨迹。早期阅读 CBM 的长足进展，尤其在学前班和一年级所取得的发展，促进了测量工具数量的增加。阅读和数学领域的 CBM 的运用已得到 30 多年研究的支持，而早期阅读 CBM 兴起于近 10 年。正如传统 CBM 包括速率和正确率，大多数早期阅读测量也是如此。速率，即通常所说的流畅性，我们借此判断学生完成一项任务的自动化程度，而自动化可显示学生具备完成某项任务的能力，因此自动化具有重要的意义。速率也能用于比较学生在阅读能力上的差异，比仅依靠正确率的传统测量更加有效（Fuchs, Fuchs, Hosp, & Jenkins, 2001）。

早期阅读 CBM 必须置于良好的多层支持系统/干预反应模式（MTSS/RTI）之中。早期鉴定是多层支持系统/干预反应模式的重要组成部分之一，每学年应使用早期阅读 CBM 对全体学生开展三次筛查。在学前班和一年级，掌握了特定早期阅读技能（如图片与字母命名、单词发音的分割和拼读、识别字母发音、基本单词的阅读）的学生更有可能成为成功的阅读者。如果学生在学前班和一年级还没有掌握上述早期阅读技能，就会越来越落后于同龄人，难以成为良好的阅读者。早期干预研究指出，干预越早，帮助学生成为熟练阅读者的可能性就越大（Snow, Burns, & Griffin, 1998; Vellutino et al., 2006）。如果等到二年级或三年级才开展干预，这将不利于学生的阅读发展，而帮助这些学生成为熟练阅读者的工作将会遇到更多困难。令人欣慰的是，我们能教授学生上述重要的早期阅读技能，我们也能够改变学生阅读技能的发展轨迹。

早期阅读 CBM 的重要意义在于可尽早确定学生当前是否遭遇阅读困难,我们可以在此基础上立即开展干预和进步监测。一旦学生被鉴定为具有阅读困难风险,我们需要使用早期阅读 CBM 以监测学生的学习进步情况,从而确定哪些学生在接受教学的情况下没有取得应有的进步,以此适当调整教学。作为 CBM 的独特功能之一,许多 CBM 测量工具既可以鉴别学业困难学生(即筛查),也可以监测学生的学习情况(即进步监测),从而提高测验效率,节约实施成本和时间。通过进步监测,我们建立了每个学生的数据库,可基于此及时调整教学决策。学生需要正确又流畅地完成上述测验,我们依据学生的测验表现来判断学生完成任务的自动化程度。请记住,自动化程度代表了技能的掌握水平,因此具有重要价值。

早期阅读 CBM 包括众多任务,如押韵(rhyming)、发音识别(sound identification)、印刷概念(concepts of print)、首音(onset sounds)、单词分割(word segmenting)、单词拼读(word blending)、字母命名(letter naming)、字母发音(letter sounds)、无意义单词(nonsense words)、单词识别(word identification),以及句子朗读(sentence reading)。上述任务涵盖了读写技能(literacy skills)的不同方面,而这些不同的读写技能已被研究证明可有效预测未来的阅读表现。表 3.1 比较了四种常见的早期阅读 CBM 产品,以及介绍了每种产品所测量的早期读写技能。该表仅介绍具有代表性的早期阅读 CBM 产品,而非详尽列举早期阅读 CBM 产品名单。对于这四种产品所测量的早期阅读技能,我们将详细介绍至少两种产品都会测量的技能,简要概述只有一种产品会测量的技能。

首先,鉴于目前只有一种产品对所有早期阅读技能均能测量,我们以此为参照概要性地介绍早期阅读 CBM,以期从更全面的视角了解所有早期阅读 CBM。其次,我们详细描述了这几种常见早期阅读 CBM 产品测量较多的技能,并且介绍各测验所需的材料与记分规则。

表 3.1　常见的早期阅读 CBM 产品

测量的早期阅读技能	aimsweb	DIBELS	Easy CBM	FastBridge Learning
印刷概念				印刷概念
押韵				单词押韵
拼读				单词拼读
分割	音素分割	音素分割流畅性	音素分割	单词分割

续表

测量的早期阅读技能	aimsweb	DIBELS	Easy CBM	FastBridge Learning
首音		首音流畅性		首音
字母命名	字母命名	字母命名流畅性	字母命名	字母命名
字母发音	字母发音		字母发音	字母发音
无意义单词	无意义单词	无意义单词流畅性		无意义单词朗读
单词解码				单词解码朗读
高频词			单词朗读流畅性	高频词朗读
句子朗读				句子朗读

简要概述几个不常见的早期阅读 CBM

印刷概念 CBM

印刷概念 CBM 旨在测量学生对书籍和文章页面结构的理解。教师/主试向学生呈现一份印有题目或单词的测验题，提出与此相关的 12 道问题（如"请指出我应该从哪里开始读这句话"）。学生只有在测验题上指出了正确的题目或位置，才能记作正确。该任务需要记录学生回答全部 12 道问题所需的时间（以秒为单位），基于正确回答的题目数量计算出正确率和速率。

押韵 CBM

押韵 CBM 测量语音意识。教师/主试先向学生呈现印有一组图片的测验卷，接着念一个单词，要求学生指出对应单词与所念单词押韵的图片或说出与所念单词押韵的一个新单词。学生必须指出测验卷上的正确图片或说出一个押韵单词，才能记作正确。教师/主试需要记录学生回答全部 16 道问题所需的时间（以秒为单位）并基于正确回答的题目数量计算出正确率和速率。

单词拼读 CBM

单词拼读 CBM 测量音素意识。教师/主试大声念出各组音素，每组包含 3 个或 4 个音素，要求学生将每组音素拼成单词并读出单词的整体发音。学生必须拼读正确，才能记作正确。教师/主试需要记录学生回答全部 10 道问题所需的时间（以秒为单位）并基于正确回答的题目数量计算出正确率和速率。

单词解码 CBM

单词解码 CBM 测量的是拼读符合英语语音规则的单词的能力。向学生呈现一份测验题，上面包括 50 个由 3 个字母组成的单词（辅音—元音—辅音）。教师/主试要求学生读出每个单词。学生必须读出单词的正确发音，才能记作正确。该任务限时 1 分钟，基于正确发音的字母数量和所念单词的数量计算出正确率和速率。

句子朗读 CBM

句子朗读 CBM 旨在测量朗读调整格式后的短文的能力。在该任务中，文章不是以整篇形式呈现在单个页面，而是拆分成若干句子和图片后呈现在若干页面。教师/主试向学生呈现一份包含若干语句和一张图片的测验题，要求学生大声朗读每个句子。学生必须按照页面上单词出现的正确顺序朗读，才能记作正确。此任务限时 1 分钟，基于正确朗读的单词数量计算出正确率和速率。

在接下来的几节中，我们将详细描述常见的早期阅读 CBM 产品测量较多的六类技能并介绍测验所需的材料、施测和记分规则。为了方便你查找资料，我们在信息栏 3.1 中介绍了常见的早期阅读 CBM 资源信息。

信息栏 3.1　早期阅读 CBM 资源表

$ 表示材料/制图软件需要付费。
🖥 表示可用计算机进行施测。
✎ 表示有数据管理和制图软件可供使用。
S 表示有西班牙语版。

aimsweb（Pearson）　$ 🖥 ✎ S
网址：*www.aimsweb.com*
电话：866-313-6194
产品：
- 字母命名
- 字母发音
- 音素分割
- 无意义单词

Dynamic Indicators of Basic Early Literacy Skills (DIBELS) ✎ S

网址：*dibels.org*

电话：888-943-1240

产品：● 首音流畅性　　　　　● 音素分割流畅性
　　　● 字母命名流畅性　　　● 无意义单词流畅性

EasyCBM $ ✎

网址：*easycbm.com*

电话：800-323-9540

产品：● 字母命名　　　　　● 音素分割
　　　● 字母发音　　　　　● 单词朗读流畅性

Edcheckup $ ✎

网址：*www.edcheckup.com*

电话：612-454-0074

产品：● 字母发音
　　　● 单个单词

FastBridge Learning $ 🖥 ✎ S

网址：*fastbridge.org*

电话：612-424-3714

产品：● 印刷概念　　　　● 单词分割
　　　● 首音　　　　　　● 高频词朗读
　　　● 字母命名　　　　● 单词解码朗读
　　　● 字母发音　　　　● 无意义单词认读
　　　● 单词押韵　　　　● 句子朗读
　　　● 单词拼读　　　　● 口头语言（句子重复）

Intervention Central ✎ S

网址：*www.interventioncentral.org*

产品：● 字母命名流畅性　　● 多尔希高频词流畅性
　　　● 字母发音流畅性

> Project AIM (Alternative Identification Models) ✎
>
> 网址：www.glue.umd.edu/%7Edlspeece/cbmreading/index.html
>
> 电话：301-405-6514
>
> 产品：● 字母发音
>
> System to Enhance Educational Performance (STEEP) $ ✎
>
> 网址：www.isteep.com
>
> 电话：800-881-9142
>
> 产品：● 字母发音
>
> Vanderbilt University $ （仅需支付复印费、邮寄费和手续费）
>
> 网址：www.peerassistedlearningstrategies.com
>
> 电话：615-343-4782
>
> 邮箱：lynn.a.davies@vanderbilt.edu
>
> 产品：● 字母发音流畅性
> 　　　● 单词识别流畅性

首音 CBM

首音 CBM 测量语音意识，重点测量学生发出单词起始音的能力，有时采取指出代表单词起始音的图片的任务形式。

实施首音 CBM 所需材料

1. 具体内容各异但难度相当的测验题（学生测验卷与/或教师/主试记分纸）。
2. 首音 CBM 指导语和记分说明。
3. 用于记录学生回应的书写工具、带夹写字板或计算机。
4. 秒表计时器或秒钟倒数计时器。
5. 安静的测验场所。
6. 呈现数据所需的等距图或制图软件。

首音 CBM 测验题

首音 CBM 测验题包含不同的题目。在评估此项技能上，有些早期阅读 CBM 设置的任务以发出指定起始音的形式完成（如 DIBELS 的首音流畅性），有些设置的任务以指出代表起始音的图片结合发音的形式完成（如 FastBridge Learning 的首音）。我们接下来介绍的首音 CBM 的指导语、记分规则和其他注意事项来自 FastBridge Learning 的材料。由于早期阅读 CBM 产品之间存在差异，我们建议读者仔细阅读所使用产品的相关说明，确保遵守特定测验的施测要求和记分规则。

为了节约准备时间并确保测验分数的一致性，我们建议在一次测验期间完成所有的筛查测量，可根据需要将测验安排在连续几天内完成。如果同一个 CBM 需要施测三遍（取样三次），则取中位数作为最终得分，并将其作为第一个数据点绘制在学生的统计图中。之后使用 20~30 份具体内容各异但难度相当的测验题，监测学生整个学年的学习进步情况。

首音 CBM 测验题必须以个别施测的形式完成，并且需要备好学生测验卷和教师/主试记分纸，学生测验卷供学生使用，教师/主试记分纸以电子版或纸质版形式供教师/主试做记录，另外还需要备好书写工具、计时器与指导语。图 3.1 和图 3.2 分别呈现了学生测验卷与教师/主试记分纸示例。

图 3.1　首音 CBM 学生测验卷示例
（经 FastBridge Learning 许可后复印）

```
                        首音CBM记分纸

  题号              问题                        正确答案

主试念▶这是chicken、spider、legs和ice。
  1. 哪个单词的第一个音是/sp/?              0    1
  2. 哪个单词的第一个音是/l/?               0    1
  3. 哪个单词的第一个音是/ch/?              0    1
  4. ice的第一个音是什么?                   0    1
     （指向ice）

主试念▶这是monkey、grass、ambulance和road。
  5. 哪个单词的第一个音是/a/?               0    1
  6. 哪个单词的第一个音是/m/?               0    1
  7. 哪个单词的第一个音是/g/?               0    1
  8. road的第一个音是什么?                  0    1
     （指向road）

主试念▶这是pizza、table、flower和nail。
  9. 哪个单词的第一个音是/fl/?              0    1
 10. 哪个单词的第一个音是/n/?               0    1
 11. 哪个单词的第一个音是/t/?               0    1
 12. pizza的第一个音是什么?                 0    1
     （指向pizza）

主试念▶这是juice、broom、thermometer和hand。
 13. 哪个单词的第一个音是/b/?               0    1
 14. 哪个单词的第一个音是/h/?               0    1
 15. 哪个单词的第一个音是/th/?              0    1
 16. juice的第一个音是什么?                 0    1
     （指向juice）

  总共用时:_____           正确完成题目数量:_____
```

图 3.2　首音 CBM 教师/主试记分纸示例
（经 FastBridge Learning 许可后复印）

首音 CBM 的指导语与记分过程

附录 B 提供了首音 CBM 的指导语与记分规则，以便复印使用。

首音 CBM 指导语[①]

1. 共有五页题目（一页练习题，四页测验题），将包含四张图片的首音 CBM 练习

---

① 原注：经 FastBridge Learning 许可后改编。

题放在学生面前。将测验题正面朝下放在教师/主试旁边。

2. 教师/主试须将自己使用的材料放在带夹写字板中，或者在计算机屏幕上显示记分纸，以防学生看到。

3. 教师/主试说："我们来完成单词发音任务。请看图片，这是 key、bat、dolphin、water（边说边指对应的图片①）。key、bat、dolphin 和 water 中哪个单词的第一个音是/k/？"

a. 如果回答正确，教师/主试说："很棒。key 的第一个音是 /k/。"然后继续进行练习题 2。

b. 如果回答错误，教师/主试说："再试一次。key（指向图片 key）是/k/音开头，/k/——key（将手指从图片上移开）。以下哪个单词的第一个音是/k/?"

- 如果回答正确，教师/主试说："很棒。key 的第一个音是/k/（指向图片 key）。"
- 如果回答错误，教师/主试说："key 的第一个音是/k/（指向图片 key）。"继续重复练习题 1。

4. 对于练习题 2，教师/主试说："我们试试别的。我说单词 bat（指着图片 bat），请你说出 bat 的第一个音。bat 的第一个音是 /b/。现在你来试一试，water 的第一个音是什么？（指着图片 water）。"

a. 如果回答正确，教师/主试说："很棒。water 的第一个发音是/w/。"然后开始正式施测。

b. 如果回答错误，教师/主试说："再试一次，water 的第一个音是/w/（指向图片 water）。/w/——water。water 的第一个音是什么？（指向图片 water）。记住，只说第一个音。"

- 如果回答正确，教师/主试说："很棒。water 的第一个音是/w/。"
- 如果回答错误，教师/主试说："你听，water 的第一个音/w/，第一个音是/w/。"然后开始正式施测。

5. 开始正式施测，教师/主试说："接下来你会看到更多图片，请听清楚图片名称，回答每个问题。准备好了吗？开始（启动计时器）。"

6. 将第一页附有四张图片的首音 CBM 测验题放在学生面前，清晰地提出每个问题，在说单词的同时指着对应图片。学生回答完毕，教师/主试立即提出下一个问题，请勿对学生的回答给予任何反馈。如果学生停顿 5 秒钟后没有对问题做出回应，则认定该题回答错误，继续测验下一题。使用 FastBridge Learning 测验页面上的提示直到完成 16 道题的测验。

7. 在第 16 道完成或测验中止后按停计时器。

---

① 编注：图片呈现的是这些单词指代的事物，而非单词。

首音 CBM 记分

使用在线系统提交测验结果，或者：

1. 合计正确完成题目数量并记下完成所有题目所需秒数。
2. 计算速率：(正确完成题目数量÷完成所有题目所需秒数)×60 = 每分钟正确完成的题目数量
3. 计算正确率：(正确完成题目数量÷完成的题目总数)×100% = 正确率

回答正确的记分

首音 CBM 根据正确发出或识别的单词起始音来记分。每个正确发出的首音都在记分纸上标记为正确（得 1 分）。

- 发音正确：首音发音正确。

    例："pig 的第一个音是什么?"
    - 学生说：/p/或带短元音/i/的/pi/。
    - 记分：正确。

- 回答正确：学生指出对应单词的首音与教师/主试所发语音相一致的正确图片。

    例："哪张图片的第一个音是/b/?"
    - 学生指向：图片 ball。
    - 记分：正确。

- 5 秒内自我纠错：单词首音发音错误但在 5 秒内自行更正，或指向错误图片但在 5 秒内自行更正。

    例："/skate/的第一个音是什么?"
    - 学生说：/k/（停顿 3 秒）……/sk/。
    - 记分：正确。

    例："哪张图片的第一个音是/r/?"
    - 学生指向：图片 tree（停顿 4 秒）……指向图片 rake。
    - 记分：正确。

- 方言/语音：发音的差异是由方言或语音生成上的差异引起的。

    例："pen 的第一个音是什么?"
    - 学生说：带短元音/i/的/pi/。
    - 记分：正确。

- 重复：在读单词时，多次重复同一个发音或多次指向同一张图片。

    例："sit 的第一个音是什么?"

- 学生说：/s/ /s/ /s/。
- 记分：正确。

例："哪张图片的第一个音是/z/？"
- 学生指向：多次指向图片 zebra。
- 记分：正确。

- **插入**：加入非重读央元音。

  例："cub 的第一个音是什么？"
  - 学生说：/ku/。
  - 记分：正确。

回答错误的记分

在记分纸上标记学生的错误回答（得 0 分）。

- **错误发音/替换**：发音错误，或者替换成其他发音，或者指向错误图片。

  例："fish 的第一个音是什么？"
  - 学生说：/l/ 或者带短元音/i/的/li/。
  - 记分：错误。

  例："哪张图片的第一个音是/s/？"
  - 学生指向：图片 train。
  - 记分：错误。

- **犹豫无回应**：5 秒之内未主动回应，教师/主试提示做下一题。

  例："van 的第一个音是什么？"
  - 学生说：（停顿 5 秒）
  - 记分：错误，教师/主试念下一题。

- **犹豫有回应**：尝试回答，但在 5 秒内没有完成，教师/主试提示做下一题。

  例："sun 的第一个音是什么？"
  - 学生说：/k/，不是，/n/，不是，/t/。（停顿 5 秒）
  - 记分：错误，教师/主试念下一题。

  例："哪张图片的第一个音是/m/？"
  - 学生指向：5 秒内把所有图片都随意指了一遍。
  - 记分：错误，教师/主试念下一题。

首音 CBM 施测和记分的注意事项

1. 纠正：学生出现错误时主试不给予纠正。
2. 中止规则：如果学生前 4 道题没有答对，中止测验并将所有题目都记作错误。

3. 拉长音：如果学生拉长发音，只要每个音发音清楚，记作正确。

4. 发音与图片不匹配：如果学生说出了正确单词，但指向了错误图片，也可以记作正确。

音素分割 CBM

音素分割 CBM 测量音素意识，具体而言，指学生能否把听到的单词发音拆分并读出每个部分的发音。

实施音素分割 CBM 所需材料

1. 具体内容各异但难度相当的测验题（教师/主试记分纸）。
2. 音素分割 CBM 指导语和记分说明。
3. 用于记录学生回应的书写工具、带夹写字板或计算机。
4. 秒表计时器或秒钟倒数计时器。
5. 安静的测验场所。
6. 呈现数据所需的等距图或制图软件。

音素分割 CBM 测验题

音素分割 CBM 测验题为单词表，供教师/主试朗读，无须向学生呈现材料。每种早期阅读 CBM 产品（即 aimsweb、DIBELS、EasyCBM 和 FastBridge Learning）设置的音素分割任务在测验形式上大致相似。我们接下来介绍的音素分割 CBM 的指导语、记分规则和其他注意事项来自 DIBELS 的材料。由于这些产品之间存在差异，我们建议读者仔细阅读所使用产品的相关说明，确保遵守特定测验的施测要求和记分规则。

为了节约准备时间并确保测验分数的一致性，我们建议在一次测验期间完成所有的筛查测量，可根据需要将测验安排在连续几天内完成。如果同一个 CBM 需要施测三遍，则取中位数作为最终得分，并将其作为第一个数据点绘制在学生的统计图中。之后使用 20~30 份具体内容各异但难度相当的测验题，监测学生整个学年的学习进步情况。

音素分割 CBM 测验题必须以个别施测的形式完成，需要备有一份教师/主试记分纸，学生不需要任何材料，教师/主试使用电子版或纸质版的音素分割 CBM 记分纸做记录，另外还需要备好书写工具、计时器与指导语。教师/主试音素分割 CBM 记分纸示例请参照图 3.3。

DIBELS®音素分割流畅性				分数
▶ boat /b/ /oa/ /t/	log /l/ /o/ /g/	stuff /s/ /t/ /u̶/ /f/	judge /j/ /u/ /j/	10 /13
black /b/ /l/ /a/ /k̶/	cane ˢᶜ /k/ /a̶i̶/ /n/	verbs /v/ /ir/ /b/ /z/	near /n̶/ /ea/ /r/	11 /14
run /r/ /u/ /n/	seeds /s/ /ea/ /d/ /z̶/	have /h/ /a/ /v/	much /m/ /u/ /ch/	10 /13
clue /k/ /l/ /oo/	wet /w/ /e/ /t/	met /m/ /e/ /t/	new /n/ /oo/	9 /11
hill /h/ /i/ /l/	groups ⟨/g/ /r/ /oo/ /p/ /s/⟩	knife /n/ /ie/ /f/	bill /b/̸ /i/ /l/	6 /14
shake /sh/ /ai/ /k/	plane /p/ /l/ /ai/ /n/	own /oa/ /n/	ball /b/ /o/ /l/	/12

总分：＿46＿

音素分割流畅性回应方式：
☐ 重复念单词发音
☐ 出现随机错误
☐ 只读首音
☐ 读首音韵脚
☐ 没有分割单词发音
☐ 添加发音
☐ 在特定的发音上多次犯同样的错误
☒ 其他　元音和尾音发音有困难

图 3.3　音素分割 CBM 教师/主试记分纸示例
（经 DIBELS 许可后复印）

音素分割 CBM 的指导语与记分过程

附录 B 提供了音素分割 CBM 的指导语与记分规则，以便复印使用。

音素分割 CBM 指导语①

1. 教师/主试须将自己使用的材料放在带夹写字板中，以防学生看到。
2. 教师/主试说："我们来读出单词的发音。先听我读单词 fan 的每一个音 /f/

---

① 原注：经 DIBELS 许可后改编。

/a//n/。请听下一个单词（停顿），jump，/j//u//m//p/。该你了。读出 soap 的每一个音。"

  a. 如果学生发音正确，教师/主试说："读出了 soap 的每一个音，非常好。"然后开始正式施测。

  b. 如果学生发音错误，教师/主试说："我说 soap，你读/s//oa//p/。该你了。读出 soap 的每一个音。"

- 如果学生发音正确，教师/主试说："很好。"然后开始正式施测。
- 如果学生发音错误，教师/主试说："没关系。"然后开始正式施测。

  3. 测验开始之前，教师/主试说："我会读更多的单词，我来读，你读出单词的每一个音。"

  4. 读出单词表的第一个单词，然后按下计时器。

  5. 1 分钟后按停计时器，在学生发完的最后一个音后标记]符号。

音素分割 CBM 记分

使用在线系统提交测验结果，或者：

1. 合计完成的题目总数。
2. 合计错误完成题目数量。
3. 计算速率：完成的题目总数−错误完成题目数量＝每分钟正确完成的题目数量
4. 计算正确率：（正确完成题目数量÷完成的题目总数）×100%＝正确率

回答正确的记分

根据学生正确发出的单词不同部分的音进行记分。在每个正确发音部分下方画线，记作一个正确发音。

- 发音正确：每个发音都正确。

例：trip

  ○ 学生说：/t//r//i//p/。

  ○ 记分：t r i p ＝ 4 个正确发音。

  ○ 学生说：/tr//i//p/。

  ○ 记分：t r i p ＝ 3 个正确发音。

  ○ 学生说：/tr//ip/。

  ○ 记分：t r i p ＝ 2 个正确发音。

  ○ 学生说：/tr//rip/。

  ○ 记分：t r i p ＝ 2 个正确发音。

- 3 秒内自我纠错：学生最初发音错误但在 3 秒内自行更正，记作正确发音。

例：dug

- 学生说：/d//i/（停顿 2 秒）/u//g/。
- 记分：d u̶ g^(sc①) = 3 个正确发音。

- 方言/语音：发音的差异是由方言或语音生成上的差异引起的。

例：late

- 学生说：/w//ai//t/。
- 记分：l a te = 3 个正确发音。

- 重复：多次重复同一个发音。

例：sat

- 学生说：/s//s//s//a//a//t/。
- 记分：s a t = 3 个正确发音。

- 插入：在单词或非重读央元音的开头、中间、末尾添加发音。

例：pot

- 学生说：/s//p//o//t/。

或

- 学生说：/s//f//o//t/。

或

- 学生说：/p//o//t//s/。
- 记分：p o t = 3 个正确发音。

例：kick

- 学生说：/ku//i//ku/。
- 记分：k i ck = 3 个正确发音。

回答错误的记分

对于学生的所有错误发音，都要在错误处画斜线。如果学生未能发出某个音，则不在单词相应位置做任何标记。如果学生未分割单词发音，则将单词画圈。

- 发音错误/替换：发错音或用其他发音替换。

例：bed

- 学生说：/r//e//d/，/e/ 为短元音。
- 记分：b̶ e d = 2 个正确发音。

---

① 编注：sc 是 self-correction 的缩写，意为"自我纠错"。

- 缺失（遗漏）：未发出某些音。

例：boat

  ○ 学生说：/oa//t/。

  ○ 记分：b oa t = 2 个正确发音。

- 犹豫无回应：3 秒之内未主动回应，教师/主试提示读下一个单词。

例：moon

  ○ 学生说：(停顿 3 秒)。

  ○ 记分：m oo n = 0 个正确发音，提示读下一个单词。

- 犹豫有回应：主动回应但时间超过 3 秒，教师/主试提示读下一个单词。

例：star

  ○ 学生说：/st/（停顿 3 秒）。

  ○ 记分：s t a r = 1 个正确发音，提示读下一个单词。

- 颠倒：颠倒两个或更多的发音。

例：bed

  ○ 学生说：/d//e//b/。

  ○ 记分：b e d = 1 个正确发音。

- 读出单词整体发音：没有将单词发音分割成不同的部分。

例：trip

  ○ 学生说：/trip/。

  ○ 记分：(t r i p) = 0 个正确发音。

音素分割 CBM 施测和记分的注意事项

1. 纠正：学生出现错误时主试不给予纠正。

2. 中止规则：如果学生发错了第一行所有单词的音，中止测验并记作 0 分。

3. 1 分钟之内提前完成：如果学生在 1 分钟内提前完成任务，分数应该按比例计算。公式为：

$$\frac{\text{正确发音总数}}{\text{完成任务所用秒数}} \times 60 = \text{预计 1 分钟内完成的正确发音总数}$$

例：学生在 50 秒内完成了测验题，正确发音 20 个。

$$\frac{20}{50} \times 60 = 24$$

如果继续增加单词数量，预计该生在 1 分钟里能够完成 24 个正确发音。

4. 拉长音：如果学生拉长发音，只要每个音发音清楚，记作正确。

字母命名 CBM

字母命名 CBM 并非测量语音意识或者解码能力，而是测量阅读流畅性，因此成为阅读的风险指标。该测验与要求学生快速命名颜色、数字或物品的其他快速命名任务相似。之所以将字母命名 CBM 纳入早期阅读 CBM，是因为它属于常规的 CBM 评估，其测得的分数可作为筛查的依据之一。虽然我们希望学生能够命名字母，但与解码、阅读更密切相关的技能却是字母发音。在可以选择的情况下，我们建议教师结合其他阅读测验来使用字母命名 CBM，以用于筛查；对于进步监测，我们建议使用字母发音 CBM，本章后续将详细描述。

实施字母命名 CBM 所需材料

1. 具体内容各异但难度相当的测验题（学生测验卷和教师/主试记分纸）。
2. 字母命名 CBM 指导语和记分说明。
3. 用于记录学生回应的书写工具、带夹写字板或计算机。
4. 秒表计时器或秒钟倒数计时器。
5. 安静的测验场所。
6. 呈现数据所需的等距图或制图软件。

字母命名 CBM 测验题

字母命名 CBM 测验题包含不同的题目（或题目顺序），每页测验题至少包括 26 个字母。最好购买或者找到专门为收集字母命名 CBM 数据而开发的通用测验题。我们接下来介绍的字母命名 CBM 的指导语、记分规则和其他注意事项来自 DIBELS 的材料。由于早期阅读 CBM 产品之间存在差异，我们建议读者仔细阅读所使用产品的相关说明，确保遵守特定测验的施测要求和记分规则。

为了节约准备时间并确保测验分数的一致性，我们建议在一次测验期间完成所有的筛查测量，可根据需要将测验安排在连续几天内完成。如果同一个 CBM 需要施测三遍，则取中位数作为最终得分，并将其作为第一个数据点绘制在学生的统计图中。我们不建议通过额外等价的测验题对学生的进步进行监测，而是鼓励读者使用字母发音 CBM 或其他与学生的技能和他们所接受的教学相一致的任务进行监测。

字母命名 CBM 测验题必须以个别施测的形式完成，需要备有学生测验卷和教师/主试记分纸，学生测验卷供学生使用，教师/主试记分纸以电子版或纸质版形式供教师/主试做记录，另外还需要备好书写工具、计时器与指导语。图 3.4 和图 3.5 分别为学生测验卷与教师/主试记分纸示例。

字母命名 CBM 的指导语与记分过程

附录 B 提供了字母命名 CBM 的指导语与记分规则，以便复印使用。

图 3.4　字母命名 CBM 学生测验卷示例
（经 DIBELS 许可后复印）

图 3.5　字母命名 CBM 教师/主试记分纸示例
（经 DIBELS 许可后复印）

字母命名 CBM 指导语[①]

1. 将测验题放在学生面前。
2. 教师/主试须将自己使用的材料放在带夹写字板中,以防学生看到。
3. 教师/主试说:"这些都是字母。请你指出每一个字母并说出它的名字。"(将印有字母的一页放在学生面前。)
4. 开启测验,教师/主试说:"从这里开始(手指指向页面顶部的第一个字母)。这样开始(用手指扫过前两行字母),读出每个字母名。请把手指放在第一个字母下面(用手指)。准备好了吗?开始。"
5. 说"开始"后启动计时器。
6. 1 分钟后按停计时器,在学生读完的最后一个字母后标记]符号。

字母命名 CBM 记分

使用在线系统提交测验结果,或者:

1. 合计完成的题目总数。
2. 合计错误完成题目数量。
3. 计算速率:完成的题目总数−错误完成题目数量=每分钟正确完成的题目数量
4. 计算正确率:(正确完成题目数量÷完成的题目总数)×100%=正确率

回答正确的记分

字母命名 CBM 依据每个字母的正确发音来记分。每个命名正确的字母都计入正确总数,只对命名错误的字母和自我纠错的字母在记分纸上做标记。

- 发音正确:每个字母必须都正确命名。

例:E,h,t,S,f,r,q,H,I,v
  ○ 学生说:E,H,T,S,F,R,Q,H,I,V。
  ○ 记分:E,h,t,S,f,r,q,H,I,v = 10 个正确命名字母。

- 3 秒内自我纠错:学生最初发音错误但在 3 秒内自行更正,记作正确命名。

例:E,h,t,S,f,r,q,H,I,v
  ○ 学生说:E,K(停顿 2 秒),H,T,S,F,R,Q,H,I,V。
  ○ 记分:E,$\overset{sc}{\text{K}}$,t,S,f,r,q,H,I,v = 10 个正确命名字母。

- 方言/发音:发音的差异是由方言或语音生成上的差异引起的。

例:E,h,t,S,f,r,q,H,I,v

[①] 原注:经 DIBELS 许可后改编。

- 学生说：E，H，T，S，THeef，Waar，Q，H，I，V。
- 记分：E，h，t，S，f，r，q，H，I，v = 10 个正确命名字母。

• 重复：多次重复读同一个字母。

例：E，h，t，S，f，r，q，H，I，v
- 学生说：E，H，H，T，T，S，F，R，Q，H，I，V。
- 记分：E，h，t，S，f，r，q，H，I，v = 10 个正确命名字母。

回答错误的记分

对于学生的所有命名错误或跳过未读的字母，画斜线标记。

• 发音错误/替换：字母命名错误。

例：E，h，t，S，f，r，q，H，I，v
- 学生说：E，K，T，YES，F，R，Q，H，I，W。
- 记分：E，h̷，t，S̷，f，r，q，H，I，v̷ = 7 个正确命名字母。

• 缺失（遗漏）：有字母未被命名。

例：E，h，t，S，f，r，q，H，I，v
- 学生说：E，H，T，S，R，Q，H，V。
- 记分：E，h，t，S，f̷，r，q，H，I̷，v = 8 个正确命名字母。

• 犹豫无回应：3 秒之内未主动回应，主试提示该字母的命名。

例：E，h，t，S，f，r，q，H，I，v
- 学生说：E，H，T（停顿 3 秒，主试提示读 S），F，R（停顿 3 秒，主试提示读 Q），H，I，V。
- 记分：E，h，t，S̷，f，r，q̷，H，I，v = 8 个正确命名字母。

• 犹豫有回应：主动回应但时间超过 3 秒，主试提示该字母的命名。

例：E，h，t，S，f，r，q，H，I，v
- 学生说：E，H，T（eeSSS，停顿 3 秒，主试提示读 S），F，R，Q，H，I，V。
- 记分：E，h，t，S̷，f，r，q，H，I，v = 9 个正确命名字母。

• 颠倒：颠倒两个或两个以上字母的命名。

例：E，h，t，S，f，r，q，H，I，v
- 学生说：E，H，T，S，R，F，Q，H，I，V。
- 记分：E，h，t，S，f̷，r̷，q，H，I，v = 8 个正确命名字母。

字母命名 CBM 施测和记分的注意事项

1. 纠正：学生出现错误时主试不予纠正。只有在学生犹豫了 3 秒后，教师/主试提示字母名。

2. 跳过整行：如果学生跳过整行题目，则用线划掉，该行不记分。

3. 中止规则：如果学生错误命名了第一行的全部字母（共 10 个），则中止测验并记 0 分。

4. 在 1 分钟内提前完成：如果学生在 1 分钟内提前完成，按实际得分来记分，不按比例折算分数。

5. 相似字母混淆：如果学生把大写字母 I 读作 l 或 L，或者把小写字母 l 读作 I 或 L，都可记作正确。

6. 用字母发音代替字母命名：如果学生说出字母发音，教师/主试提示："请说字母名，而不是念字母发音。"（只说一次。）

7. 没有从左往右读：如果学生从右往左读，教师/主试提示："这样读。"用手指从左到右扫过这一行。（只提醒一次。）

8. 忘记上次读到的位置：如果学生忘记读到哪个位置，教师/主试指出学生读到的页面上的正确位置。（只要需要，就可以这样提醒。）

字母发音 CBM

字母发音 CBM 测量字母表中 26 个字母的最常见发音，其中元音发音为短元音。

实施字母发音 CBM 所需材料

1. 具体内容各异但难度相当的测验题（学生测验卷与教师/主试记分纸）。
2. 字母发音 CBM 指导语和记分说明。
3. 用于记录学生回应的书写工具、带夹写字板或计算机。
4. 秒表计时器或秒钟倒数计时器。
5. 安静的测验场所。
6. 呈现数据所需的等距图或制图软件。

字母发音 CBM 测验题

字母发音 CBM 测验题包含不同的字母（或字母顺序），每页测验题至少包括 26 个字母。最好购买或找到专门为收集字母发音 CBM 数据而开发的通用测验题。我们接下来介绍的字母发音 CBM 的指导语、记分规则和其他注意事项来自 aimsweb 的材料。由于早期阅读 CBM 产品之间存在差异，我们建议读者仔细阅读所使用产品的相关说明，确保遵守特定测验的施测要求和记分规则。

为了节约准备时间并确保测验分数的一致性，我们建议在一次测验期间完成所有的筛查测量，可根据需要将测验安排在连续几天内完成。如果同一个 CBM 需要施测三遍，则取中位数作为最终得分，并将其作为第一个数据点绘制在学生的统计图中。之后使用 20~30 份具体内容各异但难度相当的测验题，监测学生整个学年的学习进步情况。

字母发音 CBM 测验题必须以个别施测的形式完成，需要备有学生测验卷和教师/主试记分纸，学生测验卷供学生使用，教师/主试记分纸以电子版或纸质版形式供教师/主试做记录，另外还需要备好书写工具、计时器与指导语。图 3.6 和图 3.7 为学生测验卷与教师/主试记分纸示例。

t	d	n	r	p	c	z	v	w	k
m	b	t	f	v	z	i	c	d	p
v	y	e	l	b	j	s	t	f	a
c	n	f	r	m	b	t	h	z	s
j	k	p	s	f	h	i	r	o	m
s	z	p	i	j	r	e	d	g	o
j	g	a	t	s	h	c	r	k	l
j	u	k	y	a	s	z	e	i	v
m	s	d	g	f	l	b	v	j	c
t	e	m	l	w	j	y	z	f	v

图 3.6　字母发音 CBM 学生测验卷示例
[来自 aimsweb（2003），经 Edformation，Inc 许可后复印]

被试:_____　主试:_____　日期:_____

t d n r p c z v w k	/10 (10)
m b t f v z i c d p	/10 (20)
v y e l b j s t f a	/10 (30)
c n f r m b t h z s	/10 (40)
j k p s f h i r o m	/10 (50)
s z p i j r e d g o	/10 (60)
j g a t s h c r k l	/10 (70)
j u k y a s z e i v	/10 (80)
m s d g f l b v j c	/10 (90)
t e m l w j y z f v	/10 (100)
	/

图 3.7　字母发音 CBM 教师/主试记分纸示例
[来自 aimsweb（2003），经 Edformation，Inc 许可后复印]

字母发音 CBM 的指导语与记分过程

附录 B 提供了字母发音 CBM 的指导语与记分规则，以便复印使用。

字母发音 CBM 指导语[①]

1. 将测验题放在学生面前。
2. 教师/主试须将自己使用的材料放在带夹写字板中，以防学生看到。
3. 教师/主试说："这是字母（指着测验题）。从这里开始读字母发音（指着第一个字母），如果遇到你不认识的字母，我会告诉你它的发音。尽可能多读一些字母。还有问题吗？把手指放在第一个字母下面。准备好了吗？开始。"（启动计时器，限时 1 分钟。）
4. 当学生读字母发音时，教师/主试要在记分纸上跟随学生的进度，并在发音错误的字母上画斜线（/）。
5. 1 分钟计时结束时说"停"，并在学生最后发音的字母后标记]符号。

字母发音 CBM 记分

使用在线系统提交测验结果，或者：

1. 合计完成的题目总数。
2. 合计错误完成题目数量。
3. 计算速率：完成的题目总数−错误完成题目数量＝每分钟正确完成的题目数量
4. 计算正确率：（正确完成题目数量÷完成的题目总数）×100％＝正确率

回答正确的记分

在字母发音 CBM 中，根据字母发音中最常用的正确发音来记分。每个正确发音都计入正确的字母发音总数，只在主试记分纸上标记错误发音。表 3.2 提供了字母最常见音的发音标准（the Most Common Sounds Pronunciation Key）。

- 发音正确：必须正确发音。短元音（非长元音）在该测验中被认定为正确发音。例：a, e, i, o, u
  - 学生说：/a/（如单词 apple 中 a 的发音），/e/（如单词 echo 中 e 的发音），/i/（如单词 itch 中 i 的发音），/o/（如单词 octopus 中 o 的发音），/u/（如单词 up 中 u 的发音）。
  - 记分：a, e, i, o, u ＝ 5 个正确发音。

---

① 原注：经 aimsweb（Shinn & Shinn, 2002a）许可后改编。

表 3.2 字母最常见音的发音标准

字母	例子	字母	例子
a	**a**pple	l	**l**ip
e	**e**cho	m	**m**at
i	**i**tch	n	**n**ot
o	**o**ctopus	p	**p**at
u	**u**p	q	**q**uick
b	**b**ig	r	**r**at
c	**c**at	s	**s**it
d	**d**ad	t	**t**op
f	**f**at	v	**v**an
g	**g**o	w	**w**ill
h	**h**at	x	o**x**
j	**j**ump	y	**y**ell
k	**k**it	z	**z**ip

- 3 秒内自我纠错：学生起初发音错误但在 3 秒内自行更正，记作正确发音，并在字母上方标记 sc。

例：a
- 学生说：/a/（如单词 ape 中的长元音）（停顿 2 秒）……/a/（如单词 apple 中的短元音）。
- 记分：$\overset{sc}{a}$ = 1 个正确发音。

- 方言/语音：发音的差异是由方言或语音生成上的差异引起的。

例：s
- 学生说：/th/（而非 /s/。如果替换是由语音问题导致的，这种替换可以接受。）
- 记分：s = 1 个正确发音。

- 重复：多次重复同一个发音。

例：s, d, w

- 学生说：/s/ /s/ /d/ /w/。
- 记分：s, d, w = 3 个正确发音。

- 插入：加入非重读央元音。

例：b, t, m

- 学生说：/buh/ /tuh/ /muh/。
- 记分：b, t, m = 3 个正确发音。

回答错误的记分

在发音错误或跳过的字母上画斜线标记。

- 发音错误/替换：字母发音错误，或者发成另一个字母的音。

例：p

- 学生说：/b/。
- 记分：p̸ = 0 个正确发音。

- 缺失（遗漏）：未发出某些字母的音。

例：t, d, n, r, p, c, i, l

- 学生说：/t/ /d/ /n/ /p/ /c/ /i/ /l/。
- 记分：t, d, n, r̸, p, c, i, l = 7 个正确发音。

- 犹豫无回应：3 秒之内未主动回应，教师/主试提示该字母的发音。

例：t, d, n, r, p, c, i, l

- 学生说：/t/ /d/ /n/ /r/ /p/ /c/（在 i 上停顿 3 秒）。教师说："/i/。"指着下一个字母说："这个字母的发音是什么？" /l/。
- 记分：t, d, n, r, p, c, i̸, l = 7 个正确发音。

- 颠倒：两个或两个以上的发音颠倒。

例：t, d, n, r, p, c, i, l

- 学生说：/t/ /d/ /n/ /c/ /r/ /p/ /i/ /l/。
- 记分：t, d, n, r̸, c̸, p, i, l = 6 个正确发音。

字母发音 CBM 施测和记分的注意事项

1. 纠正：学生出现错误时，教师/主试不予纠正。只有在学生犹豫 3 秒后，才提示字母发音。

2. 跳过整行：如果学生跳过一行，就在这一行的字母上画线，不要将其计入完成的题目总数，也不记作错误。

3. 中止规则：如果学生发错了第一行所有字母的音，则中止测验。如果学生念字母名而不是发字母的音，教师/主试说："你应该发字母的音，而不是说字母名。"仅提醒一次。

4. 如果学生在 1 分钟内提前完成任务，分数应该按比例计算。公式为：

$$\frac{\text{正确字母发音总数}}{\text{完成任务所用秒数}} \times 60 = \text{预计 1 分钟内完成的正确字母发音总数}$$

例子：学生在 48 秒内完成了测验题，正确字母发音 24 个。

$$\frac{24}{48} \times 60 = 0.5 \times 60 = 30$$

如果继续增加字母数量，预计该生 1 分钟内能够完成 30 个正确字母发音。

5. 拉长音：如果学生拉长发音，只要每个字母发音清楚，记作正确。

6. 大写字母 I 和小写字母 l 看起来很像，如果学生混淆了这两个字母的发音，都可记作正确。

无意义单词 CBM

无意义单词 CBM 直接测量学生的基本解码技能。该测验之所以采用无意义单词，目的在于排除学生已经记住或学过这些单词的可能性。学生只有运用字母对应发音的知识以及将字母发音拼读成单词的技能，才能成功读出无意义单词。尽管你不想要教授学生无意义单词，但是因为每一个不认识的真正的单词对学生而言都是无意义的，因此无意义单词 CBM 还是能够考查学生在运用字母对应发音的知识读出单词上的能力的。

实施无意义单词 CBM 所需材料

1. 具体内容各异但难度相当的测验题（学生测验卷与教师/主试记分纸）。
2. 无意义单词 CBM 指导语和记分说明。
3. 用于记录学生回应的书写工具、带夹写字板或计算机。
4. 秒表计时器或秒钟倒数计时器。
5. 安静的测验场所。
6. 呈现数据所需的等距图或制图软件。

无意义单词 CBM 测验题

无意义单词 CBM 测验题包含不同的题目（或题目顺序），每页测验题至少包括 50

个单词。最好购买或找到专门为收集无意义单词 CBM 数据而开发的通用测验题。我们接下来介绍的无意义单词 CBM 的指导语、记分规则和其他注意事项来自 FastBridge Learning 的材料。由于早期阅读 CBM 产品之间存在差异，我们建议读者仔细阅读所使用产品的相关说明，确保遵守特定测验的施测要求和记分规则。

教师/主试需要准备好主试记分纸和一份标明每道题正确答案与记分规则的标准答案。为了节约准备时间并确保测验分数的一致性，我们建议在一次测验期间完成所有的筛查测量，可根据需要将测验安排在连续几天内完成。如果同一个 CBM 需要施测三遍（取样三次），则取中位数作为最终得分，并将其作为第一个数据点绘制在学生的统计图中。之后使用 20~30 份具体内容各异但难度相当的测验题，监测学生整个学年的学习进步情况。

无意义单词 CBM 测验题必须以个别施测的形式完成，需要备有学生测验卷和教师/主试记分纸，学生测验卷供学生使用，主试记分纸以电子版或纸质版形式供教师/主试做记录，另外还需要备好书写工具、计时器与指导语。图 3.8 和图 3.9 分别为学生测验卷和教师/主试记分纸示例。

nok	faf	yat	hep	bis
gak	wof	rop	og	tuv
et	kuz	ik	sep	det
pez	jax	zeb	muv	ug
lal	vod	cag	ac	duf
sed	gax	zub	hom	vog
riv	zoc	baz	yox	vak
lun	yoz	wef	oc	fif
nid	yuc	kez	luc	miv
yig	dat	kuf	juf	fis

图 3.8　无意义单词 CBM 学生测验卷示例
（经 FastBridge Learning 许可后复印）

```
┌─────────────────────────────────────────────────────────────┐
│   ▲ FastBridge                                              │
│     Learning                                                │
│                                                             │
│   学生：_____    主试：_____       │
│   教师：_____    年级：_____  日期：_____ │
│                                                             │
│   主试念▶ 这是一些编造的假单词，需要你读出来。当我说"开始"时，│
│           从这里开始朗读这些假单词（主试指向第一个单词）。   │
│           读完这一行接着再读下一行（用手指演示），尽你最大可能│
│           把每个单词读完整。如果你不知道整个单词怎么读，可以 │
│           尝试读出单词中字母的发音。                         │
│                                                             │
│   主试念▶ 准备好了吗？开始。（从学生朗读第一个无意义单词开始计时。）│
│                                                             │
│   主试念▶（在1分钟后说"停"，并在读到的最后一个单词后加标记]符号。）│
│                                                             │
│      nok    faf    yat    hep    bis    /5(15)              │
│      gak    wof    rop    og     tuv    /10(29)             │
│      et     kuz    ik     sep    det    /15(42)             │
│      pez    jax    zeb    muv    ug     /20(57)             │
│      lal    vod    cag    ac     duf    /25(71)             │
│      sed    gax    zub    hom    vog    /30(86)             │
│      riv    zoc    baz    yox    vak    /35(101)            │
│      lun    yoz    wef    oc     fif    /40(115)            │
│      nid    yuc    kez    luc    miv    /45(130)            │
│      yig    dat    kuf    juf    fis    /50(145)            │
│                                                             │
│                                       /单词（发音）总数      │
│                                                             │
│   朗读单词总数：_____ – 错误朗读总数：_____ = 每分钟正确朗读总数：_____│
└─────────────────────────────────────────────────────────────┘
```

图3.9　无意义单词CBM教师/主试记分纸示例
（经FastBridge Learning许可后复印）

无意义单词CBM的指导语与记分过程

附录B提供了无意义单词CBM的指导语与记分规则，以便复印使用。

无意义单词CBM的指导语[①]

1. 向学生呈现无意义单词CBM测验题。

---

① 原注：经FastBridge Learning许可后改编。

2. 教师/主试须将自己使用的材料放在带夹写字板中，以防学生看到。

3. 教师/主试说："我们来读一些编造的假单词，例如 tup（主试用手指着单词 tup）。如果你不会读这个单词，可以读出单词的字母发音/t//u//p/（主试用手指着单词的每个字母）。请读出整个单词的发音。如果你不知道怎么读，可以试着读出单词中每个字母的发音。"

4. 教师/主试说："你来试试，读这个假单词。"（主试用手指着 pof。）

   a. 如果学生读出了整个单词，教师/主试说："很棒！字母 P、O 和 F 组成了这个假单词 POF。"然后开始正式施测。

   b. 如果学生读出单词的字母发音，教师/主试说："很棒！单词 POF 的字母发音分别是/p//o//f/。"然后开始正式施测。

   c. 如果学生读错，教师/主试说："这个假单词 POF 读作/p//o//f/——POF。把字母发音拼在一起就是 POF。单词 POF 的字母发音是/p//o//f/。请你读出单个字母的发音或者读出整个单词。"然后开始正式施测。

5. 开始正式施测，教师/主试说："这是一些编造的假单词，需要你读出来。当我说'开始'时，从这里开始读出这些假单词（主试指向第一个单词）。读完这一行接着再读下一行（用手指演示），尽量把每个单词读完整。如果你不知道整个单词怎么读，可以尝试读出单词中每个字母的发音。"

6. 教师/主试说："清楚了吗？你知道怎么做吗？"（要求学生说出如何读出整个无意义单词或读出单词中的字母发音，并不需要他们同时做到这两点。必要时向学生再次解释清楚。）"很棒。"

7. 教师/主试说："准备好了吗？开始。"（从学生读出第一个无意义单词开始计时。）

8. 在教师/主试记分纸上跟随学生的进度。如果使用电脑记分，点击学生说错的单词，如果使用纸质版的记分纸，则在学生说错的无意义单词上画斜线（/）。（不以发音作为记分单元，尽管学生可能逐一念出单词的每个音，但是仍然将单词整体发音作为记分单元。）

9. 在 1 分钟后说"停"，并在学生读到的最后一个单词后标记] 符号。

无意义单词 CBM 记分

使用在线系统提交测验结果，或者：

1. 合计完成的题目总数。
2. 合计错误完成题目数量。
3. 计算速率：完成的题目总数－错误完成题目数量＝每分钟正确完成的题目数量
4. 计算正确率：（正确完成题目数量÷完成的题目总数）×100%＝正确率

回答正确的记分

在无意义单词 CBM 中，根据字母的最常见发音来记分，既可以一个字母一个字母地读，也可以拼读整个单词。短元音（非长元音）发音、最常见的辅音发音在该测验中被认定为正确发音。请查看表 3.2 获取正确发音的信息。

- 发音正确：逐一正确地念出单词的每个音或者正确拼读单词。

  例：kiv，hoz，ruc，af，bix

  ○ 学生说：/k//i//v/，/ho//z/，/ruc/，/af/，/b//ix/。

  ○ 记分：kiv，hoz，ruc，af，bix = 5 个正确无意义单词。

- 自我纠错：最初发音错误或读错单词，但在 3 秒内自行更正，记作正确，并且在单词上方标记 sc 或者在电脑上再次点击单词取消高亮显示。

  例：nus，yif，jex，ut，tok，zam

  ○ 学生说：/nut/（停顿 2 秒，/nus/），/yif/，/jex/，/ut/，/took/（停顿 2 秒，/tok/），/zam/。

  ○ 记分：nus̄ᶜ，yif，jex，ut，tōkᶜ，zam = 6 个正确无意义单词。

- 方言/语音：发音的差异是由方言或语音生成上的差异引起的。

  例：nus

  ○ 学生说：/nuth/（由于语音问题，用/th/替换了/s/）。

  ○ 记分：nus = 1 个正确无意义单词。

- 重复：在读单词时，多次重复同一个发音。

  例：kov，yef，rup

  ○ 学生说：/k//k//ov/，/yef/，/yef/，/rup/。

  ○ 记分：kov，yef，rup = 3 个正确无意义单词。

回答错误的记分

在学生出现发音错误的单词上画斜线标记，或者在电脑上点击单词以高亮显示。

- 发音错误/替换：字母或单词发音错误，或者发成其他字母的音。

  例：nus，yif，jex，ut，tok，zam

  ○ 学生说：/nus/，/yip/，/jex/，/at/，/tok/，/sam/。

  ○ 记分：nus，y̵i̵f̵，jex，a̵t̵，tok，z̵a̵m̵ = 3 个正确无意义单词。

- 缺失（遗漏）：未发出某些字母或单词的音。

  例：nus，yif，jex，ut，tok，zam

  ○ 学生说：/ns/，/yip/，/jex/，/at/，/tk/，/zam/。

○ 记分：n̶u̶s̶, yif, jex, ut̶, t̶o̶k̶, zam = 2 个正确无意义单词。

- 犹豫无回应：3 秒之内未主动回应，主试提示该字母或单词的发音。

例：nus, yif, jex, ut, tok, zam

  ○ 学生说：/n/（停顿 3 秒后，主试说/u/），/yif/，/jex/，/ut/（停顿 3 秒后，主试说/tok/），/zam/。

  ○ 记分：n̶u̶s̶, yif, jex, ut, t̶o̶k̶, zam = 4 个正确无意义单词。

- 犹豫有回应：主动回应但时间超过 3 秒，主试提示该字母或单词的发音。

例：nus, yif, jex, ut, tok, zam

  ○ 学生说：/nnnnnnnn/（停顿 3 秒后，主试说/u/），/yif/，/jex/，/uuuuuuuuu/（停顿 3 秒后，主试说/ut/），/tok/，/zam/。

  ○ 记分：n̶u̶s̶, yif, jex, u̶t̶, tok, zam = 4 个正确无意义单词。

- 颠倒：颠倒两个或更多字母或单词的发音。

例：nus, yif, jex, ut, tok, zam

  ○ 学生说：/n//u//s/，/y//f//i/，/jex/，/tok/，/ut/，/zam/。

  ○ 记分：nus, y̶i̶f̶, jex, u̶t̶, t̶o̶k̶, zam = 3 个正确无意义单词。

无意义单词 CBM 施测和记分的注意事项

1. 纠正：学生出现错误时主试不予纠正，只有当学生犹豫超过 3 秒时才会给予字母或单词发音提示。

2. 跳过整行单词：如果学生跳过整行单词未读，则划掉该行或在电脑上使用"批量错误"标记，对该行所有单词均记作错误。

3. 中止规则：如果学生在前两行没有读对任何一个单词（共 10 个），中止测验并记作 0 分。

4. 1 分钟以内完成：如果学生在 1 分钟内完成任务，分数应该按比例计算。公式为：

$$\frac{\text{正确发音的单词总数}}{\text{完成任务所用秒数}} \times 60 = \text{预计 1 分钟内完成的正确发音的单词总数}$$

例：学生在 55 秒内完成了测验题，正确发音单词 30 个。

$$\frac{30}{55} \times 60 = 0.54 \times 60 = 32$$

如果继续增加单词数量，预计该生 1 分钟内能够正确发音 32 个单词。

5. 如果学生拉长发音，只要每个单词发音清晰，记作正确。

6. 记分水平：不管学生是逐一读出单词中的字母发音还是读出了整个单词，都以单词整体发音作为记分单元。

单词识别 CBM

单词识别 CBM 测量低年级学生与常用单词有关的阅读技能。该测验采用单词表的任务形式，作为在无须阅读上下文或句子的情景下考核学生单词朗读能力的指标。

实施单词识别 CBM 所需材料

1. 具体内容各异但难度相当的测验题（学生测验卷与教师/主试记分纸）。
2. 单词识别 CBM 指导语和记分说明。
3. 用于记录学生回应的书写工具、带夹写字板或计算机。
4. 秒表计时器或秒钟倒数计时器。
5. 安静的测验场所。
6. 呈现数据所需的等距图或制图软件。

单词识别 CBM 测验题

单词识别 CBM 测验题包含不同的题目（或题目顺序），每份测验题至少包含 50 个单词。测验题必须从预期学生在整个学年应掌握的单词中取样。最好的方法是购买专门开发的通用测验题。我们接下来介绍的单词识别 CBM 的指导语、记分规则和其他注意事项来自 Fuchs & Fuchs 的材料。由于早期阅读 CBM 产品之间存在差异，我们建议读者仔细阅读所使用产品的相关说明，确保遵守特定测验的施测要求和记分规则。

为了节约准备时间和确保测验分数的一致性，我们建议在一次测验期间完成所有的筛查测量，可根据需要将测验安排在连续几天内完成。如果同一个 CBM 需要施测三遍，则取中位数作为最终得分，并将其作为第一个数据点绘制在学生的统计图中。之后使用 20~30 份具体内容各异但难度相当的测验题，监测学生整个学年的学习进步情况。

单词识别 CBM 测验题必须以个别施测形式完成，需要备有学生测验卷和教师/主试记分纸，学生测验卷供学生使用，主试记分纸以电子版或纸质版形式供教师/主试做记录，另外还需要备好书写工具、计时器与指导语。图 3.10 和图 3.11 分别为学生测验卷与教师/主试记分纸示例。

学生: _____		日期: _____
年级: _____		正确识别的单词数量: _____
		识别单词总数: _____

tell	first	write	before
don't	these	work	call
your	because	both	wash
sit	does	very	been
best	their	found	cold
its	those	goes	sing
green	many	right	or
wish	off	sleep	which

图 3.10　单词识别 CBM 学生测验卷示例
（经 Intervention Central 许可后复印）

课程本位测量表：教师/主试版　　　　　　　此为如下评估表中的32道题答案
・多尔希高频词：二年级

学生: _____　　日期: _____
班级: _____　　正确识别的单词数量: _____
　　　　　　　　　　　　　　　　　识别单词总数: _____

第1题 tell	第2题 first	第3题 write	第4题 before	4/4
第5题 don't	第6题 these	第7题 work	第8题 call	4/8
第9题 your	第10题 because	第11题 both	第12题 wash	4/12
第13题 sit	第14题 does	第15题 very	第16题 been	4/16
第17题 best	第18题 their	第19题 found	第20题 cold	4/20
第21题 its	第22题 those	第23题 goes	第24题 sing	4/24
第25题 green	第26题 many	第27题 right	第28题 or	4/28
第29题 wish	第30题 off	第31题 sleep	第32题 which	4/32

图 3.11　单词识别 CBM 教师/主试记分纸示例
（经 Intervention Central 许可后复印）

单词识别 CBM 的指导语与记分过程

附录 B 提供了单词识别 CBM 的指导语与记分规则，以便复印使用。

单词识别 CBM 指导语[①]

1. 将测验题放在学生面前。
2. 教师/主试须将自己使用的材料放在带夹写字板中，以防学生看到。
3. 教师/主试说："当我说'开始'时，你要尽可能快速、准确地读出这些单词。从这里开始（指向第一个单词），然后接着往下读（手指顺着第一行滑动）。如果碰到不认识的单词，跳过它，尝试读下一个单词。一直往下读，直到我说'停'。还有其他问题吗？开始。"（启动计时器，限时 1 分钟。）
4. 教师/主试要在记分纸上跟随学生的进度，并在读错的单词上画斜线（/）。
5. 1 分钟计时结束时说"停"，并在最后一个单词后面标记] 符号。

单词识别 CBM 记分

使用在线系统提交测验结果，或者：

1. 合计 1 分钟内识别单词的总数。
2. 合计错误识别单词的数量。
3. 计算速率：识别单词总数－错误识别单词的数量＝每分钟正确识别单词的数量
4. 计算正确率：（正确识别单词的数量÷识别单词总数）×100%＝正确率

回答正确的记分

根据整个单词的正确发音进行记分。

- 发音正确：单词必须发音正确。

例：made

  ○ 学生说：/made/。

  ○ 记分：made ＝ 1 个正确识别单词。

- 3 秒内自我纠错：学生起初单词发音错误但在 3 秒内自行更正。

例：where

  ○ 学生说：/were/（停顿 2 秒）……/where/。

  ○ 记分：where^{sc} ＝ 1 个正确识别单词。

- 方言/语音：发音的差异是由方言或语音生成上的差异引起的。

[①] 原注：经 Fuchs and Fuchs（2004）许可后改编。

例：either
- 学生说：/either/，带有长音/i/或/e/。
- 记分：either = 1 个正确识别单词。

- **重复**：多次重复一个单词。

例：what，have，name
- 学生说：/what/ /what/ /have/ /name/。
- 记分：what，have，name = 3 个正确识别单词。

回答错误的记分

用斜线（/）标记学生错误识别的单词。

- **发音错误/替换**：单词发音错误，或者发成其他单词的音。

例：mother
- 学生说：/mom/。
- 记分：~~mother~~ = 0 个正确识别单词。

- **缺失（遗漏）**：未发某些单词的音。

例：and，as，at，one，said，into，could
- 学生说：/and/ /as/ /one/ /said/ /into/ /could/。
- 记分：and，as，~~at~~，one，said，into，could = 6 个正确识别单词。

- **犹豫无回应**：2 秒之内未主动回应，教师/主试指向下一个单词并提示："什么单词？"

例：and，as，at，one，said，into，could
- 学生说：/and/ /as/ /at/（在单词 one 上犹豫 2 秒，教师/主试指向下一个单词说："什么单词？"）/said/ /into/ /could/。
- 记分：and，as，at，~~one~~，said，into，could = 6 个正确识别单词。

- **犹豫有回应**：开始回答但未在 5 秒内完成，教师/主试指向下一个单词并提示："什么单词？"

例：and，as，at，one，said，into，could
- 学生说：/and/ /as/ /at/ /ooooonnnnnn/（在单词 one 上犹豫 5 秒，教师/主试指向下一个单词说："什么单词？"）/said/ /into/ /could/。
- 记分：and，as，at，~~one~~，said，into，could = 6 个正确识别单词。

- **颠倒**：颠倒两个单词或更多单词。

例：and，as，at，one，said，into，could
- 学生说：/and/ /as/ /at/ /one/ /into/ /said/ /could/。
- 记分：and，as，at，one，~~said~~，~~into~~，could = 5 个正确识别单词。

单词识别 CBM 施测和记分的注意事项

1. 纠正：学生出现错误时，教师/主试不予纠正。
2. 跳过整行：如果学生跳过整行，则划掉该行，将该行每个单词都记作错误。
3. 中止规则：如果学生对前两行单词的识别全部错误，则中止测验并将所有题目记作错误。
4. 如果学生在 1 分钟内完成任务，分数应该按比例计算。公式为：

$$\frac{\text{正确识别单词总数}}{\text{完成任务所用秒数}} \times 60 = \text{预计 1 分钟内正确识别的单词总数}$$

例：学生在 50 秒内完成测验题，正确识别 35 个单词。

$$\frac{35}{50} \times 60 = 0.7 \times 60 = 42$$

如果继续增加单词数量，预计该生 1 分钟内能够正确识别 42 个单词。

5. 拉长发音：如果学生拉长发音，只要每个音发音清楚，记作正确。

应该多久实施一次早期阅读 CBM

CBM 基于筛查和进步监测这两种不同目的，在测量频率与时间上也各异，对此我们已经在第 2 章做了详细说明，下面仅简要介绍各自重点。

筛查

全体学生应该每学年参与三次符合年级水平的筛查。时间通常在秋季、冬季和春季。筛查旨在回答一些重要的问题，其中两个问题是：

"学生在学年末存在学业失败的风险吗？"

"我们的核心教学是否满足了大部分学生的需求？"

进步监测

经筛查，如果发现存在学业失败风险的学生，即该生的筛查分数低于基准分数，则须监测该生的学习进步情况，至少每周开展一次符合当前教学水平[①]的测验；如果当前的教学水平与所处的年级水平不一致，还应该至少每月开展一次符合年级水平的测验。进步监测的重要特征是经常性（即每周一次）和持续性（即使用同等难度的 CBM

---

① 编注："教学水平"（instructional level）和"年级水平"（grade level）是本书经常出现的两个概念，前者指学生当前接受的教学支持水平，后者指学生所在年级的一般要求。

材料)。基于进步监测数据，回答两个关键问题：

"学生从教学中受益了吗？"

"干预帮助了大部分参与者吗？"

早期阅读 CBM 施测和记分需要多长时间

早期阅读 CBM 各任务所需的测量和记分时间大致相同。从学生站到教师/主试面前开始，到学生完成 1 分钟的任务，再到教师/主试完成记分，总共需要 2~3 分钟。如果完成 3 份测验题，则可能需要 5~6 分钟。此外，还应考虑学生需要时间走到教师/主试面前，无论学生是在同一间教室还是在走廊尽头等候测验。显然，主试去找学生比学生去找主试更能节省时间。一种节省时间的做法是将所有需要的材料都提前打印准备好，并在测验材料的适当位置标好学生的名字。另一种做法是打印学生的姓名标签。教师/主试还可以使用在线评分系统，不仅可以节省记分和绘制图表的时间，还可以节省因测验大量学生而需的整体组织时间。

阅读 CBM 的记分

早期阅读 CBM 熟练程度或基准

学生表现水平的标准，即所谓的基准，既可以用于与现有表现相比较，以判定学生的学业是否正常，又可以用于预测学生未来的表现。基准可预测学生未来的成绩，因此具有重要性。现在，大多数课程本位的早期阅读测量都提供了基准分数，这有助于教师判定哪些是阅读正常的学生，哪些是需要额外支持才能成功阅读的学生。表 3.3 提供了本章重点介绍的几类早期阅读 CBM 任务的基准分数。基准分数是我们可以接受的最低分数，表示有此分数或以上分数的学生未来不存在学业失败风险。

表 3.3 早期阅读 CBM 基准示例

CBM 任务	研发机构	学前班秋季	学前班冬季	学前班春季	一年级秋季	一年级冬季	一年级春季
首音	FastBridge Learning	12	15	—	—	—	—
音素分割[a]	DIBELS	—	20	40	40	—	—
字母命名[b]	DIBELS	29	52	62	58	—	—

续表

CBM 任务	研发机构	学前班秋季	学前班冬季	学前班春季	一年级秋季	一年级冬季	一年级春季
字母发音	FastBridge Learning	9	29	41	31	43	—
无意义单词	FastBridge Learning	—	6	11	9	14	20
单词识别/高频词朗读	FastBridge Learning	—	6	18	20	48	64

注意：每种测量的基准都由特定研发机构推荐，教育工作者应使用与测验材料一致的基准。
[a] 基准由 Dynamic Measurement Group, Inc.（2010）推荐。
[b] 基准由 University of Oregon Center on Teaching and Learning（2012）推荐。

早期阅读 CBM 常模

另一种设定表现标准的方式是将学生的分数与同年级或接受的教学水平一致的其他学生的表现进行比较。但是，只要存在可供使用的基准，我们推荐使用基准数据以评定学生的表现水平。基准也是撰写 IEP 长短期目标的首选指标，因为基准分数代表学生能够在设定时间点上可达到的熟练度。鉴于许多人推崇使用常模，我们在附录 A 中提供了 FastBridge Learning 开发的首音、音素分割（称为单词分割）、字母命名、字母发音、无意义单词和单词识别（称为高频词朗读）的常模。

如何运用这些信息撰写早期阅读 IEP 的长短期目标

与第 2 章内容相同，以下为根据早期阅读 CBM 数据撰写长短期目标的示例。撰写目标的要素依然一致：时间、学生、行为（如发音、阅读）、水平（学前班和一年级）、内容（如阅读）、材料（字母发音 CBM 进步监测材料）和标准（即该技能的常模或基准，包括时间和正确率）。想要了解详细信息请参看第 2 章。

长期目标举例
- 字母发音 CBM 长期目标
  - 30 周内，琳赛完成字母发音 CBM 进步监测材料中学前班的随机字母测验题，1 分钟内正确完成 35 个字母发音，正确率大于 95%。

同样的原则也适用于制订短期目标，只是设定的完成时间更短一点。

短期目标举例
- 字母发音 CBM 短期目标
  - 10 周内，琳赛完成字母发音 CBM 进步监测材料中学前班的随机字母测验题，1 分钟内正确完成 15 个字母发音，正确率大于 95%。

实施早期阅读 CBM 时的特别注意事项

1. 当我按下计时器时，如果学生开始默读，该怎么办？你应该阻止学生。重新找一份同等难度但内容不同的测验题，并提醒学生需要大声读出测验纸上的内容，然后重新开始施测，包括重新读一遍指导语。

2. 如果学生没有取得进步，我应该降低目标吗？不可以。第一步，如果收集的进步监测数据是准确的并以图表的方式准确呈现，应该判断是否选用了合适的测验；第二步，需要查看教学方案是否合适以及教学措施是否实施到位。这些步骤与课程本位评价中的"排查"相一致。

3. 如果学生的表现比我预期得好，需要等多久才能提高目标？收集至少六个数据点，如果学生有四个连续的数据点高出目标线，就可以提高目标。

4. 我可以自己开发早期阅读测验题吗？还是我必须购买？建议购买测验题以节省时间，并且确保测验题难度相当。

5. 早期阅读 CBM 培训通常需要多久？我们发现，一般测验了 7 到 10 名学生以后，教师通常就能胜任早期阅读 CBM 的施测了。

6. 我能改变指导语或者测验题/列表的记分规则吗？不可以。我们提供了经研究检验的标准化的测验程序。如果改变指导语或记分标准，测验就随之改变，信度和效度也就无从得知了。

7. 早期阅读 CBM 有英语以外的其他语言版本吗？当然有。很多早期阅读 CBM 研发机构开发了西班牙语版本，我们在信息栏 3.1 里提供了获取西班牙语版本的方式。

8. 我可以提前教测验材料中的字母发音或单词吗？不可以。这是测量，旨在通过学生的独立作答来判断其具备了哪些技能。教授学生字母发音和单词非常有必要，但千万不能在教学中使用测验材料，这一点很重要。

9. 我可以将测验题发给学生做练习吗？不可以。测验题不能作为练习之用。

10. 我可以依据 CBM 的基准分数对学生进行教学分组吗？当然可以。如果学生对教学支持的需求相同，则适合将他们列入同一组；灵活分组，且应每 6~8 周测量一次学生并重新分组。

11. 班级里面的学生所接受的教学水平各异，可以给他们呈现同样的早期阅读 CBM 测验题吗？当然可以。因为这些都是基本的技能，所有学前班和一年级的学生都应该进行同样的 CBM 测验，要牢记，筛查应该依据学生所处的年级水平。

12. 我只有 20 份字母发音或单词识别 CBM 测验题，但进步监测需要持续 35 周。我可以重复使用原来的测验题吗？当然可以。一旦你用完了 20 份测验题，可以重复使用。学生可能并不记得 20 周之前做过的具体题目，但是不能将测验题作为家庭作业或者额外的练习材料使用。

第4章

如何开展阅读CBM

为什么应该开展阅读CBM

许多学生遭遇阅读困难，而阅读是校内外成功的关键因素，因此我们必须经常测量学生的阅读技能。阅读CBM提供了可靠和有效的方法来识别以下情况：（1）核心教学计划是否有效；（2）当前存在阅读失败风险的学生；（3）接受了教学支持但未取得适当进步的学生；（4）学生应该接受的教学水平；（5）需要诊断性评价的学生。30多年的研究表明，只有CBM才能顺利完成上述任务。正如第3章所言，大多数的阅读测量不提供关于速率方面的信息，即通常所说的流畅性。我们能根据流畅性确定学生完成任务的自动化程度。请记住，自动化很重要，因为自动化程度不仅显示了学生对阅读技能的掌握程度，还能用于比较学生在阅读能力上的差异（Fuchs, Fuchs, Hosp, & Jenkins, 2001）。

实施阅读CBM的主要原因在于：（1）施测和记分方便且高效；（2）向教育者提供了可反映学区、学校、年级、班级或学生层级的教学信息。课程本位评价有助于确定在哪个层级进行干预。例如：虽然某名学生有阅读困难，但并不意味着只针对该名学生开展阅读干预，因为事实上许多学生都存在阅读困难。针对学生小组、整个班级或整个年级开展阅读干预可能更有意义。

当前早期阅读CBM的测量任务数量处于增长阶段，但阅读CBM仍然是由短文朗读（oral passage reading，简称OPR，指大声朗读短文，限时1分钟）和完形填空（即默读短文，短文每隔七个单词空掉一个单词，要求学生从三个待选单词中选取最佳答案，使短文恢复完整）两种任务组成。

每种测验结果的分数都根据特定时间内正确完成题目的数量得出。分数反映了学生完成该任务的正确性和流畅性。这些信息组成了学生的数据库，教师能够据此做出及时、适宜的教学决策。

一旦我们决定了最适宜的阅读 CBM 测验类型，下一步工作就是收集 CBM 测验所需要的材料。我们讨论的第一个测验，即短文朗读，也被称为朗读流畅性（oral reading fluency）和短文阅读流畅性（passage reading fluency），是阅读 CBM 最常用的测量任务。我们更喜欢"短文朗读"一词，因为该词非常准确地反映了测量任务的性质。"流畅性"一词往往会让人产生混淆，因为流畅性通常用于读写技能并具有教学意义。当我们教授流畅性时，我们会要求学生关注以下三点：(1) 阅读某篇文章时的正常速度；(2) 准确朗读文章中的每一个单词；(3) 学习文章的写作方法。短文朗读不能通过教授而习得，但可以用作衡量学生在阅读时所必需的众多技能的指标。学生在阅读时需要运用的技能包括解码、词汇、理解（具备先备知识）和流畅性（速度、正确性和表达）。

短文朗读的记分方式是所读单词总数减去总错误数，即 1 分钟内正确朗读单词数量（words read correctly，简称 WRC）。该分数可有效评定学生的整体阅读能力，并能很好地预测学生未来的阅读发展趋势。

本章将介绍短文朗读 CBM、完形填空 CBM 所需的测验材料、施测与记分规则。与短文朗读 CBM 相比，完形填空 CBM 更能有效预测高年级（四年级或四年级以上）学生的未来阅读表现。此外，在阅读理解的测量上，完形填空 CBM 的表面效度优于短文朗读 CBM（许多人不明白短文朗读与阅读理解之间的关系并不等同于完形填空 CBM 和阅读理解之间的关系，这可能因为完形填空 CBM 比短文朗读 CBM 更类似于其他阅读理解测验）。信息栏 4.1 有助于你轻松找到短文朗读 CBM 和完形填空 CBM 的相关资源。

信息栏 4.1　阅读 CBM（短文朗读和完形填空）资源表

$ 表示材料/制图软件需要付费。
🖳 表示可用计算机进行施测。
✍ 表示有数据管理和制图软件可供使用。
S 表示有西班牙语版。

aimsweb（Pearson）　$ 🖳 S
网站：*www.aimsweb.com*
电话：866-313-6194

产品：● 短文朗读

　　　● 短文完形填空

Dynamic Indicators of Basic Early Literacy Skills（DIBELS）

网站：*www.dibels.org*

电话：888-943-1240

产品：● 短文朗读

　　　● 短文完形填空

Easy CBM $ ✎

网站：*www.easycbm.com*

电话：800-323-9540

产品：● 短文朗读

　　　● 选择题的阅读理解

Edcheckup $ 💻 ✎

网站：*www.edcheckup.com*

电话：612-454-0074

产品：● 短文朗读

　　　● 短文完形填空

FastBridge Learning $ 💻 S

网站：*www.fastbridge.org*

电话：612-424-3714

产品：● 短文朗读

Intervention Central ✎

网站：*www.interventioncentral.org*

产品：● 短文朗读（现成版或可自己编写）

　　　● 短文完形填空（可自己编写）

Project AIM（替代识别模式 [Alternative Identification Models]）

网站：*www.glue.umd.edu/%7Edlspeece/cbmreading/index.html*

电话：301-405-6514

产品：● 短文朗读

System to Enhance Educational Performance（STEEP） $ ✎ S

网站：www.isteep.com

电话：800-881-9142

产品：● 短文朗读

　　　● 完形填空

Vanderbilt University $（仅需支付复印费、邮寄费和手续费）

网站：www.peerassistedlearningstrategies.com

电话：615-343-4782

邮箱：lynn.a.davies@vanderbilt.edu

产品：● 短文朗读

短文朗读 CBM

短文朗读 CBM 旨在测量可有效预测未来阅读技能发展的整体阅读水平。

实施短文朗读 CBM 所需材料

1. 具体内容各异但难度相当的测验题（学生测验卷与教师/主试记分纸）。
2. 短文朗读 CBM 指导语和记分说明。
3. 用于记录学生回应的书写工具、带夹写字板或计算机。
4. 秒表计时器或秒钟倒数计时器。
5. 安静的测验场所。
6. 呈现数据所需的等距图或制图软件。

短文朗读 CBM 测验题

短文朗读 CBM 的具体内容可不同但难度应与年级水平一致，并且每篇短文至少需要包含 200 个单词。这里考查的阅读技能应是期望学生在学年末掌握的技能之一。通常来说，这些短文会选自整个学年学生学过的文章。尽管短文内容不同，但是难度应相当（与年级水平一致），而确保做到这一点的最佳方法为购买专门针对短文朗读而开发的通用短文测验材料。我们接下来介绍的短文朗读 CBM 的指导语、记分规则和其他注意事项来自 Shinn（1989）的材料。由于阅读 CBM 产品之间存在差异，我们建议读者仔细阅读所使用产品的相关说明，确保遵守特定测验的施测要求和记分规则。

为了节约准备时间并确保测验分数的一致性，我们建议在一次测验期间完成所有的筛查测量，可根据需要将测验安排在连续几天内完成。如果同一个 CBM 需要测验三遍（取样三次），则取中位数作为最终得分，并将其作为第一个数据点绘制在学生的统计图中。之后使用 20~30 份具体内容各异但难度相当的测验题，监测学生整个学年的学习进步情况。

短文朗读 CBM 测验题必须以个别施测的形式完成，同时需要备有学生测验卷和教师/主试记分纸，学生测验卷供学生使用，教师/主试记分纸以电子版或纸质版形式供教师/主试做记录，另外还需要备好书写工具、计时器与指导语。学生测验卷与教师/主试记分纸的短文示例请参照图 4.1 和图 4.2。请注意，教师/主试记分纸中的短文（图 4.2）在每一行末尾标记了单词的数量，以便记分更有效率。

Pack Your Bags[①]　　　　　　　　　　　学生测验卷

"We're going on a trip!" said Dad when we sat down for breakfast. "We only have two days to get ready. Everyone will have to help out."

"Where are we going?" asked Sarah.

"We're going to the city," Dad answered.

"What city?" asked Anthony.

"Boston," said Dad. "It will take us about three hours to drive there by car. There is a lot you can learn about our country's past in Boston. Now, let's start planning."

Dad gave us each a bag and told us to pack enough clothes for three days. Since it was summer, we didn't have to worry about coats and boots. When Dad checked Sarah's bag he said she should take a dress incase we went someplace fancy.

When he checked my bag he said, "Don't forget your toothbrush!" He got to Anthony's bag and found it full of toys. "Anthony, where are your clothes?" He helped him decide which toys to leave behind so he could fit some clothes in the bag.

That night, we talked about our trip. "Where will we stay when we get to Boston?" I asked.

"We'll stay in a hotel right across from Copley Square," said Dad.

图 4.1　短文朗读 CBM 学生测验卷示例，来自 Edcheckup（2005）
（经 Children's Educational Services, Inc., and Edcheckup, LLC 许可后复印）

---

① 编注：为方便读者更好地对应文字理解并参照使用，P72、P78、P79、P89、P90 此类示例保留了英文原文，对应的中文译文已转为在线资源，可前往"华夏特教"微信公众号浏览参考。

Pack Your Bags	主试记分纸
"We're going on a trip!" said Dad when we sat down for	12
breakfast. "We only have two days to get ready. Everyone	22
will have to help out."	27
"Where are we going?" asked Sarah.	33
"We're going to the city," Dad answered.	40
"What city?" asked Anthony.	44
"Boston," said Dad. "It will take us about three hours to	55
drive there by car. There is a lot you can learn about our	68
country's past in Boston. Now, let's start planning."	76
Dad gave us each a bag and told us to pack enough clothes	89
for three days. Since it was summer, we didn't have to worry	101
about coats and boots. When Dad checked Sarah's bag he said	112
she should take a dress incase we went someplace fancy.	123
When he checked my bag he said, "Don't forget your	133
toothbrush!" He got to Anthony's bag and found it full of toys.	145
"Anthony, where are your clothes?" He helped him decide	154
which toys to leave behind so he could fit some clothes in the	167
bag.	168
That night, we talked about our trip. "Where will we stay	179
when we get to Boston?" I asked.	186
"We'll stay in a hotel right across from Copley Square,"	196
said Dad.	198

正确朗读的单词数量：_____

错误朗读的单词数量：_____

图 4.2 短文朗读 CBM 教师/主试记分纸示例

(经 Children's Educational Services, Inc., and Edcheckup, LLC 许可后复印)

短文朗读 CBM 的指导语与记分过程

附录 B 提供了短文朗读 CBM 的指导语与记分规则，以便复印使用。

短文朗读 CBM 指导语[①]

1. 向学生呈现短文测验题。

---

① 原注：经 Shinn (1989) 许可后改编。

2. 教师/主试须将自己使用的材料放在带夹写字板中，以防学生看到。

3. 教师/主试说："当我说'开始'时，请从第一行（指向文章的第一行）开始大声朗读，读完整页。尽可能读出每一个单词。如果遇到你不会读的单词，我会告诉你。请尽力读好。你还有什么问题吗？开始。"（启动计时器，限时1分钟。）

4. 教师/主试在记分纸上追随学生的朗读进度，并在读错的单词上画斜线（/）。

5. 1分钟计时结束时说"停止"，并在最后一个单词后标记]符号。

短文朗读 CBM 记分

使用在线系统提交测验结果，或者：

1. 合计朗读单词总数。
2. 合计错误朗读单词总数。
3. 计算速率：朗读单词总数−错误朗读单词总数=每分钟正确朗读的单词数量
4. 计算正确率：（正确朗读单词数量÷朗读单词总数）×100%＝正确率

回答正确的记分

根据准确读出的句子中的每个单词来记分。短文朗读 CBM 采用书面（black-and-white scoring）记分，一方面提高对不同学生评分的可靠性，另一方面方便管理记分过程，使每个学生的测验数据清晰可见。

- 发音正确：根据句子的上下文，单词的发音必须正确。

例：He will read the book 一句中 read 必须被读成"reed"的发音。

  ○ 学生说："He will read the book."
  ○ 记分：He will read the book. = 正确朗读 5 个单词。
  ○ 学生说："He will red the book."
  ○ 记分：He will read the book. = 正确朗读 4 个单词。

- 3 秒内自我纠错：单词起初读错但在 3 秒内自行更正。

例：The dog licked Kim.

  ○ 学生说："The dog liked……（停顿 2 秒）……licked Kim."
  ○ 记分：The dog licked Kim. = 正确朗读 4 个单词。

- 方言/语音：发音的差异是由方言或语音生成上的差异引起的。

例：I need a pen to sign my name.

  ○ 学生说："I need a pin to sign my name."
  ○ 记分：I need a pen to sign my name. = 正确朗读 8 个单词。

- 重复：多次重复念同一个单词。

例：Bill jumped high.

- 学生说："Bill jumped……jumped high."
- 记分：Bill jumped high. = 正确朗读 3 个单词。

● 插入：增添了单词。

例：The big dog ran home.
- 学生说："The big black dog ran home."
- 记分：The big dog ran home. = 正确朗读 5 个单词。

回答错误的记分

对于学生读错的单词在记分纸上画斜线（/）。

● 发音错误/替换：单词发音错误，或者替换成其他单词发音。

例：The house was big.
- 学生说："The horse was big."
- 记分：The ~~house~~ was big. = 正确朗读 3 个单词。

例：Mother went to the store.
- 学生说："Mom went to the store."
- 记分：~~Mother~~ went to the store. = 正确朗读 4 个单词。

● 缺失（遗漏）：有单词未读。

例：Juan went to a birthday party.
- 学生说："Juan went to a party."
- 记分：Juan went to a ~~birthday~~ party. = 正确朗读 5 个单词。

● 犹豫无回应：3 秒之内未主动回应，教师/主试提示该单词的发音。

例：Leslie is moving to Miami.
- 学生说："Leslie is moving to……（停顿 3 秒，教师/主试提示单词读音 Miami，并记为错误）"
- 记分：Leslie is moving to ~~Miami~~. = 正确朗读 4 个单词。

● 犹豫有回应：开始回答但未在 3 秒内完成，教师/主试提示该单词的发音。

例：The apple was rotting on one side.
- 学生说："The apple was rrrrrooooo（停顿 3 秒，教师/主试提示单词读音 rotting，并记为错误）on one side。"
- 记分：The apple was ~~rotting~~ on one side. = 正确朗读 6 个单词。

● 颠倒：颠倒两个或两个以上单词的顺序。

例：The fat cat walked past us.
- 学生说："The cat fat walked past us."

○ 记分：The ~~fat~~ ~~eat~~ walked past us. = 正确朗读 4 个单词。

短文朗读 CBM 施测和记分的注意事项

1. 纠正：学生出现错误时，教师/主试不予纠正。在学生犹豫 3 秒后，教师/主试才能提供正确单词的读音。

2. 跳过整行：如果学生跳过整行，则划掉该行，不记为错误，也不计入朗读单词总数。

3. 中止规则：如果学生在 1 分钟内正确朗读的单词少于 10 个，则不必施测同一难度水平的其他短文。

4. 1 分钟内提前完成短文朗读：如果学生在 1 分钟内提前完成，请记下完成这篇文章所需的秒数并按比例计算分数，公式为：

$$\frac{\text{正确朗读的单词总数}}{\text{完成任务所用秒数}} \times 60 = \text{预计 1 分钟内正确朗读的单词数量}$$

例：学生朗读短文用了 54 秒，正确朗读 44 个单词。

$$\frac{44}{50} \times 60 = 0.185 \times 60 = 49$$

如果继续增加单词数量，预计该生 1 分钟内能够正确朗读 49 个单词。

5. 忘记读到的单词位置：如果学生忘记自己读到了哪个单词，主试向学生指出应读的位置。（只要需要，就可以这样提醒。）

6. 数字：将数字视为单词，在短文中必须正确读出。

例：August 6, 2003

○ 学生说："August six, two thousand-three."

○ 记分：August 6, 2003 = 正确朗读 3 个单词。

○ 学生说："August six, two zero zero three."

○ 记分：August 6, ~~2003~~ = 正确朗读 2 个单词。

7. 带连字符的单词：每个由连字符分隔的语素，如果可作为单词独立存在，则算作一个单词。

○ Son-in-law = 正确朗读 3 个单词。

○ Forty-five = 正确朗读 2 个单词。

○ bar-b-que = 正确朗读 1 个单词。

○ re-evaluate = 正确朗读 1 个单词。

8. 缩写词：缩写词算作单词，在句子中必须正确读出（如 Mrs., Dr.）。

例：Dr., Mrs., Ms., Mr.

○ 应读作："doctor, missus, miz, mister" = 每个都算作正确朗读了 1 个单词。

○ 而不是 "D-R, M-R-S, M-S, M-R." = 正确朗读 0 个单词。

完形填空 CBM

与短文朗读 CBM 类似，完形填空 CBM 也用于测量学生的整体阅读技能。研究表明，学生一旦掌握了基本阅读技能，就能以适当的速率和较高的正确率完成阅读，完形填空任务可作为较好的阅读指标，并且与阅读理解具有较高的关联性。完形填空所测量的阅读技能通常在学生三年级之后展现。本章提供不同来源的两套完形填空 CBM 施测指导语示例。和短文朗读 CBM 一样，如果完形填空 CBM 的数据是用于跨班级、跨年级或跨学校的比较，那么每次在同一个学校或学区使用相同的指导语至关重要。更改指导语会改变学生完成任务的方式，因此应当避免。

实施完形填空 CBM 所需材料

1. 具体内容各异但难度相当的短文（学生测验卷与教师/主试记分纸）。
2. 完形填空 CBM 指导语和记分说明。
3. 用于记录学生回应的书写工具、带夹写字板或计算机。
4. 秒表计时器或秒钟倒数计时器。
5. 安静的测验场所。
6. 呈现数据所需的等距图或制图软件。

完形填空阅读短文

完形填空测验题中短文的具体内容可不同但难度应相当，每篇短文至少需要包含 300 个单词和 42 个缺失单词（每个空白处提供三个待选单词）。这里考查的阅读技能应是期望学生在学年末掌握的技能。尽管短文内容各异，但难度相当。确保做到这一点的最佳方法是购买专门为此目的开发的通用短文。

为了节约准备时间并确保测验分数的一致性，我们建议在一次测验期间完成所有的筛查测量，可根据需要将测验安排在连续几天内完成。如果同一个 CBM 需要施测三遍（取样三次），则取中位数作为最终得分，并将其作为第一个数据点绘制在学生的统计图中。之后使用 20~30 份具体内容各异但难度相当的短文，监测学生整个学年的学习进步情况。

完形填空 CBM 须以团体施测的形式完成。每位学生面前都应有一份完形填空 CBM 测验卷（示例请参照图 4.3），教师/主试应该有一份测验指导语和一个计时器。为了方便记分，教师/主试还需要一份测验的标准答案（示例请参照图 4.4）和书写工具。可将显示正确答案的短文做成透明记分单，将其覆盖在学生测验卷上，这样能快速识别错误，从而提高记分速度。

姓名＿＿＿＿＿＿＿＿＿＿＿＿＿ 日期＿＿＿＿＿＿＿＿＿

The Visitor　　　　　　　　　　　学生测验卷

Tap, tap, tap. I was reading a book. But (I, top, bit) kept hearing a noise at the (red, eat, window). Tap, tap. I began reading again. (Clunk, Top, Ball) scrape, tap, tap. I looked out (stick, of, sit) the window. It was dark outside. (I, Did, A) couldn't see anything. I looked back (tick, pit, at) my book. It was hard to (so, find, and) my place. I found it and (it, began, tree) to read. I heard the noise (up, again, into). This time I was not going (bad, to, an) st op reading. I didn't want to (hit, tip, lose) my place again.

Clunk, scrape, scrape. (I, Dig, Ran) had to look up again. I (lip, nap, was) mad. I knew I had lost (stop, my, jump) place. I just had to find (map, out, tan) what was making that noise on (din, the, still) window. I walked to the door. (I, At, Six) turned on the outside light. Tap, (scrape, hill, back). I stepped outside to look at (blue, the, what) window. There it was—a big (June, walk, sit) bug. It kept flying against the (in, who, window) again and again. Now I knew (rip, too, I) had a visitor. I didn't need (sip, to, live) stop to check it out again, (you, ping, so) I just went back to my (its, up, reading).

\# 正确数量＿＿＿＿＿
\# 错误数量＿＿＿＿＿

图 4.3　完形填空 CBM 学生测验短文示例
（经 Children's Educational Services, Inc. 和 Edcheckup, LLC 允许后复印）

The Visitor　　　　　　　　　　　主试版标准答案

Tap, tap, tap. I was reading a book. But (**I**, top, bit) kept hearing a noise at the (red, eat, **window**). Tap, tap. I began reading again. (**Clunk**, Top, Ball) scrape, tap, tap. I looked out (stick, **of**, sit) the window. It was dark outside. (**I**, Did, A) couldn't see anything. I looked back (tick, pit, **at**) my book. It was hard to (so, **find**, and) my place. I found it and (it, **began**, tree) to read. I heard the noise (up, **again**, into). This time I was not going (bad, **to**, an) stop reading. I didn't want to (hit, tip, **lose**) my place again.

Clunk, scrape, scrape. (**I**, Dig, Ran) had to look up again. I (lip, nap, **was**) mad. I knew I had lost (stop, **my**, jump) place. I just had to find (map, **out**, tan) what was making that noise on (din, **the**, still) window. I walked to the door. (**I**, At, Six) turned on the outside light. Tap, (**scrape**, hill, back). I stepped outside to look at (blue, **the**, what) window. There it was—a big (**June**, walk, sit) bug. It kept flying against the (in, who, **window**) again and again. Now I knew (rip, too, **I**) had a visitor. I didn't need (sip, **to**, live) stop to check it out again, (you, ping, **so**) I just went back to my (its, up, **reading**).

图 4.4　完形填空 CBM 教师/主试标准答案示例
（经 Children's Educational Services, Inc. 和 Edcheckup, LLC 允许后复印）

完形填空 CBM 的指导语与记分过程

我们提供两套完形填空 CBM 施测指导语来说明使用方法，以便选择使用：(1) 有练习题的指导语；(2) 没有练习题的指导语。附录 B 提供了完形填空 CBM 的指导语与记分规则，以便复印使用。

提供练习题的完形填空 CBM 指导语[①]

1. 在每个学生面前呈现一份完形填空 CBM 练习题（示例请参照图 4.5）。

姓名_____　　　　日期_____

完形填空作答步骤
学生练习题示例

1. Bill threw the ball to Jane. Jane caught the (**dog, bat, ball**).
2. Tom said, "Now you (**jump, throw, talk**) the ball to me."

图 4.5　完形填空 CBM 练习题
（经 Children's Educational Services, Inc. 和 Edcheckup, LLC 允许后复印）

2. 教师/主试说："今天，你来读一篇小短文。你需要从句中的括号里面选择正确的单词来将句子补充完整。请读短文，当读到三个黑体单词时，请从中选出适合的单词。"

"我们做几个练习。请看第一页。读第一句：'Bill threw the ball to Jane. Jane caught the (dog, bat, ball).' 这三个单词中哪个适合填在这个句子里？"

3. 学生回应后，教师/主试说："单词 ball 适合填在此句里，'Bill threw the ball to Jane. Jane caught the ball.' 将单词 ball 圈起来。"

4. "现在，我们再来试试第二句。读第二句：'Tom said, "Now you (jump, throw, talk) the ball to me."' 这三个单词中哪个适合填在这个句子中？"

5. 学生回应后，教师/主试说："单词 throw 适合这个句子，'Now you throw the ball to me.' 将单词 throw 圈起来。"

6. 给每个学生发放一份正面朝下的学生版测验短文。

7. 教师/主试说："现在，由你独立做题目。你用 1 分钟时间读一篇短文。当我说'停'时，请立刻停下来，不要再读了。在我说'开始'之后再继续读。当读到三个黑体单词时，请圈出适合该句的单词。"

"当答案不确定时，也请从中选择一个。1 分钟结束时我会说'请停笔'。如果提

[①] 原注：经 Edcheckup (2005) 许可后改编。

前做完了，请检查答案。不要自行翻到下一页。当我说'请开始'时，再翻页做题。还有其他问题吗？"

"尽你所能做到最好。拿起铅笔。准备好了吗？开始。"（启动计时器，限时1分钟。）

8. 在教室里来回走动巡视，确保学生从每组单词中圈一个选项，而不会跳过。

9. 1分钟后，教师/主试说："停止作答。把笔放下。"

10. 按照如下指导语分别用另外两篇短文进行施测。

11. 教师/主试说："现在，你阅读另外一篇短文。记得圈出适合该句的单词。即便你不确定，也务必从中选择一个。我说'开始'，你就可以动笔了。"（启动计时器，限时1分钟。）

12. 1分钟后，教师/主试说："停止作答。把笔放下。"

13. 收集所有学生的测验材料。

不提供练习题的完形填空CBM指导语[①]

1. 将学生版测验短文正面朝下放在每个学生面前。（最好提前把学生名字写在测验题纸上。）

2. 教师/主试说："当我说'请开始'时，开始默读第一篇短文。当读到括有三个单词的位置时，圈出最合适的选项。以最快的速度，尽力作答。如果第一页做完，请翻到下一页继续做，直到我说'停止作答'或者你提前答完。还有其他问题吗？开始。"（启动计时器，限时3分钟。）

3. 在教室里来回走动巡视，确保学生在每组单词中只圈一个选项，并且不会跳页作答。

4. 3分钟后，教师/主试说："停止作答。把笔放下并将测验题纸背面朝上。"

5. 收集所有学生的测验题纸。

完形填空CBM记分

使用在线系统提交测验结果，或者：

1. 合计3分钟或者所使用材料限定的时限内（其他常见的时限为1分钟或2.5分钟）完成的题目总数。

2. 合计错误选择的单词数量。

3. 计算速率：完成的题目总数－错误选择的单词数量＝（1~3分钟内）正确选择的单词数量

4. 计算正确率：（正确选择的单词数量÷完成的题目总数）×100％＝正确率

[①] 原注：经aimsweb（Shinn & Shinn, 2002b）许可后改编。

回答正确的记分

只有当学生选择了正确的单词将句子完整恢复时，主试才能按回答正确进行记分。学生必须圈出或标注出所选答案。

- 答案正确：圈出正确单词或在正确单词下面画下划线。

例：The big dog (slept, ⓡan, can) fast.

  ○ 学生答案：The big dog (slept, ran, can) fast.
  ○ 记分：正确。

回答错误的记分

无论学生是在错误的单词选项上画圈、画下划线还是空着没作答，主试都应该在正确单词选项上画斜线（/）做标记。

例：The (**turtle**, boy, pulls) has a little tail.

  ○ 学生作答：The (turtle, ⓑoy, pulls) has a little tail.
  ○ 记分：The (turtlé, ⓑoy, pulls) has a little tail. = 不正确。
  ○ 学生作答：The (turtle, boy, pulls) has a little tail.
  ○ 记分：The (turtlé, boy, pulls) has a little tail. = 不正确。
  ○ 学生作答：The (turtle, boy, pulls) has a little tail.
  ○ 记分：The (turtlé, boy, pulls) has a little tail. = 不正确。

完形填空 CBM 施测和记分的注意事项

1. 纠正：学生出现错误时主试不予纠正，只有在学生做练习题出现错误时才予以纠正。

2. 跳过整行：学生跳过整行，该行所有跳过的题目均记作错误。

3. 中止规则：完形填空 CBM 采取团体施测的形式，因此没有中止规则。

4. 规定时间内提前完成：如果学生在 3 分钟内提前完成任务，在学生测验卷上记下完成用时，分数应该按比例计算。公式为：

第一步：$\dfrac{完成题目用时（秒）}{正确答案数量} = 正确完成每道题用时$

第二步：$\dfrac{测验时间（秒）}{正确完成每道题用时} = 预计完成的正确题数$

例：学生在 2.5 分钟（150 秒钟）内完成了短文完形填空，正确回答 40 道题。

第一步：$\dfrac{150}{40} = 3.75$

第二步：$\dfrac{180}{3.75} = 48$

如果增加短文篇幅，预计该生3分钟内正确完成48道题。（注意：3分钟是180秒，如果需要计算，则按比例折算，须将分钟转化成秒钟。）

5. 停止记分：如果连续三道题学生都答错，则无须对后面的作答记分。
6. 个别和团体施测指导语：个别和团体施测指导语相一致。

应该多久实施一次短文朗读 CBM 与完形填空 CBM

何时开展 CBM 测量取决于测验目的。第 2 章概述了筛查和进步监测的目的。下面仅简要介绍各自重点，详细内容建议你参考第 2 章。

筛查

全体学生应该每学年参与三次符合年级水平的筛查。时间通常在秋季、冬季和春季。筛查旨在回答一些重要的问题，其中两个问题是：

"学生在学年末存在学业失败的风险吗？"

"我们的核心教学是否满足了大部分学生的需求？"

进步监测

筛查时，如果发现存在学业失败风险的学生，即该生的筛查分数低于基准，则须监测该生的学习进步情况，至少每周开展一次符合当前教学水平的测验；如果当前的教学水平与所处的年级水平不一致，还应该至少每月开展一次符合年级水平的测验。进步监测的重要特征是经常性（即每周一次）和持续性（即使用同等难度的 CBM 材料）。基于进步监测数据，回答两个关键问题：

"学生从教学中受益了吗？"

"干预帮助了大部分参与者吗？"

阅读 CBM 施测和记分需要多长时间

短文朗读 CBM 和完形填空 CBM 所需测验时间略有不同。对于短文朗读 CBM，从学生站在教师/主试面前开始，到学生完成 1 分钟的任务，再到教师/主试完成记分，总共需要 2~3 分钟。筛查测验每次需要施测 3 篇短文，则总共需要 5~6 分钟。此外，还应考虑学生走到教师/主试面前的时间，无论学生是在同一间教室还是在走廊尽头等候测验。显然，主试去找学生比学生去找主试更能节省时间。一种节省时间的做法是将所有需要的材料都提前打印准备好，且在测验材料适当位置上标好学生名字。另一种做法是打印学生的姓名标签。教师/主试还可以使用在线评分系统，不仅可以节省记分和绘制图表的时间，还可以节省因测验大量学生而需的整体组织时间。

对于完形填空 CBM，从学生站在教师/主试面前开始，到学生完成 3 分钟的任务，再到教师/主试完成记分，总共需要 4~5 分钟。筛查测验每次需要施测 3 篇短文，则总共需要 12~15 分钟。虽然高年级的学生可能修改次数较多，但这应该不会增加记分的时间。节省时间的一种方法是在学生测验材料上覆盖透明的正确答案记分单，这样教师/主试就可以根据正确答案计算作答的错误数量，然后从完成的题目总数中减去错误数量。请记住，短文朗读 CBM 必须以个别施测的形式完成，而完形填空 CBM 可以以团体施测的形式进行。针对同一份测验题，每次团体施测所需的时间应相同，但额外需要 20~30 秒的时间来对学生的作答进行记分。

阅读 CBM 的记分

阅读 CBM 熟练程度或基准

学生表现水平的标准，即所谓的基准，既可以用于与现有表现相比较，以判定学生是否学业正常，又可以用于预测学生未来的表现。基准可预测未来学生的成绩，因此非常重要。现在，大多数课程本位的早期阅读测量都提供了基准分数，这有助于教师判定哪些是阅读正常的学生，哪些是需要额外支持才能成功阅读的学生。表 4.1 提供了来自 DIBELS 网站短文朗读 CBM 的基准分数，表 4.2 提供了来自 DIBELS 网站完形填空 CBM 的基准分数。基准分数是我们可以接受的最低分数，表示有此分数或以上分数的学生将来没有学业失败的风险。

阅读 CBM 常模

另一种设定表现标准的方式是将学生的分数与同年级或接受的教学水平一致的其他学生的表现进行比较。但是，只要存在可供使用的基准，我们推荐使用基准的数据以评定学生的表现水平。基准也是撰写 IEP 长短期目标的首选指标，因为基准分数代表学生能够在设定时间点上可达到的熟练度。鉴于许多人推崇使用常模，我们在附录 A 中提供了短文朗读 CBM 与完形填空 CBM 的常模。

表 4.1　短文朗读 CBM 基准：正确朗读单词数量（WRC）

年级	DIBELS（2010）		
	秋季（WRC）	冬季（WRC）	春季（WRC）
一年级	—	23	47
二年级	52	72	87
三年级	70	86	100
四年级	90	103	115
五年级	111	120	130
六年级	107	109	120

表 4.2　完形填空 CBM 基准：正确选择单词数量（WCR）

年级	DIBELS（2010）		
	秋季（WCR）	冬季（WCR）	春季（WCR）
一年级	—	—	—
二年级	—	—	—
三年级	8	11	19
四年级	15	17	24
五年级	18	20	24
六年级	18	19	21

如何运用这些信息撰写阅读 IEP 的长短期目标

撰写长短期目标是界定特定行为及其测量方式的重要方法，以便对学生的学习做出决策。第 2 章介绍了撰写长短期目标的七个要素，包括：时间、学生、行为、水平、内容、材料和标准。下面仅提供一个例子讲解短文朗读 CBM 和完形填空 CBM 的目标撰写，想要了解详细信息请参看第 2 章。

长期目标举例

- 短文朗读长期目标
    - 一学年内，埃德加大声朗读短文朗读 CBM 进步监测材料里的二年级短文，1 分钟内正确朗读 90 个单词，正确率大于 95%。

- 完形填空长期目标
    - 30 周内，德温完成完形填空 CBM 进步监测材料里的四年级完形填空短文，3 分钟内正确选择 20 个单词，正确率大于 95%。

同样的原则也适用于制订短期目标，只是设定的完成时间更短一点。

短期目标举例

- 短文朗读短期目标
    - 10 周内，埃德加大声朗读短文朗读 CBM 进步监测材料里的二年级短文，1 分钟内正确朗读 50 个单词，正确率大于 95%。

- 完形填空短期目标
    - 10 周内，德温完成完形填空 CBM 进步监测材料里的四年级完形填空短文，3 分钟内正确选择 8 个单词，正确率大于 95%。

阅读 CBM 常见问题

1. 短文朗读 CBM 的短文标题是学生读还是我来读？这取决于短文标题是否属于标准化施测的组成部分。有些 CBM 产品的指导语包括朗读标题，有些则不包括。只有当文章标题是标准化指导语的组成部分时，你才能读。

2. 在短文朗读 CBM 中，当我按下计时器时，如果学生开始默读，该怎么办？你应该阻止学生，提醒他/她需要将上面的内容大声读出来，并重新施测，包括重念一遍指导语。

3. 在短文朗读 CBM 中，如果学生在 3 秒内还没有开始朗读，该怎么办？你应该说出这个单词，在上面画斜线，然后要求学生继续读，计时器不要停。

4. 如果学生没有取得进步，我应该降低目标吗？不可以。你应该参阅《课程本位评价实践指南》中关于"排查"这一章节的内容。这一章讲述了如果学生没有取得进步该做什么的详细步骤。这可能涉及测量、以图表形式呈现数据、调整教学强度，或者确定教学重点。降低目标不会增加学生学会技能的可能性，因此应当避免这样做。

5. 如果学生表现比我预期得好，需要等多久才能提高目标？如果学生在学年末已经达到基准，你就可以继续提高目标。另一个经验法则是收集至少六个数据点，如果学生有四个连续的数据点高出目标线，就可以提高目标。

6. 我可以自己开发短文朗读 CBM 的短文吗，还是我必须购买？强烈建议你购买以节省时间，并且确保短文的难度相当。

7. 短文朗读 CBM 和完形填空 CBM 的培训通常需要多久？我们发现，一般测验了 7 到 10 名学生以后，教师通常就能胜任阅读 CBM 的施测了。

8. 我能改变指导语或者短文的记分标准吗？不可以。我们提供了经研究检验的标准化的测验程序。如果改变指导语或记分标准，测量就随之改变，信度和效度也就无从得知了。

9. 短文朗读 CBM 或完形填空 CBM 有英语以外的其他语言版本吗？当然有。很多阅读 CBM 研发机构开发了西班牙语版本（短文朗读比完形填空多一些），我们在信息栏 4.1 里提供了获取西班牙语版本的方式。

10. 我可以依据短文朗读 CBM 的基准分数对学生进行教学分组吗？当然可以。如果学生的教学需求相同，则适合将其列入同一组；分组应该比较灵活，而且每 6~8 周再次测量学生后重新分组。

11. 班级里面的学生所接受的教学水平各异，可以给他们呈现同样的短文朗读 CBM 或完形填空 CBM 短文吗？所有的学生都应该基于所在的年级水平进行筛查，但进步监测应该根据学生所接受的教学水平，尤其当学生正在接受符合其水平的教学时。最好采用将年级水平测验和教学水平测验相结合的方式，通过教学水平测验收集每周进步监测数据，通过年级水平测验收集每月进步监测数据。

12. 如何处理带有记分信息的短文？可以将其和图表数据一起保存在文件夹里，呈现学生学年内的进步情况。

13. 我只有 20 份短文朗读 CBM 或完形填空 CBM 短文，但进步监测需要持续 35 周。我可以重复使用原来的短文吗？当然可以。一旦你用完了 20 篇短文，可以重复使用。学生可能并不记得 20 周之前做过的具体题目，但是不能将短文作为家庭作业或者额外的练习材料使用。

第5章

如何开展写作 CBM

为什么应该开展写作 CBM

写作是学业成功与人生成功所需的重要技能。幸运的是，有些特定技能可作为学生整体写作技能的优良指标，通过这些指标，我们得以判断学生写作技能的掌握水平，以及监测学生是否进步。正如其他 CBM 任务，通过测验能建立每个学生的数据库，以此教师做出适宜、及时的教学决策。我们已经知道，对学生的学习情况进行监测，有助于做出教学决策，促进学生进步。写作 CBM 又是什么呢？

在传统的写作 CBM 测验任务中，通过呈现符合教学水平的故事启发器（story starter），要求学生在此提示之下写作 3 分钟，以此简单便捷地测量学生的写作技能。采取多个指标对学生的写作进行记分，最常用的指标为总字数（total words written，简称 TWW）、正确拼写单词数量（words spelled correctly，简称 WSC）与正确写作顺序（correct writing sequences，简称 CWS）。下面我们也会介绍写作 CBM 当前取得的一些进展，但是这些新技术尚缺乏坚实的研究支持，因此我们只能阐述更常用的施测与记分规则。

写作 CBM 新进展如下所示：要求学生抄写字母、单词和句子，写出以特定字母开头的单词，给予图片文字提示，给予图片主题提示，给予照片提示（Lembke, Deno, & Hall, 2003；McMaster, Du, & Petursdottir, 2009；Ritchey, 2006）。上述提示都要求学生在 3~5 分钟之内写出字母、单词、句子或者段落。在传统的 CBM 记分规则之上，还增加了一些新的记分标准，如正确单词顺序减错误单词顺序、结合写作的定性指标正确使用标点符号（Gansle, Noell, VanDerHeyden, Naquin, & Slider, 2002；Videen, Deno, & Marston, 1982）。写作 CBM 已成功运用于高中生（Espin, Scierka, Skare, &

Halverson，1999）、初中生（Espin et al.，2000）、小学生（Deno，Mirkin，Lowry，& Kuehnle，1980；Deno，Marston，& Mirkin，1982；Videen et al.，1982）、学习障碍学生（Watkinson & Lee，1992）、学前班学生（Coker & Ritchey，2010）。

实施写作 CBM 所需材料

1. 具体内容各异但难度相当且符合年级水平的故事启发器。
2. 写作 CBM 指导语和记分说明。
3. 英文稿纸、书写工具。
4. 秒表计时器或秒钟倒数计时器。
5. 安静的测验场所。
6. 呈现数据所需的等距图或制图软件。

写作 CBM 故事启发器

故事启发器的难度应与年级水平一致且能够激发同年级学生共同的写作兴趣。故事启发器是用以开启写作的简短句子，通常以口头或书面方式呈现。使用故事启发器考查的应是期望学生在学年末掌握的写作技能。故事启发器一方面必须具备差异性，另一方面又必须具备相同的难度（即处于同一年级水平）。确保做到这一点的最佳方法为购买已开发的通用故事启发器。信息栏 5.1 提供了故事启发器的获取来源。此外，图 5.1 呈现了我们已经使用的故事启发器。

信息栏 5.1　写作 CBM 故事启发器资源表

$ 表示材料/制图软件需要付费。
🖥 表示可用计算机进行施测。
📊 表示有数据管理和制图软件可供使用。
S 表示有西班牙语版本。

aimsweb（Pearson）　$ 🖥
网址：*www.aimsweb.com*

电话：866-313-6194

产品：写作故事启发器

Intervention Central

网址：*www.interventioncentral.org*

产品：写作故事启发器

初级
- The funniest thing I did this summer was……
- The best part about school is……
- Today I woke up and……
- Yesterday I made a beautiful……
- The scariest Halloween I had was……
- The best vacation I ever took was……
- The dog was barking so loud that……
- Yesterday the class went to the zoo and……
- I was walking home from school one day when……
- I was walking to school one day when……
- My favorite game to play during recess is……
- If I could fly I would go……
- A little worm was crawling down the sidewalk when he……
- The dog climbed on the table and……
- There are many fun things to do at the park like……
- The best vacation I ever had was……
- I could not find my puppy anywhere. I……
- I could not find my kitty anywhere. I……
- My dog saw a cat. I called out……
- At the circus I saw an elephant that was……
- When I was flying on a magic carpet……
- My favorite toy is……
- He knew something was different when……
- I looked out my window and to my surprise……
- On my way home from school I found a……

中级
- I had never been afraid of being home alone at night until……
- "What is it?" I whispered to my friend, when suddenly……
- The lights went out and……

- I couldn't believe I had been voted class president! My first item of business was……
- When the alarm sounded I……
- I opened the front door and found a huge package and……
- One morning I woke up and sitting at the end of my bed was……
- As soon as I saw the large dog I knew……
- The dancer came onto the stage and……
- My day was going bad until……
- One day in the cafeteria, I saw some food on the ground……
- The dog looked sick and I heard sirens but saw no one……
- I looked out the window and to my surprise the world was white. Everything was covered with a blanket of snow. I……
- I saw the lighting and then I heard the thunder. I thought……
- Instead of going to bed last night, I decided to……
- While I was in my bed sleeping last night, I was awoken by……
- He knew something was different when……
- I was walking to school when……
- Out of a hole in the ground arose a great big……
- As I was walking through the cemetery I could hear……

高级

- It was like a dream come true when I……
- I knew I was in trouble when I couldn't find……
- "I knew it was you," I shouted when I noticed that……
- Once the noise stopped, everyone began to look around for what it was. It seemed to be……
- We arrived at the hotel expecting to be greeted, but instead……
- Number seven was winding up for the pitch when all of a sudden……
- Joe and Bob slowly crept up the creaky stairs and knocked on the door of the old house when……
- The teenagers were hiking through the forest when they came across an old rundown cabin that was……
- The light shined faintly through the fog, making it difficult to……
- The clerk at the store was annoyed, because……
- My dog was running toward the President and was about to……
- I could not sleep last night because……
- The funniest trick I ever played on was……
- The waves were enormous and wind furious when all of a sudden……
- When I was swimming in the lake, I noticed……
- As I was coming out of the long tunnel, I happened to see……
- Mrs. Smith doesn't understand. I was only trying to……

图 5.1　写作 CBM 故事启发器示例

与其他课程本位测量一样，无论目的是筛查还是进步监测，第一次施测写作CBM时都需要3个等价的故事启发器。为了节约准备时间并确保测验分数的一致性，我们建议在一次测验期间完成所有的筛查测量，可根据需要将测验安排在连续几天内完成。测验三次的分值取中位数作为最终得分，并将其作为第一个数据点绘制在学生的统计图中。之后使用20~30份具体内容各异但难度相当的测验题，监测学生整个学年的学习进步情况。

写作CBM测验题可以以个别施测或团体施测的形式完成，需要备有故事启发器、指导语与计时器。向学生提供英文稿纸与铅笔或钢笔。亦可向每个学生提供活页本作为作文本，便于教师和学生了解写作进步情况。当全体学生每周参与写作测验而部分学生需要监测写作时，活页本也适用。参见图5.2学生根据故事启发器："我过得最棒的一次生日是……"完成的写作。

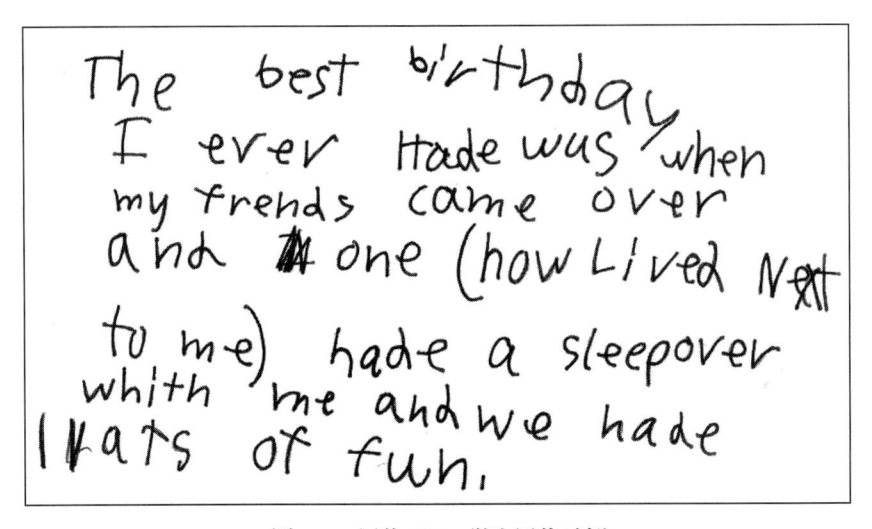

图5.2　写作CBM学生写作示例

写作CBM的指导语与记分过程

附录B提供了写作CBM的指导语与记分规则，以便复印使用。

写作CBM指导语[①]

1. 教师/主试须向学生提供铅笔和英文稿纸或活页本。
2. 选择合适的故事启发器。

---

① 原注：经aimsweb（Powell-Smith & Shinn，2004）许可后改编。

3. 教师/主试说:"今天我们要写一个故事。我先念一句开头,然后你们接下来写发生了什么,写出一个完整的小故事,你会有 1 分钟的思考时间、3 分钟的写作时间。尽你最大的努力,如果有不会写的单词,你也尽量写出来。还有其他问题吗?(停顿)请放下铅笔,仔细听。接下来的 1 分钟,请思考……"(念故事启发器。)

4. 念完故事启发器后,教师/主试设定 1 分钟的思考时间,并开始倒计时(监督学生不要开始写作)。30 秒钟后说:"你应该思考……"(念故事启发器)在 1 分钟倒计时结束后,重新设定 3 分钟的倒计时,同时说:"现在开始动笔写。"

5. 监督学生,确保其注意力在完成写作任务上。当学生写不出来时,给予鼓励。

6. 在 90 秒钟后说:"你应该写……"(念故事启发器。)

7. 在 3 分钟倒计时结束时说:"谢谢。请停笔。"

写作 CBM 记分

1. 合计写作的总字数。
2. 合计正确拼写的单词数量:总字数−错误拼写单词数量=正确拼写单词数量。
3. 合计正确写作顺序的数量。

总字数、正确拼写单词数量与正确写作顺序是评估学生写作技能的三个指标,而且这三个评价指标应该共同使用。总字数考查的是学生所写单词的数量,而正确拼写单词数量、正确写作顺序则侧重对学生书写的每个单词进行分析。按总字数、正确拼写单词数量记分时,无须考虑上下文关系、句子结构的复杂度。但按正确写作顺序记分时,需要考虑文意、标点、语法、句法、语义以及拼写是否正确。

总字数的记分

- 总字数指的是在不考虑拼写是否正确或上下文是否顺畅的情况下,单纯合计写作的总字数。当进行总字数记分时,记分者在学生作文的每个字下画下划线,以记录写作的总字数(见图 5.3)。在这里,单词指的是前后都有间距的任何字母或字母组合,包括书写错误的单词或无意义的单词。

    ○ 学生写:I read the book.
    ○ 记分:I read the book. = 共 4 个单词。
    ○ 学生写:I red the book.
    ○ 记分:I red the book. = 共 4 个单词。
    ○ 学生写:I wont to go.
    ○ 记分:I wont to go. = 共 4 个单词。
    ○ 学生写:I wanna go.
    ○ 记分:I wanna go. = 共 3 个单词。

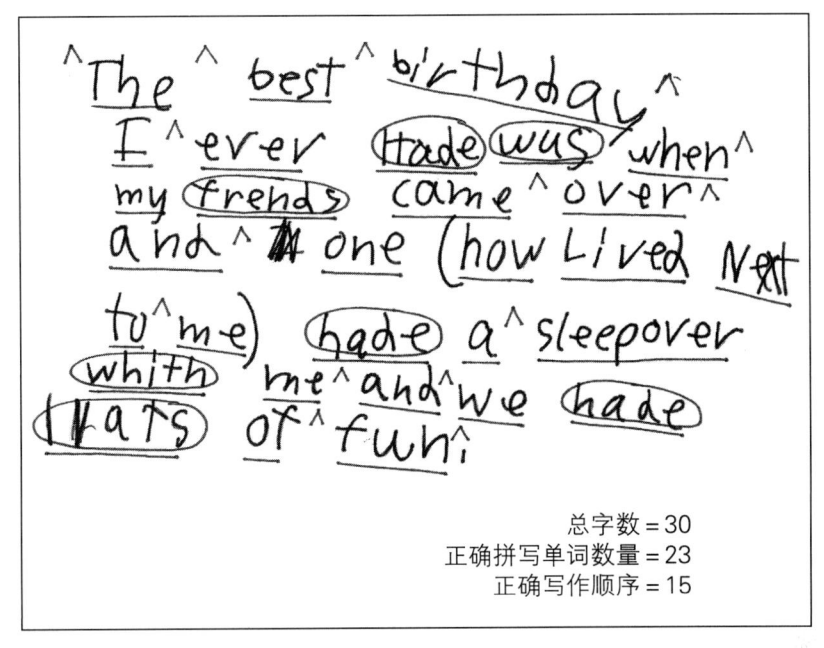

> ^The ^ best ^ birthday ^
> I ^ever (Had e)(was) when ^
> my (frends) came ^ over ^
> and ^ ~~th~~ one (how Lived Next
> to ^ me) (hade) a ^ sleepover
> (whith) me ^ and ^ we (hade)
> (lats) of ^ fun.
>
> 总字数 = 30
> 正确拼写单词数量 = 23
> 正确写作顺序 = 15

图 5.3　写作 CBM 记分示例

- 学生写：Iv grqx zznip.
- 记分：Iv grqx zznip. = 共 3 个单词。

• 缩写词：常见的缩写也算字数（例如：Dr., Mrs., TV）。

- 学生写：Dr. Smith came in.
- 记分：Dr. Smith came in. = 共 4 个单词。
- 学生写：I like TV.
- 记分：I like TV. = 共 3 个单词。

• 连字符：由连字符组成的单词，若单词中的每个语素可以单独存在，则记为 1 个单词。连接符连接的词根记为 1 个单词，但使用连字符进行分隔的单词前缀，不能视为单词。

- 学生写：My sister-in-law came to visit.
- 记分：My sister-in-law came to visit. = 共 7 个单词。
- 学生写：It is cold-blooded.
- 记分：It is cold-blooded. = 共 4 个单词。
- 学生写：I love to bar-b-que.
- 记分：I love to bar-b-que. = 共 4 个单词。
- 学生写：We need to re-evaluate the cost.
- 记分：We need to re-evaluate the cost. = 共 6 个单词。

- 标题和结尾：故事的标题和结尾都计入单词数量。
  - 学生写：My Bad Day by Sarah.
  - 记分：<u>My</u> <u>Bad</u> <u>Day</u> <u>by</u> <u>Sarah</u>. = 共 5 个单词。
  - 学生写：The end.
  - 记分：<u>The</u> <u>end</u>. = 共 2 个单词。

- 数字：除了日期与货币以外，其他阿拉伯数字不计入单词数量，除非数字以单词形式表示。
  - 学生写：I have 3 cats.
  - 记分：<u>I</u> <u>have</u> 3 <u>cats</u>. = 共 3 个单词。
  - 学生写：I have three cats.
  - 记分：<u>I</u> <u>have</u> <u>three</u> <u>cats</u>. = 共 4 个单词。
  - 学生写：Today is August 13，2016.
  - 记分：<u>Today</u> <u>is</u> <u>August</u> <u>13</u>，<u>2016</u>. = 共 5 个单词。
  - 学生写：I have $50.
  - 记分：<u>I</u> <u>have</u> <u>$50</u>. = 共 3 个单词。
  - 学生写：I have 50.
  - 记分：<u>I</u> <u>have</u> 50. = 共 2 个单词。
  - 学生写：I have 50 dollars.
  - 记分：<u>I</u> <u>have</u> <u>50</u> <u>dollars</u>. = 共 4 个单词。

- 特殊字符：特殊字符不计入单词数量，尽管它们用于代替一个单词。
  - 学生写：Mary & I went home.
  - 记分：<u>Mary</u> & <u>I</u> <u>went</u> <u>home</u>. = 共 4 个单词。
  - 学生写：She won a lot of $.
  - 记分：<u>She</u> <u>won</u> <u>a</u> <u>lot</u> <u>of</u> $. = 共 5 个单词。
  - 学生写：I will give you 50%.
  - 记分：<u>I</u> <u>will</u> <u>give</u> <u>you</u> 50%. = 共 4 个单词。

正确拼写单词的记分

正确拼写单词的记分与写作内容无关，在英语中能够找到的单词都算作在内。拼写错误的单词应圈起来（见图 5.3）。正确拼写单词的记分规则为：从总字数中减去圈出的单词总数。与总字数记分一样，正确拼写单词也有附加的记分规则。

- 缩写词：缩写词拼写正确。
  - 学生写：I live on President Blvd.
  - 记分：I live on President Blvd. = 共 5 个单词拼写正确。

- 学生写：I live on President Bld.
- 记分：I live on President (Bld.) = 共 4 个单词拼写正确。

• 连字符：每个语素作为一个独立的单词必须拼写正确。如果语素不能独立存在（如前缀）且单词的部分拼写不正确，则视为整个单词的拼写不正确。

- 学生写：She is my sister-in-law.
- 记分：She is my sister-in-law. = 共 6 个单词拼写正确
- 学生写：She is my sista-in-law.
- 记分：She is my (sista)-in-law. = 共 5 个单词拼写正确。
- 学生写：I need to re-evaluate this.
- 记分：I need to re-evaluate this. = 共 5 个单词拼写正确。
- 学生写：I need to re-eveluate this.
- 记分：I need to (re-eveluate) this. = 共 4 个单词拼写正确。

• 标题和结尾：故事的标题和结尾都计入正确拼写单词数量。

- 学生写：My Terrible Day.
- 记分：My Terrible Day. = 共 3 个单词拼写正确。
- 学生写：My Terrable Day.
- 记分：My (Terrable) Day. = 共 2 个单词拼写正确。

• 大写：专有名词必须大写，除非该词为普通名词。如果句子开头第一个单词的首字母没有大写但拼写无误，则该单词计入正确拼写单词数量。即使在句中单词不应大写却大写了，亦被视为拼写正确。

- 学生写：She sat with Bill.
- 记分：She sat with Bill. = 共 4 个单词拼写正确。
- 学生写：she sat with Bill.
- 记分：she sat with Bill. = 共 4 个单词拼写正确。
- 学生写：She sat with bill.
- 记分：She sat with bill. = 共 4 个单词拼写正确。
- 学生写：She sat with the bill.
- 记分：She sat with the bill. = 共 5 个单词拼写正确。
- 学生写：She sat With the bill.
- 记分：She sat With the bill. = 共 5 个单词拼写正确。

• 字母颠倒：字母颠倒的单词不被视为错误，除非字母颠倒导致单词拼写错误。该规则通常适用于以下字母的颠倒：p, q, g, d, b, n, u。

- 学生写：The pig was at the farm.

○ 记分：The pig was at the farm. = 共 6 个单词拼写正确。

○ 学生写：The qig was at the farm.

○ 记分：The ⓠig was at the farm. = 共 5 个单词拼写正确。

○ 学生写：The big pig ate.

○ 记分：The big pig ate. = 共 4 个单词拼写正确。

○ 学生写：The dig pig ate.

○ 记分：The dig pig ate. = 共 4 个单词拼写正确。

- 缩约形式：单词的缩约形式必须在正确的位置上标注撇号，除非该单词可独立存在。

  ○ 学生写：Its my turn.

  ○ 记分：Its my turn. = 共 3 个单词拼写正确。

  ○ 学生写：It's my turn.

  ○ 记分：It's my turn. = 共 3 个单词拼写正确。

  ○ 学生写：She isn't here.

  ○ 记分：She isn't here. = 共 3 个单词拼写正确。

  ○ 学生写：She isnt here.

  ○ 记分：She ⓘsnt here. = 共 2 个单词拼写正确。

正确写作顺序的记分

正确写作顺序是指"两个相邻的且拼写正确的单词，对英语作为母语者而言，符合上下文语境的书面表达规则"（Videen et al.，1982，p. 7）。需要考虑的因素包括标点、句法、语义、拼写与大小写。正确写作顺序的记分，通常使用插入符号（^）标记每个正确的单词顺序。句子开头默认有空格。当对正确写作顺序进行记分时，须考虑以下几点：

- 拼写：单词必须拼写正确方能计入正确写作顺序。未被计入正确拼写单词或者被画圈的错误单词都不能计入正确写作顺序。

  ○ 学生写：She waited for me at the store.

  ○ 记分：^She ^ waited ^ for ^ me ^ at ^ the ^ store ^. = 共 8 个写作顺序正确。

  ○ 学生写：She waeted for me at the stor.

  ○ 记分：^She waeted for ^ me ^ at ^the stor. = 共 4 个写作顺序正确。

- 大写：句首单词与专有名词必须大写，除非专有名词在特定的内容中可用作普通名词。大小写不正确的单词记为错误的单词写作顺序。

  ○ 学生写：She is coming over.

  ○ 记分：^She ^ is ^ coming ^ over ^. = 共 5 个写作顺序正确。

- 学生写：she is coming over.
- 记分：she is ^ coming ^ over ^. = 共 3 个写作顺序正确。
- 学生写：She sat with bill.
- 记分：^She ^ sat ^ with bill. = 共 3 个写作顺序正确。
- 学生写：She sat with the bill.
- 记分：^She ^ sat ^ with ^ the ^ bill ^. = 共 6 个写作顺序正确。
- 学生写：He is on my Pillow.
- 记分：^He ^ is ^ on ^ my Pillow. = 共 4 个写作顺序正确。

- **标点**：句子末尾的标点必须正确。逗号通常不计入该项记分，只有当并列单词或短语之间使用逗号且使用正确时，方能记分。其他标点符号通常不记分。
  - 学生写：Mary asked if I would come over. I said no.
  - 记分：^ Mary ^ asked ^ if ^ I ^ would ^ come ^ over ^. ^I ^ said ^ no ^. = 共 12 个单词写作顺序正确。
  - 学生写：Mary asked if I would come over i said no.
  - 记分：^Mary ^ asked ^ if ^ I ^ would ^ come ^over i ^ said ^ no. = 共 9 个写作顺序正确。
  - 学生写：I have a cat，dog and bird.
  - 记分：^I ^ have ^ a ^ cat ^ , ^ dog ^ and ^ bird ^. = 共 9 个写作顺序正确。
  - 学生写：I have a cat dog and bird.
  - 记分：^I ^ have ^ a ^ cat dog ^ and ^ bird ^. = 共 7 个写作顺序正确。

- **语法**：单词的运用符合语法规则才能记分。以连词开头的句子应符合语法规则。
  - 学生写：He had never seen the movie before.
  - 记分：^He ^ had ^ never ^ seen ^ the ^ movie ^ before ^. = 共 8 个写作顺序正确。
  - 学生写：He never seen the movie ever.
  - 记分：^He ^ never seen ^ the ^ movie ever ^. = 共 5 个写作顺序正确。
  - 学生写：And he wanted to go see it with me.
  - 记分：^And ^ he ^ wanted ^ to ^ go ^ see ^ it ^ with ^ me ^. = 共 10 个写作顺序正确。

- **语义**：单词的运用符合语义规则方能记分。
  - 学生写：That pig is too fat.
  - 记分：^That ^ pig ^ is ^ too ^ fat ^. = 共 6 个写作顺序正确。
  - 学生写：That pig is to fat.
  - 记分：^That ^ pig ^ is to fat ^. = 共 4 个写作顺序正确。

- **故事标题和结尾**：故事标题和结尾只有符合拼写、标点、大小写、句法和语义的规则方能记分。

- 学生写：The Big Fat Wedding by Billy
- 记分：^The ^ Big ^ Fat ^ Wedding ^ by ^ Billy ^= 共 7 个写作顺序正确。
- 学生写：The Big fat Wedding by billy.
- 记分：^The ^ Big fat Wedding ^ by billy = 共 3 个写作顺序正确。
- 学生写：the big fat wedding
- 记分：the big fat wedding = 共 0 个写作顺序正确。
- 学生写：The End.
- 记分：^The ^ End ^. = 共 3 个写作顺序正确。
- 学生写：The end.
- 记分：^The end ^. = 共 2 个写作顺序正确。

写作 CBM 施测与记分的注意事项

1. 纠正：测验时不纠正学生的错误。

2. 中止规则：写作 CBM 无中止规则。

3. 总字数和正确拼写单词数量虽然易于记分，但是只能提供写作流畅性信息。如果学生的写作能力低于年级水平，我们建议额外增加时间进行正确写作顺序记分，因为正确写作顺序记分能提供大量有关错误类型和缺失技能的宝贵信息，而且该指标对教学决策更敏感，因此更适宜作为监测进步的测量工具。

4. 需要按照上文所述向学生念指导语，在测验时不能向学生提供额外指导或纠正错误。

5. 主试可能发现 3 分钟的写作测验并不能提供足够多的信息，尤其对于写作困难的学生而言。5 分钟或 10 分钟的写作样本更合适，但是其得分不能与 3 分钟写作测验的常模相比较。或者在 3 分钟结束时记录学生此时的写作进度，然后让学生用 2~7 分钟继续写作，但只将前面 3 分钟的写作与常模样本进行比较，这也是一种做法。

应该多久实施一次写作 CBM

我们在第 2 章详细阐述了分别以筛查与进步监测为目的的 CBM 的测量频率和时间。下面仅简要介绍各自重点，详细内容建议你参考第 2 章。

筛查

全体学生应该每学年参与三次符合年级水平的筛查。时间通常在秋季、冬季和春

季。筛查旨在回答一些重要的问题,其中两个问题是:

"学生在学年末存在学业失败的风险吗?"

"我们的核心教学是否满足了大部分学生的需求?"

进步监测

筛查时,如果发现存在学业失败风险的学生,即该生的筛查分数低于基准,则须监测该生的学习进步情况,至少每周开展一次符合当前教学水平的测验;如果当前的教学水平与所处的年级水平不一致,还应该至少每月开展一次符合年级水平的测验。进步监测的重要特征是经常性(即每周一次)和持续性(即使用同等难度的 CBM 材料)。基于进步监测数据,回答两个关键问题:

"学生从教学中受益了吗?"

"干预帮助了大部分参与者吗?"

写作 CBM 施测和记分需要多长时间

写作 CBM 个体施测或团体施测一般需要 5 分钟施测时间。写作 CBM 记分时间取决于评价指标的数量与学生的年级(所需时间随年级增高而增加)。马莱茨基和朱厄尔(Malecki & Jewell, 2003)发现对单个流畅性评价指标(总字数或正确拼写单词数量)的记分平均需要 30 秒。当对两个流畅性评价指标(总字数和正确拼写单词数量)同时进行记分时,小学生记分一般所需时间少于 1 分钟,而初中生记分所需时间高于 1 分钟。当同时对三个指标(总字数、正确拼写单词数量、正确写作顺序)进行记分时,小学生记分所需时间为 1.5 分钟,而初中生记分所需时间为 2.5 分钟。如果只进行正确写作顺序记分,平均所需时间在 25 秒至 1.5 分钟之间。

写作 CBM 记分

知晓整个学年学生的预期表现水平对于筛查有学习风险的学生非常重要。同时,知晓学年末的预期表现水平也很重要,因为我们需要将此与学生的起点水平作比较,以判定学生预期的进步程度。通常以基准分数来确定有风险的学生名单以及在进步监测时设定合理的学年末目标。大部分基于课程的测量已有基准分数,因此可以满足上述需求,但是仍有部分课程领域的测量缺乏基准分数,诸如拼写、写作。因此,一个学年内筛查三次以判定预期的表现水平,把秋季、冬季、春季常模的第 50 百分位数作为学年末进步监测的参照指标,这是当前的最佳办法。如果学生分数低于常模分数的第 50 百分位数,该生则被认为在写作领域存在风险,可能需要接受额外的教学支持。

正确写作顺序、正确拼写单词数量、总字数的常模请见表 5.1、表 5.2 和表 5.3。

表 5.1 写作 CBM 常模:正确写作顺序(CWS)

年级	百分位数	aimsweb(2015)		
		秋季(CWS)	冬季(CWS)	春季(CWS)
学前班	90%	12	16	19
	75%	8	12	15
	50%	**4**	**7**	**9**
	25%	1	1	3
	10%	0	0	1
一年级	90%	7	16	26
	75%	4	10	18
	50%	**2**	**5**	**11**
	25%	1	2	5
	10%	0	1	2
二年级	90%	23	36	39
	75%	15	25	30
	50%	**9**	**16**	**21**
	25%	4	9	13
	10%	2	5	8
三年级	90%	38	48	56
	75%	27	35	43
	50%	**18**	**24**	**30**
	25%	11	15	21
	10%	5	9	13
四年级	90%	50	57	62
	75%	39	45	51
	50%	**28**	**34**	**38**
	25%	18	23	27
	10%	10	14	18

续表

年级	百分位数	aimsweb（2015）		
		秋季（CWS）	冬季（CWS）	春季（CWS）
五年级	90%	56	63	69
	75%	44	52	57
	50%	**34**	**39**	**46**
	25%	24	28	32
	10%	15	19	22
六年级	90%	65	72	78
	75%	51	59	66
	50%	**37**	**47**	**53**
	25%	25	35	40
	10%	16	24	29
七年级	90%	71	73	76
	75%	60	62	66
	50%	**47**	**52**	**53**
	25%	35	40	42
	10%	23	29	31
八年级	90%	73	79	81
	75%	62	69	69
	50%	**49**	**56**	**56**
	25%	37	44	44
	10%	24	31	35

表 5.2　写作 CBM 常模：正确拼写单词数量（WSC）

年级	百分位数	aimsweb（2015）		
		秋季（WSC）	冬季（WSC）	春季（WSC）
学前班	90%	17	11	16
	75%	3	5	10
	50%	**1**	**2**	**6**
	25%	0	1	3
	10%	0	0	1

续表

年级	百分位数	aimsweb (2015) 秋季（WSC）	冬季（WSC）	春季（WSC）
一年级	90%	14	22	31
	75%	9	15	23
	50%	**5**	**10**	**16**
	25%	2	5	10
	10%	1	2	5
二年级	90%	23	39	42
	75%	16	29	33
	50%	**10**	**21**	**24**
	25%	6	12	17
	10%	3	6	11
三年级	90%	38	47	54
	75%	30	38	43
	50%	**21**	**28**	**33**
	25%	13	18	23
	10%	8	11	16
四年级	90%	51	55	57
	75%	41	45	46
	50%	**30**	**35**	**35**
	25%	21	25	25
	10%	13	17	17
五年级	90%	57	63	75
	75%	48	51	62
	50%	**36**	**40**	**49**
	25%	26	29	38
	10%	18	20	27
六年级	90%	68	76	76
	75%	57	63	66
	50%	**44**	**50**	**56**
	25%	32	40	45
	10%	20	30	35

续表

年级	百分位数	aimsweb (2015)		
		秋季（WSC）	冬季（WSC）	春季（WSC）
七年级	90%	82	72	82
	75%	70	63	73
	50%	**52**	**52**	**63**
	25%	39	40	51
	10%	27	30	41
八年级	90%	77	83	93
	75%	69	72	82
	50%	**55**	**60**	**71**
	25%	43	48	60
	10%	26	36	48

表5.3 写作CBM常模：总字数（TWW）

年级	百分位数	aimsweb (2015)		
		秋季（TWW）	冬季（TWW）	春季（TWW）
学前班	90%	10	16	20
	75%	3	10	14
	50%	**1**	**5**	**10**
	25%	1	2	6
	10%	0	1	3
一年级	90%	17	26	35
	75%	12	19	28
	50%	**7**	**13**	**20**
	25%	4	8	14
	10%	2	5	9
二年级	90%	30	42	49
	75%	22	34	41
	50%	**15**	**25**	**32**
	25%	10	18	24
	10%	5	11	16

续表

年级	百分位数	aimsweb（2015）		
		秋季（TWW）	冬季（TWW）	春季（TWW）
三年级	90%	44	53	59
	75%	35	44	49
	50%	**26**	**34**	**39**
	25%	19	25	30
	10%	13	17	23
四年级	90%	55	60	66
	75%	45	51	56
	50%	**35**	**41**	**45**
	25%	26	31	35
	10%	17	22	25
五年级	90%	60	68	74
	75%	51	59	63
	50%	**41**	**48**	**51**
	25%	30	37	41
	10%	21	27	31
六年级	90%	71	78	85
	75%	58	66	73
	50%	**46**	**55**	**59**
	25%	35	43	47
	10%	24	33	36
七年级	90%	79	84	87
	75%	67	72	74
	50%	**53**	**60**	**61**
	25%	42	48	48
	10%	32	37	37
八年级	90%	90	81	90
	75%	78	70	79
	50%	**63**	**59**	**69**
	25%	50	49	58
	10%	38	38	47

如何运用这些信息撰写写作 IEP 的长短期目标

撰写长短期目标是界定特定行为及其测量方式的重要方法，以便对学生的学习做出决策。第 2 章介绍了撰写长短期目标的七个要素，包括：时间、学生、行为、水平、内容、材料和标准。下面以写作 CBM 为例讲解写作领域的目标撰写，想要了解详细信息请参看第 2 章。

长期目标举例

- 写作目标
  - 在 30 周内，约瑟使用写作 CBM 进步监测材料里六年级的故事启发器完成 3 分钟的写作，正确写作顺序 47 个，正确率大于 95%。

同样的原则也适用于制订短期目标，只是设定的完成时间更短一点。

短期目标举例

- 写作目标
  - 在 10 周内，约瑟使用写作 CBM 进步监测材料里六年级的故事启发器完成 3 分钟的写作，正确写作顺序 30 个，正确率大于 95%。

写作 CBM 常见问题

1. 如果学生在测验结束前停止写作，怎么办？你应该对学生说："尽你最大努力写最好的故事。"视需要进行多次提示。

2. 如果学生的写作与故事启发器无关，怎么办？没有关系，因为不需要从内容、结构或细节处理对学生的作文进行记分。但是，建议做必要的记录，并确保学生理解故事启发器或者具备与该主题写作相关的背景知识。

3. 我能改变指导语或者记分方式吗？不可以。测验的指导语已经非常简短了，我们必须遵循。尽管学生看似不太能高效使用故事启发器，但是我们也需要按照标准程序念指导语，而且在学生动笔写作前予以 1 分钟思考时间，这尤为重要。

4. 我能自行设计故事启发器吗？可以。只要你自行设计的故事启发器适合学生年级水平，并且能够激发学生写作。最好是能够结合学生的兴趣设计写作任务。

5. 尽管我知道某个学生具备该项写作能力，但他/她不动笔，怎么办？鼓励学生动笔写作。告诉学生对写作测验的具体期望。如果必要，采用教学或行为手段解决学生的问题所在。

6. 如果我看不懂学生的笔迹，怎么办？需要进一步评估这是由学生的书写困难所致还是单纯粗心导致的，从而给予相应的干预支持（如书写练习、激励工具）以解决学生的困难。必要时用其他故事启发器进行施测。

7. 学生之间可以互相记分吗？不可以。学生可以对自己作文的总字数进行记分，但是对其他评价指标的记分必须由教师或其他参与过写作 CBM 培训的人员承担。

8. 我能给写作 CBM 中的学生作文打分吗？如果你有其他分析写作内容的记分程序（如评价等级准则），则可以给写作 CBM 的学生作文打分。

9. 我能运用写作 CBM 常模对学生进行教学分组吗？我们一般不建议这样做，除非你收集了与教学内容相一致的其他信息，并且确定了学生的写作强项及弱项。只有基于学生的需要提供相应的教学，教学分组方能更有成效。

10. 如果我发现学生没有进步，我应该降低目标吗？不可以。相反，你应该评估学生的需要，提供额外的干预支持以帮助学生达成预定目标。你可以参考《课程本位评价实践指南》一书中关于"排查"章节的内容。

11. 我怎么使用故事启发器呢？可以将故事启发器文本和图表数据一起保存在文件夹里，呈现学生学年内的进步情况。学生们也可将故事启发器的写作作为长篇写作作业的起点。

12. 我只有 20 份写作 CBM 故事启发器，但进步监测需要持续 35 周。我可以重复使用原来的故事启发器吗？当然可以。一旦你用完了 20 份故事启发器，可以重复使用。学生可能并不记得 20 周之前做过的具体题目，但是不能将测验题作为家庭作业或者额外的练习材料使用。

第 6 章

早期数字 CBM

为什么应该开展早期数字 CBM

正如在阅读测验领域日趋重视早期阅读能力（旨在预防潜在的问题），人们也越来越认可早期数字能力在数学领域的重要性，尽管对早期数字能力的重视程度目前远低于对早期阅读能力。数学 CBM（Math CBM）关注两个部分，分别是计算（M-COMP）和数学问题解决（M-CAP），而早期数字 CBM（Early Numeracy CBM）则关注第三个部分——数感（number sense）。正如早期阅读 CBM 的基本技能是指需要达到自动化的掌握程度以提高阅读流畅性，早期数字 CBM 的基本技能是指需要达到自动化的掌握程度以提高计算和数学问题解决能力。

早期数字 CBM 的研究仍处于初期阶段，但是已经有了一些发展潜力较大的测量工具。哪些特定的早期数字能力可以作为未来数学综合能力发展的最佳预测指标，关于这方面的基础研究仍显薄弱，这也是我们开发早期数字 CBM 时面临的困难（Methe et al., 2011）。然而有一些测量工具仍有发展前景：数数 CBM（Counting CBM）、读数 CBM（Number Identification CBM）、找出缺失数字 CBM（Missing Number CBM）、比较数字大小 CBM（Quantity Discrimination CBM）和数学事实（Math Facts）。本章将介绍前四种 CBM，数学事实将在第 7 章进行相关讨论。信息栏 6.1 有助于你轻松找到早期数字 CBM 资源。

数数 CBM

数数是数感的重要组成部分，可以测量儿童对数字的自动回忆能力，将数字以有意义的顺序进行排序，这是其不同于字母回忆的特征。早期数字 CBM 包括两种基本的数数方式：口头数数 CBM（Oral Counting CBM）和点数 CBM（Touch Counting CBM）。口头数数 CBM 是指学生从 1 开始口头数数，尽可能数到最大。点数 CBM 运用一一对应原则，每点数一个物品，说出一个数字。

信息栏 6.1　早期数字 CBM 资源表

$ 表示材料/制图软件需要付费。
🖥 表示可用计算机进行施测。
✎ 表示有数据管理和制图软件可供使用。

aimsweb（Pearson）$ ✎

网址：www.aimsweb.com

电话：866-313-6194

产品：● 口头数数
　　　● 找出缺失数字
　　　● 读数
　　　● 比较数字大小

FastBridge Learning $ 🖥 ✎

网址：www.fastbridge.org

电话：612-424-3714

产品：● 点数
　　　● 读数

Intervention Central

网址：www.interventioncentral.org

产品：● 读数

- 找出缺失数字
- 比较数字大小

mCLASS：Math $ 💻 ✍

网址：*www.amplify.com*

电话：800-823-1969

产品：
- 口头数数
- 找出缺失数字
- 读数
- 比较数字大小

Research Institute on Progress Monitoring (RIPM)

网址：*www.progressmonitoring.org*

电话：612-626-7220

产品：
- 读数
- 找出缺失数字
- 比较数字大小

实施数数 CBM 所需材料

1. 一份包含 100 个圆点的测验题（仅作为点数 CBM 的材料；包含学生测验卷与/或教师/主试记分纸）。
2. 数数 CBM 指导语和记分说明。
3. 用于记录学生回应的书写工具、带夹写字板或计算机。
4. 秒表计时器或秒钟倒数计时器。
5. 安静的测验场所。
6. 呈现数据所需的等距图或制图软件。

数数 CBM 测验题

口头数数 CBM 不需要给予特别提示，在教师/主试说完指导语之后学生数数即可。大多数版本要求学生从 1 开始尽可能往后数。其他可能包括按群计数，如两个两个数、五个五个数或十个十个数。点数 CBM 测验题应该包括至少 100 个相同之物，如圆圈或圆点。建议使用打印的测验题而非教具实物，以便控制顺序的一致性和测验材料的一致性。我们接下来介绍的口头数数 CBM 的指导语、记分规则和其他注意事项来自

aimsweb 的材料。由于数数 CBM 产品之间存在差异，我们建议读者仔细阅读所使用产品的相关说明，确保遵守特定测验的施测要求和记分规则。

为了节约准备时间并确保测验分数的一致性，我们建议在一次测验期间完成所有的筛查测量，可根据需要将测验安排在连续几天内完成。如果同一个 CBM 需要测验三遍（取样三次），则取中位数作为最终得分，并将其作为第一个数据点绘制在学生的统计图中。之后使用 20~30 份具体内容各异但难度相当的测验题，监测学生整个学年的学习进步情况。当第一次对学生实施数数 CBM 时，不需要三份等价的测验题，这是数数 CBM 与其他 CBM 的不同之处。口头数数 CBM 不需要向学生提供材料，而点数 CBM 只需呈现一份测验题，并且点数 CBM 每次都使用同一份测验题以监测进步（测验材料为一张印有圆点的纸，上面没有任何文字或其他信息）。

数数 CBM 必须以个别施测的形式完成。口头数数 CBM 不需要学生测验卷（因为此为口头任务），但点数 CBM 需要备有学生测验卷和教师/主试记分纸，学生测验卷供学生使用，教师/主试记分纸采用电子版或纸质版形式供教师/主试做记录，另外还需要备好书写工具、计时器与指导语。教师/主试记分纸与数数 CBM 学生测验卷示例请分别参照图 6.1、图 6.2 和图 6.3。

一年级AIMSweb 口头数数

1	2	3	4	5	6	7	8	9	10
11	12	13	14	15	16	17	18	19	20
21	22	23	24	25	26	27	28	29	30
31	32	33	34	35	36	37	38	39	40
41	42	43	44	45	46	47	48	49	50
51	52	53	54	55	56	57	58	59	60
61	62	63	64	65	66	67	68	69	70
71	72	73	74	75	76	77	78	79	80
81	82	83	84	85	86	87	88	89	90
91	92	93	94	95	96	97	98	99	100

总分：_____

图 6.1　口头数数 CBM 教师/主试记分纸示例
（经 aimsweb 许可后复印）

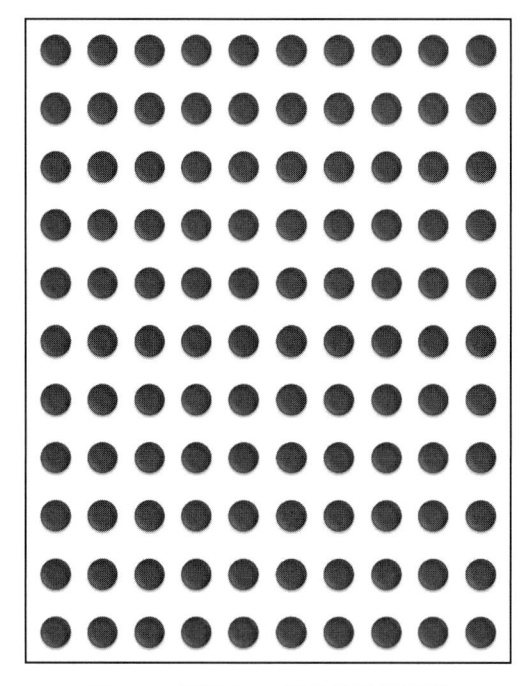

图 6.2　点数 CBM 学生测验卷示例

学生姓名：				年级：			日期：		
1	2	3	4	5	6	7	8	9	10
11	12	13	14	15	16	17	18	19	20
21	22	23	24	25	26	27	28	29	30
31	32	33	34	35	36	37	38	39	40
41	42	43	44	45	46	47	48	49	50
51	52	53	54	55	56	57	58	59	60
61	62	63	64	65	66	67	68	69	70
71	72	73	74	75	76	77	78	79	80
81	82	83	84	85	86	87	88	89	90
91	92	93	94	95	96	97	98	99	100

图 6.3　点数 CBM 教师/主试记分纸示例

数数 CBM 的指导语与记分过程

附录 B 提供了口头数数 CBM 和点数 CBM 的指导语与记分规则，以便复印使用。

口头数数 CBM 指导语[①]

1. 教师/主试须将自己使用的材料放在带夹写字板中，以防学生看到。

2. 教师/主试说："当我说'开始'时，你从 1 开始大声数数，像这样 1、2、3，直到我说'停'。如果遇到不会说的数字，我会告诉你。尽你努力数到最大，准备好了吗？开始。"（启动计时器，限时 1 分钟。）

3. 当学生数错或跳过数字时，教师/主试要在口头数数 CBM 测验题的相应数字上画斜线（/）。

4. 1 分钟计时结束时说"停"，在学生数到的最后一个数字后标记]符号。

点数 CBM 指导语

1. 呈现一份点数 CBM 学生测验卷。

2. 教师/主试须将自己使用的材料放在带夹写字板中，以防学生看到。

3. 教师/主试说："当我说'开始'时，你需要从测验题第一行（指向第一个圆点）开始数数，直到我说'停'。当数完一行时，接着转到下一行。如果遇到不会说的数字，我会告诉你。尽可能数到最大。准备好了吗？开始。"（启动计时器，限时 1 分钟。）

4. 当学生点数错误或跳过数字时，教师/主试要在点数 CBM 测验题的相应数字上画斜线（/）。

5. 1 分钟计时结束时说"停"，在学生点数到的最后一个数字后标记]符号。

口头数数与点数 CBM 记分

使用在线系统提交测验结果，或者：

1. 合计口头数数或点数数到的最大数。
2. 合计口头数数或点数的错误总数。
3. 计算速率：数数最大数−总错误数＝每分钟正确数数的数量
4. 计算正确率：（正确数数的数量÷数数最大数）×100%＝正确率

回答正确的记分

口头数数 CBM 和点数 CBM 的记分与正确数数的数量有关，根据正确说出或点数的数字进行记分。每一个正确的数数都计入正确数数总分（NC）。

- 数字正确：数字必须按顺序说出且发音正确，同时每数一个数字必须伴随指或

[①] 原注：经 aimsweb（Shinn & Shinn, 2002a）许可后改编。

点圆圈的动作。

例：2，3，4，5
- 学生说：2，3，4，6
- 记分：3NC（2，3，4，5̸）

• 3秒内自我纠错：学生起初回答错误但在3秒内自行修改正确，记作正确数数。如果主试划掉了相应数字，需要重新圈出来。

例：5，6，7，8，9
- 学生说：5，6，8，9……7，8，9
- 记分：5NC（5，6，⑦，8，9）

• 方言/语音：发音的差异是由方言或语音生成上的差异引起的。

例：7
- 学生说：/seb-en/而非/sev-en/；如果学生有语音问题，可以接受发音差异。
- 记分：1NC

• 重复：在口头数数或点数时，多次重复同一个数字。

例：5，6，7，8，9
- 学生答案：5，6，7……7，8，9
- 记分：5NC（5，6，7，8，9）

• 插入数字：在数字序列中添加一个不合适的数字。

例：5，6，7，8，9
- 学生答案：5，6，7，26，8，9
- 记分：5NC（5，6，7，8，9）

回答错误的记分

对于学生的所有错误数数，都要在相应的数字上画斜线（/）。

• 发音错误/替换：发成非数字的音或错误数字的音。

例：11
- 学生说：/oneteen/ 而非/eleven/
- 记分：0NC（1̸1̸）

• 缺失（遗漏）：存在未读出数字的问题。

例：5，6，7，8，9
- 学生说：5，6，8，9
- 记分：4NC（5，6，7̸，8，9）

- 犹豫无回应：3 秒之内未主动回应，主试给予数字提示。

例：5，6，7，8
- 学生说：5，6，7……（停顿 3 秒）。主试提示："8。"
- 记分：3NC（5，6，7，8̸）

- 犹豫有回应：主动回应但时间超过 3 秒，主试给予数字提示。

例：5，6，7
- 学生说：5，6，sssssss（持续 3 秒以上）。主试提示："7。"
- 记分：2NC（5，6，7̸）

- 颠倒顺序：颠倒两个或两个以上数字的顺序。

例：5，6，7，8，9
- 学生说：5，6，8，7，9
- 记分：3NC（5，6，7̸，8̸，9）

- 跳读：跳过数列中的数，未读。

例：8，9，10，11，12，13，14，15，16，17
- 学生说：8，9，10，12，15，16，17
- 记分：7NC（8，9，10，1̶1̶，12，1̶3̶，1̶4̶，15，16，17）

数数 CBM 施测和记分的注意事项

1. 纠正：学生出现错误时主试不予纠正，当学生犹豫超过 3 秒时才会予以数字提示。
2. 跳过整行或整列数字：学生跳过整行数字未读（未数），这一行将被划掉，而且所有数字均计为错误。
3. 中止规则：数数 CBM 无中止规则。

读数 CBM

读数 CBM 所测量的数感是数学技能的基本组成部分。类似于早期阅读的字母命名，读数测量数字命名的自动化程度，是数学学习的一种风险指标。

实施读数 CBM 所需材料

1. 具体内容各异但难度相当的测验题（学生测验卷与教师/主试记分纸）。
2. 读数 CBM 指导语和记分说明。
3. 用于记录学生回应的书写工具、带夹写字板或计算机。

4. 秒表计时器或秒钟倒数计时器。
5. 安静的测验场所。
6. 呈现数据所需的等距图或制图软件。

读数 CBM 测验题

读数 CBM 测验题呈现不同的题目。我们接下来介绍的读数 CBM 的指导语、记分规则和其他注意事项来自美国进步监测研究所（RIPM）的材料。由于读数 CBM 产品之间存在差异，我们建议读者仔细阅读所使用产品的相关说明，确保遵守特定测验的施测要求和记分规则。

为了节约准备时间并确保测验分数的一致性，我们建议在一次测验期间完成所有的筛查测量，可根据需要将测验安排在连续几天内完成。如果同一个 CBM 需要测验三遍（取样三次），则取中位数作为最终得分，并将其作为第一个数据点绘制在学生的统计图中。之后使用 20~30 份具体内容各异但难度相当的测验题，监测学生整个学年的学习进步情况。

读数 CBM 必须以个别施测的形式完成，需要备有学生测验卷和教师/主试记分纸，学生测验卷供学生使用，教师/主试记分纸采用电子版或纸质版形式供教师/主试做记录，另外还需要备好书写工具、计时器与指导语。读数 CBM 学生测验卷和教师/主试记分纸示例请参照图 6.4 和图 6.5。

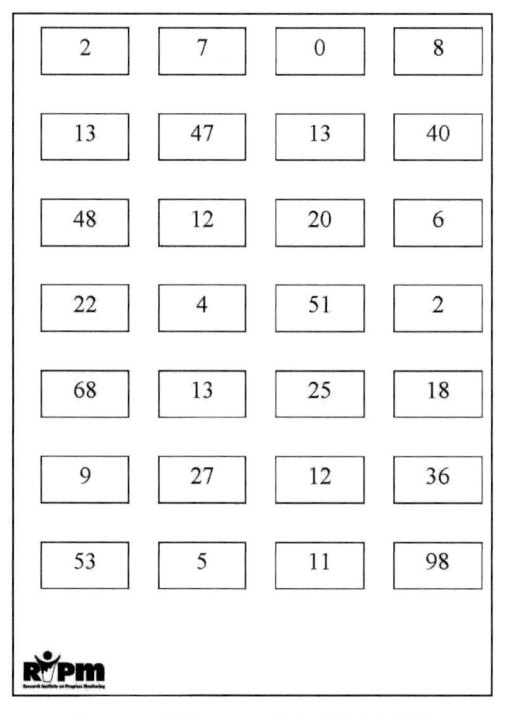

2	7	0	8
13	47	13	40
48	12	20	6
22	4	51	2
68	13	25	18
9	27	12	36
53	5	11	98

图 6.4 读数 CBM 学生测验卷示例
（经美国进步监测研究所许可后复印）

```
日期：_____    正确总分：_____

指导语：在空格处写下学生回答的数字

1. ____（2） 2. ____（7） 3. ____（0） 4. ____（8）
5. ____（13） 6. ____（47） 7. ____（13） 8. ____（40）
9. ____（48） 10. ____（12） 11. ____（20） 12. ____（6）
13. ____（22） 14. ____（4） 15. ____（51） 16. ____（2）
17. ____（68） 18. ____（13） 19. ____（25） 20. ____（18）
21. ____（9） 22. ____（27） 23. ____（12） 24. ____（36）
25. ____（53） 26. ____（5） 27. ____（11） 28. ____（98）
29. ____（10） 30. ____（7） 31. ____（46） 32. ____（9）
33. ____（24） 34. ____（1） 35. ____（3） 36. ____（30）
37. ____（9） 38. ____（50） 39. ____（17） 40. ____（12）
41. ____（2） 42. ____（95） 43. ____（12） 44. ____（89）
45. ____（5） 46. ____（7） 47. ____（11） 48. ____（33）
49. ____（43） 50. ____（20） 51. ____（4） 52. ____（99）
53. ____（1） 54. ____（9） 55. ____（5） 56. ____（22）
57. ____（7） 58. ____（0） 59. ____（15） 60. ____（84）
61. ____（14） 62. ____（8） 63. ____（48） 64. ____（2）
65. ____（40） 66. ____（14） 67. ____（39） 68. ____（15）
69. ____（71） 70. ____（2） 71. ____（4） 72. ____（9）
73. ____（29） 74. ____（9） 75. ____（12） 76. ____（14）
77. ____（8） 78. ____（3） 79. ____（48） 80. ____（20）
81. ____（75） 82. ____（43） 83. ____（3） 84. ____（37）
```

图 6.5 读数 CBM 教师/主试记分纸示例

（经美国进步监测研究所许可后复印）

读数 CBM 的指导语与记分过程

附录 B 提供了读数 CBM 的指导语与记分规则，以便复印使用。

读数 CBM 指导语[①]

1. 呈现一份读数 CBM 学生测验卷。

2. 教师/主试须将自己使用的材料放在带夹写字板中，以防学生看到。

3. 教师/主试说："请看这张纸，方框中有数字（手指着第一个方框），这是数字几？"

---

① 原注：经美国进步监测研究所许可后改编。

a. 学生回答正确，教师/主试说："正确，是数字 6。"（接着指向第二个方框。）

b. 学生回答错误，教师/主试说："这是数字 6。这是数字几？"（接着指向第二个方框。）

4. 接着做其他练习题。练习题完成后，翻到学生测验卷的第一页。

5. 教师/主试说："当我说'开始'时，请读出每一个方框中的数字。从这里开始，读完整页（主试用手指）。试着读出每一个数字。如果遇到不会说的数字，我会告诉你。还有其他问题吗？将手指放在第一个数字上。准备好了吗？开始。"（启动计时器，限时 1 分钟。）

6. 在主试记分纸上每道题的空白处记录学生说出的答案。

7. 学生读完一页测验题，主试翻到下一页。

8. 1 分钟计时结束时说"停"，并在学生读到的最后一个数字后标记] 符号。

读数 CBM 记分

使用在线系统提交测验结果，或者：

1. 合计读数总数。
2. 合计读数总错误数。
3. 计算速率：读数总数 − 读数总错误数 = 每分钟正确读数的数量
4. 计算正确率：（正确读数的数量 ÷ 读数总数）× 100% = 正确率

回答正确的记分

读数 CBM 是根据正确读出数字的数量进行记分。每一个正确的回答都计入正确总分（NC）。

- 发音/回答正确：必须按正确顺序读出数字且发音规范。

  例：2, 10, 4, 8, 1, 12
    - 学生说：2, 10, 4, 8, 11, 12
    - 记分：5NC（2, 10, 4, 8, ✗, 12）

- 3 秒内自我纠错：学生起初回答错误但在 3 秒内自行修改正确，记作正确读数。

  例：8, 12, 4, 23
    - 学生说：8, 12, 23……（停顿 2 秒）4, 23
    - 记分：4NC（8, 12, 4, 23）

- 方言/语音：发音的差异是由方言或语音生成上的差异引起的。

  例：7
    - 学生说：/seb-en/ 而非 /sev-en/；如果学生有语音问题，可以接受发音差异。
    - 记分：1NC

- 重复：读数时，多次重复同一个数字。

例：8，12，4，23
- 学生说：8，12，4……4，23
- 记分：4NC（8，12，4，23）

- 插入数字：添加一个不合适的数字。

例：8，12，4，23
- 学生说：8，12，4，86，23（每次指出了相应数字）。
- 记分：4NC（8，12，4，23）

回答错误的记分

对于学生的所有错误回答，都要在相应的数字上画斜线（/）。

- 发音错误/替换：发成非数字的音或错误数字的音。

例：11
- 学生说：/oneteen/ 而非 /eleven/
- 记分：0NC（11̸）

- 缺失（遗漏）：存在未读出数字的问题。

例：8，12，4，23
- 学生说：8，12，23
- 记分：3NC（8，12，4̸，23）

- 犹豫无回应：3秒之内未主动回应，主试给予数字提示。

例：8，12，4
- 学生说：8，12……（停顿3秒）。主试说："请读下一个数字。"
- 记分：2NC（8，12，4̸）

- 犹豫有回应：主动回应但时间超过3秒，主试给予数字提示。

例：8，12，4
- 学生说：8，12，fffffffff（停顿3秒）。主试说："请读下一个数字。"
- 记分：2NC（8，12，4̸）

- 跳读：跳过数列中的数，未读。

例：8，12，4，23
- 学生说：8，12，23
- 记分：3NC（8，12，4̸，23）

读数 CBM 施测和记分的注意事项

1. 纠正：学生出现错误时主试不予纠正，学生犹豫超过3秒后没有说出正确答案，主试说："请读下一个数字。"

2. 跳过整行或整列：学生跳过整行或整列未回答，这一行/列将被划掉且均计为错误。

3. 中止规则：读数 CBM 无中止规则。

4. 1 分钟以内提前完成：如果学生在 1 分钟内提前完成任务，分数应该按比例计算。公式为：

$$\frac{正确题目的总数}{完成任务所用秒数} \times 60 = 预计 1 分钟内正确完成题数$$

例：学生在 50 秒内完成了任务，正确回答了 35 道题。

$$\frac{35}{50} \times 60 = 0.7 \times 60 = 42$$

如果继续增加测验题，预计该生 1 分钟内正确完成 42 道题。

找出缺失数字 CBM

找出缺失数字 CBM 要求学生找出四个数字间（其中一个数字缺失）的变化规律并根据这个规律找出缺失的数字。这种模式识别是一种基本的代数技能，体现了学生的数感与数序。

实施找出缺失数字 CBM 所需材料

1. 具体内容各异但难度相当的测验题（学生测验卷与教师/主试记分纸）。
2. 找出缺失数字 CBM 指导语与记分说明。
3. 用于记录学生回应的书写工具、带夹写字板或计算机。
4. 秒表计时器或秒钟倒数计时器。
5. 安静的测验场所。
6. 呈现数据所需的等距图或制图软件。

找出缺失数字 CBM 测验题

找出缺失数字 CBM 测验题有不同的题目。我们接下来介绍的找出缺失数字 CBM 的指导语、记分规则和其他注意事项来自美国进步监测研究所的材料。由于找出缺失数字 CBM 产品之间存在差异，我们建议读者仔细阅读所使用产品的相关说明，确保遵守特定测验的施测要求和记分规则。

为了节约准备时间并确保测验分数的一致性，我们建议在一次测验期间完成所有的筛查测量，可根据需要将测验安排在连续几天内完成。如果同一个 CBM 需要测验三遍（取样三次），则取中位数作为最终得分，并将其作为第一个数据点绘制在学生的统计图中。之后使用 20~30 份具体内容各异但难度相当的测验题，监测学生整个学年的学习进步情况。

找出缺失数字 CBM 通常采用个别施测，也可以以团体施测的形式完成。团体施测时，学生需要在纸上空白处填写缺失数字，而不能口头回答。找出缺失数字 CBM 需要备有学生测验卷和教师/主试记分纸，学生测验卷供学生使用，教师/主试记分纸采用电子版或纸质版供教师/主试做记录，另外还需要备好书写工具、计时器与指导语。找出缺失数字 CBM 学生测验卷和教师/主试记分纸示例请参照图 6.6 与图 6.7。

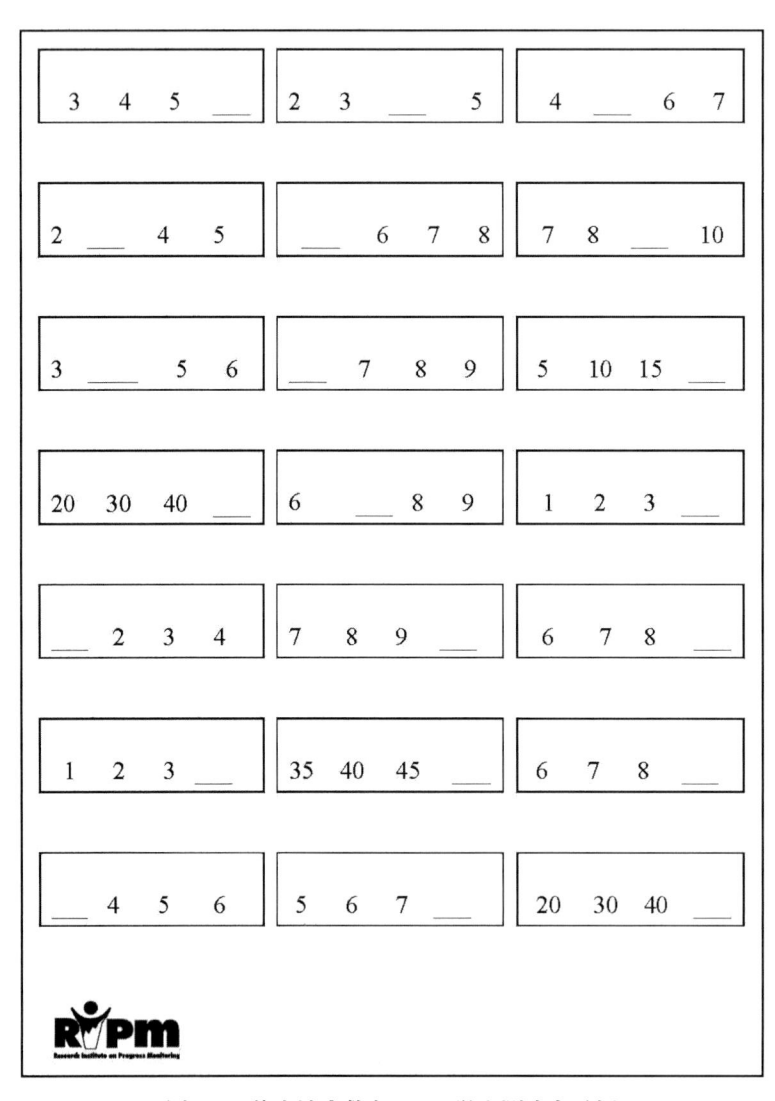

图 6.6　找出缺失数字 CBM 学生测验卷示例
（经美国进步监测研究所许可后复印）

日期：_____	正确总分：_____	

指导语：在空格处写下学生回答的数字

1. ____ (6)	2. ____ (4)	3. ____ (5)
4. ____ (3)	5. ____ (5)	6. ____ (9)
7. ____ (4)	8. ____ (6)	9. ____ (20)
10. ____ (50)	11. ____ (7)	12. ____ (4)
13. ____ (1)	14. ____ (10)	15. ____ (9)
16. ____ (4)	17. ____ (50)	18. ____ (9)
19. ____ (3)	20. ____ (8)	21. ____ (50)
22. ____ (9)	23. ____ (8)	24. ____ (9)
25. ____ (2)	26. ____ (35)	27. ____ (30)
28. ____ (4)	29. ____ (2)	30. ____ (8)
31. ____ (3)	32. ____ (70)	33. ____ (6)
34. ____ (5)	35. ____ (10)	36. ____ (6)
37. ____ (6)	38. ____ (2)	39. ____ (4)
40. ____ (3)	41. ____ (2)	42. ____ (1)
43. ____ (2)	44. ____ (3)	45. ____ (0)
46. ____ (6)	47. ____ (50)	48. ____ (5)
49. ____ (10)	50. ____ (4)	51. ____ (40)
52. ____ (6)	53. ____ (3)	54. ____ (8)
55. ____ (4)	56. ____ (6)	57. ____ (25)
58. ____ (5)	59. ____ (90)	60. ____ (9)
61. ____ (5)	62. ____ (4)	63. ____ (1)

图 6.7　找出缺失数字 CBM 教师/主试记分纸示例
（经美国进步监测研究所许可后复印）

找出缺失数字 CBM 的指导语与记分过程

附录 B 提供了找出缺失数字 CBM 的指导语与记分规则，以便复印使用。

找出缺失数字 CBM 指导语[①]

1. 呈现一份找出缺失数字 CBM 学生测验卷。
2. 教师/主试须将自己使用的材料放在带夹写字板中，以防学生看到。

---

① 原注：经美国进步监测研究所许可后改编。

3. 教师/主试说："请看这张纸，每个方框里都有三个数字和一个空格（指向第一个方框）。下面请你告诉我空白处的数字是几？"

  a. 如果学生回答正确，教师/主试说："很棒，是数字3。"（指向第二个方框。）

  b. 如果学生回答错误，教师/主试说："不对，空白处的数字是3。你应该说3，因为3在2的后面（0、1、2、3）。"（指向第二个方框。）

4. 继续完成其他练习题。练习题完成后，翻到学生测验卷的第一页。

5. 教师/主试说："当我说'开始'时，请你说出每个框中空白处的数字。从第一题开始直到最后一题（主试指向测验题的相应位置）。说出每一个数字。如果遇到你不会的题目，我会告诉你该怎么做。还有其他问题吗？请把你的手指放在第一道题目上，准备好了吗？开始。"（启动计时器，限时1分钟。）

6. 在主试记分纸上每道题的空白处记录学生说出的答案。

7. 如果学生完成此页题目，主试翻到下一页继续。

8. 1分钟计时结束时说"停"，在最后完成的那道题目后标记]符号。

找出缺失数字 CBM 记分

使用在线系统提交测验结果，或者：

1. 合计所做题目的总数。

2. 合计所做题目的总错误数。

3. 计算速率：所做题目的总数−所做题目的总错误数＝每分钟正确完成的题目数量

4. 计算正确率：（正确完成的题目数量÷所做的题目总数）×100%＝正确率

回答正确的记分

只有当学生找出数字变化规律并回答正确时，主试才能按回答正确进行记分。每一个正确的回答都计入正确总分（NC）。

- 发音/回答正确：根据数字变化规律回答出正确数字且发音规范。

 例：3，6，＿＿＿，12/ 4，5，6＿＿＿/ 5，＿＿＿，15，20

  ○ 学生说：9，7，10

  ○ 记分：3NC（9，7，10）

- 3秒内自我纠错：学生起初回答错误但在3秒内自行修改正确，记作正确回答。

 例：4，＿＿＿，12，16

  ○ 学生说：6（停顿2秒）8

  ○ 记分：1NC（6̸ 8）

- 方言/语音：发音的差异是由方言或语音生成上的差异引起的。

 例：10，20，＿＿＿，40

○ 学生说：/firty/而非 /thirty/；如果学生有语音问题，可以接受发音差异。

○ 记分：1NC（30）

回答错误的记分

对于学生的所有错误回答，用斜线（/）标记。

- 发音错误/替换：发成非数字的音或错误数字的音。

例：2，___，6，8

○ 学生说：/three/而非/four/。

○ 记分：0NC（2，4̸，6，8）

- 犹豫无回应：3秒之内未回应，教师/主试提示学生进行下一题。

例：28，29，___，31

○ 学生说：28，29……（停顿3秒）。教师/主试说："下一题"。

○ 记分：0NC（28，29，3̸0̸，31）

- 犹豫有回应：主动回应但时间超过3秒，教师/主试提示学生进行下一题。

例：23，26，29，___

○ 学生说：thththththth（停顿3秒）。教师/主试说："下一题。"

○ 记分：0NC（23，26，29，3̸2̸）

找出缺失数字 CBM 施测和记分的注意事项

1. 纠正：学生出现错误时主试不予纠正。当学生犹豫超过3秒后没有说出正确答案时，教师/主试说："下一题。"

2. 跳过整行或整列：学生跳过整行或整列未回答，这一行/列将被划掉且均计为错误。

3. 中止规则：找出缺失数字 CBM 无中止规则。

4. 1分钟以内提前完成：如果学生在1分钟内提前完成任务，分数应该按比例计算。公式为：

$$\frac{正确题目的总数}{完成任务所用秒数} \times 60 = 预计1分钟内正确完成题数$$

例：学生在50秒内完成了任务，正确回答40道题。

$$\frac{40}{50} \times 60 = 0.8 \times 60 = 48$$

如果继续增加测验题，预计该生1分钟内正确完成48道题。

比较数字大小 CBM

比较数字大小 CBM 要求学生选出一对数字中的大数。比较数字大小是数感的组成部分，也是计算和问题解决的必备能力。

实施比较数字大小 CBM 所需材料

1. 具体内容各异但难度相当的测验题（学生测验卷与教师/主试记分纸）。
2. 比较数字大小 CBM 指导语和记分说明。
3. 用于记录学生回应的书写工具、带夹写字板或计算机。
4. 秒表计时器或秒钟倒数计时器。
5. 安静的测验场所。
6. 呈现数据所需的等距图或制图软件。

比较数字大小 CBM 测验题

比较数字大小 CBM 有不同的测验题。我们接下来介绍的比较数字大小 CBM 的指导语、记分规则和其他注意事项来自美国进步监测研究所的材料。由于比较数字大小 CBM 产品之间存在差异，我们建议读者仔细阅读所使用产品的指导语，确保遵守特定测验的施测要求和记分规则。

为了节约准备时间并确保测验分数的一致性，我们建议在一次测验期间完成所有的筛查测量，可根据需要将测验安排在连续几天内完成。如果同一个 CBM 需要测验三遍（取样三次），则取中位数作为最终得分，并将其作为第一个数据点绘制在学生的统计图中。之后使用 20~30 份具体内容各异但难度相当的测验题，监测学生整个学年的学习进步情况。

比较数字大小 CBM 通常采用个别施测，也可以以团体施测的形式完成。团体施测时，学生在测验题纸上圈出大数而无须口头作答。比较数字大小 CBM 需要备有学生测验卷和教师/主试记分纸，学生测验卷供学生使用，教师/主试记分纸采用电子版或纸质版形式供教师/主试做记录，另外还需要备好书写工具、计时器与指导语。比较数字大小 CBM 学生测验卷和教师/主试记分纸示例请参照图 6.8 与图 6.9。

比较数字大小的指导语与记分过程

附录 B 提供了比较数字大小 CBM 的指导语与记分规则，以便复印使用。

2	5	3	6	8	10
12	7	8	7	6	13
5	6	5	9	15	14
2	4	18	12	17	9
7	9	8	2	14	5
17	0	4	6	5	10
7	16	6	3	1	4

图 6.8　比较数字大小 CBM 学生测验卷示例
（经美国进步监测研究所许可后复印）

日期：_____　　正确总分：_____

指导语：在空格处写下学生回答的数字

1. ____（5）　　2. ____（6）　　3. ____（10）
4. ____（12）　5. ____（8）　　6. ____（13）
7. ____（6）　　8. ____（9）　　9. ____（15）
10. ____（4）　11. ____（18）　12. ____（17）
13. ____（9）　14. ____（8）　　15. ____（14）
16. ____（17）　17. ____（6）　　18. ____（10）
19. ____（16）　20. ____（6）　　21. ____（4）
22. ____（16）　23. ____（6）　　24. ____（9）
25. ____（6）　26. ____（18）　27. ____（5）
28. ____（7）　29. ____（20）　30. ____（4）
31. ____（5）　32. ____（10）　33. ____（17）
34. ____（5）　35. ____（17）　36. ____（10）
37. ____（17）　38. ____（6）　　39. ____（13）
40. ____（9）　41. ____（16）　42. ____（9）
43. ____（8）　44. ____（10）　45. ____（11）
46. ____（9）　47. ____（17）　48. ____（3）
49. ____（4）　50. ____（13）　51. ____（8）
52. ____（14）　53. ____（8）　　54. ____（3）
55. ____（9）　56. ____（17）　57. ____（13）
58. ____（8）　59. ____（5）　　60. ____（20）
61. ____（5）　62. ____（13）　63. ____（10）

图 6.9　比较数字大小 CBM 教师/主试记分纸示例
（经美国进步监测研究所许可后复印）

比较数字大小 CBM 指导语[①]

1. 呈现一份比较数字大小 CBM 学生测验卷。
2. 教师/主试须将自己使用的材料放在带夹写字板中,以防学生看到。
3. 教师/主试说:"请看,方框里有 2 个数字(指向第一个方框)。请你告诉我哪个数字大?"
   a. 如果学生回答正确,教师/主试说:"很棒,7 大于 1。"(指向第二个方框。)
   b. 如果学生回答错误,教师/主试说:"大的数字是 7,你应该说 7,因为 7 比 1 大。"(指向第二个方框。)
4. 继续完成其他练习题。练习题完成后,翻到学生测验卷的第一页。
5. 教师/主试说:"当我说'开始'时,请你说出每个方框中大的数字。从第一题开始直到最后一题(主试指向测验题的相应位置)。每道题都要做,如果有不会做的,我会告诉你怎么做,还有问题吗?请你把手指放在第一道题目上,准备好了吗?开始。"(启动计时器,限时 1 分钟。)
6. 在主试记分纸上每道题的空白处记录学生说出的答案。
7. 如果学生完成此页题目,主试翻到下一页继续。
8. 1 分钟计时结束时说"停",在最后完成的那一道题目后标记]符号。

比较数字大小 CBM 记分

使用在线系统提交测验结果,或者:

1. 合计所做题目的总数。
2. 合计所做题目的总错误数。
3. 计算速率:所做题目的总数−所做题目的总错误数=每分钟正确完成的题目数量
4. 计算正确率:(正确完成的题目数量÷所做题目的总数)×100%=正确率

回答正确的记分

比较数字大小 CBM 根据学生是否正确判断一对数字的大小进行记分。每个正确的回答都计入正确总分(NC)。

- 发音/回答正确:大数必须发音正确。

例:[2 | 8] [6 | 4] [3 | 1]
  ○ 学生说:8,6,3
  ○ 记分:3NC(8,6,3)

- 3 秒内自我纠错:学生起初回答错误但在 3 秒内自行修改正确,记作正确回答。

[①] 原注:经美国进步监测研究所许可后改编。

例：[5 | 6]
- 学生说：5（停顿 2 秒）6
- 记分：1NC（6）

- **方言/语音**：发音的差异是由方言或语音生成上的差异引起的。

例：[7 | 4]
- 学生说：/seb-en/ 而非 /sev-en/；如果学生有语音问题，可以接受发音差异。
- 记分：1NC（7）

回答错误的记分

对于学生的所有错误回答，用斜线（/）标记。

- **发音错误/替换**：发成非数字的音或错误数字的音。

例：[11 | 10]
- 学生说：/oneteen/ 而不是 /eleven/
- 记分：0NC（11̸）

- **犹豫无回应**：3 秒之内未回应，教师/主试提示学生进行下一题。

例：[21 | 23][8 | 10]
- 学生说：23（停顿 3 秒）。教师/主试说："下一题。"
- 记分：1NC（23，10̸）

- **犹豫有回应**：主动回应但时间超过 3 秒，教师/主试提示学生进行下一题。

例：[5 | 3]
- 学生说：fffffff（停顿 3 秒）。教师/主试说："下一题。"
- 记分：0NC（5̸）

- **跳题**：跳过一题未做。

例：[29 | 26][8 | 9][14 | 12]
- 学生说：29，14
- 记分：2NC（29，9̸，14）

比较数字大小 CBM 施测和记分的注意事项

1. 纠正：学生出现错误时主试不予纠正。当学生犹豫超过 3 秒后没有说出正确答案时，教师/主试说："下一题。"
2. 跳过整行或整列：学生跳过整行或整列未回答，这一行/列将被划掉且均计为错误。
3. 中止规则：比较数字大小 CBM 无中止规则。
4. 1 分钟内提前完成：如果学生在 1 分钟内提前完成任务，分数应该按比例计算。

公式为：

$$\frac{\text{正确题目的总数}}{\text{完成任务所用秒数}} \times 60 = \text{预计 1 分钟内正确完成题数}$$

例：学生在 50 秒内完成了任务，正确完成 35 道题目。

$$\frac{35}{50} \times 60 = 0.70 \times 60 = 42$$

如果继续增加测验题，预计该生在 1 分钟内正确完成 42 道题。

应该多久实施一次早期数字 CBM

我们在第 2 章详细阐述了分别以筛查与进步监测为目的的 CBM 的测量频率和时间，下面仅简要介绍各自重点，详细内容建议你参考第 2 章。

筛查

全体学生应该每学年参与三次符合年级水平的筛查。时间通常在秋季、冬季和春季。筛查旨在回答一些重要的问题，其中两个问题是：

"学生在学年末存在学业失败的风险吗？"

"我们的核心教学是否满足了大部分学生的需求？"

进步监测

筛查时，如果发现存在学业失败风险的学生，即该生的筛查分数低于基准，则须监测该生的学习进步情况，至少每周开展一次符合当前教学水平的测验；如果当前的教学水平与所处的年级水平不一致，还应该至少每月开展一次符合年级水平的测验。进步监测的重要特征是经常性（即每周一次）和持续性（即使用同等难度的 CBM 材料）。基于进步监测数据，回答两个关键问题：

"学生从教学中受益了吗？"

"干预帮助了大部分参与者吗？"

早期数字 CBM 施测和记分需要多长时间

数数 CBM、读数 CBM、找出缺失数字 CBM 和比较数字大小 CBM 所需测验与记分时间大致相同。从学生站在教师/主试面前开始，到学生完成 1 分钟的任务，再到教师/主试完成记分，总共需要 2~3 分钟。筛查时，如果需要呈现 3 份测验题，则可能需要 5~6 分钟。此外，还应考虑学生走到教师/主试面前的时间，无论学生是在同一间教室还是在走廊尽头等候测验。显然，主试去找学生比学生去找主试更能节省时间。一种节省时间的做法是将所有需要的材料都提前打印准备好，且在测验材料的适当位置上标好学生名字。另一种做法是打印学生的姓名标签。

早期数字 CBM 的记分

目前对于早期数字 CBM 还没有任何关于基准的研究［aimsweb 出版了"预设的分截值"（default cut scores），但这是使用第 35 和第 15 百分位数的常模分数，而不是实证推导出的分截值］。在第 2 章我们曾指出基准数据可以预测学生今后的成就，具有重要价值。教师借此能够判断哪些学生能跟得上，哪些学生需要额外的帮助才能在早期数字和数学学习方面获得成功。

鉴于当前尚未有实证推导的基准，最好选择早期数字 CBM 常模。此常模提供了将学生分数与同年级或接受的教学水平一致的其他学生的表现相比较的方法，教师以此判定应该为学生设置何种学习进步幅度才能使其保持现有水平或者缩小与同龄人之间的差距。表 6.1 提供了关于学前班和一年级早期数字 CBM 的常模信息。

表 6.1 早期数字 CBM 常模

百分位数	学前班			一年级		
	秋季	冬季	春季	秋季	冬季	春季
口头数数（正确口头数数数量）						
90%	70	91	100	96	—	—
75%	57	78	91	84	98	100
50%	**39**	**64**	**78**	**72**	**86**	**94**
25%	26	49	64	59	73	80
10%	14	39	49	46	61	69
读数（正确读数数量）						
90%	56	—	—	63	80	80
75%	47	56	—	54	72	77
50%	**33**	**52**	**56**	**43**	**61**	**66**

续表

百分位数	学前班			一年级		
	秋季	冬季	春季	秋季	冬季	春季
25%	15	39	51	30	50	56
10%	4	25	40	17	39	45
找出缺失数字（正确找出缺失数字数量）							
90%	15	21	—	20	26	28
75%	10	17	20	16	22	24
50%	**5**	**12**	**16**	**12**	**18**	**21**
25%	1	7	11	7	14	16
10%	0	3	7	3	10	12
比较数字大小（正确比较数字大小数量）							
90%	26	—	—	34	40	—
75%	19	28	28	28	38	40
50%	**11**	**21**	**28**	**22**	**32**	**36**
25%	5	12	22	14	26	30
10%	1	6	12	6	18	24

注：数据来自 aimsweb（2015）。

如何运用这些信息撰写早期数字 IEP 的长短期目标

撰写长短期目标是界定特定行为及其测量方式的重要方法，以便对学生的学习做出教学决策。第 2 章介绍了撰写长短期目标的七个要素，包括：时间、学生、行为、水平、内容、材料和标准。下面以数数 CBM 为例讲解早期数字领域的目标撰写，想要了解详细信息请参看第 2 章。

长期目标举例

- 数数长期目标
    - 30 周内，劳拉完成早期数字 CBM 的学前点数测验题，1 分钟内点数到 50NC，正确率大于 95%。

同样的原则也适用于制订短期目标，只是设定的完成时间更短一点。

短期目标举例
- 数数短期目标
  - 10 周内，劳拉完成早期数字 CBM 的学前点数测验题，1 分钟内点数到 20NC，正确率大于 95%。

早期数字 CBM 常见问题

1. 教师通常采取的是一对一还是一对多的方式施测早期数字 CBM？大多数早期数字 CBM 需要个别施测，学生口头作答。但是，已有一些研究者采取学生写出答案或圈出大数的作答方式，因此找出缺失数字 CBM 和比较数字大小 CBM 可以采取团体施测的形式。当全班参与筛查时，采取整个班的团体施测方式比较合适。但对于每周开展的进步监测，推荐使用个别施测。

2. 我在教学监测中发现学生的数学表现有进步，但该生当前未接受任何数学干预。这种情况仅仅是由 CBM 测量所致吗？学生每周额外增加 1 分钟的"练习"难以促进其进步，该生可能另找场所进行了专门练习或者接受了额外教学。

3. 我只有 20 份早期数字 CBM 测验题，但进步监测需要持续 35 周。我可以重复使用原来的测试题吗？当然可以。一旦你用完了 20 份测验题，可以重复使用。学生可能并不记得 20 周之前做过的具体题目，但是不能将测验题作为家庭作业或者额外的练习材料使用。早期数字 CBM 是衡量学生早期数字技能表现的重要指标，不应该作为直接教学的材料。

4. 早期数字 CBM 没有参照基准，我可以依据常模对学生进行教学分组吗？当然可以。如果学生对教学支持的需求相同，则适合将他们列入同一组；灵活分组，且应每 6~8 周测量一次学生并重新分组。

5. 班级里面的学生所接受的教学水平各异，可以给他们呈现同样的早期数字 CBM 测验题吗？所有的学生都应该基于所在的年级水平进行筛查，但进步监测应该根据学生所接受的教学水平，尤其当学生正在接受符合其水平的教学时。早期数字 CBM 最适合学前班至一年级的学生，但对于二年级及二年级以上学习困难的学生，教学可能需要包括教授其他重要的数学技能。最好的方法是每周进行年级水平和教学水平的测验，一方面可了解学生接受当前教学支持的学习情况（教学水平），另一方面了解现有教学如何促进学生获得更复杂的数学问题解决等技能（年级水平）。

6. 如何处理带有记分信息的测验题？可以将其和图表数据一起保存在文件夹里，呈现学生学年内的进步情况。

第 7 章

如何开展数学 CBM

为什么应该开展数学 CBM

阅读与写作通常被认为是学校教授的最重要技能；然而，许多人也认为数学对于人生成功具有同等重要性。如同其他技能的 CBM，数学 CBM 也以其可靠和有效的方法来识别以下情况：(1) 当前存在学业失败风险的学生；(2) 学生接受了教学支持但未取得适当进步；(3) 需要诊断性评价的学生；(4) 学生应接受的教学水平。自动化可为评价学生技能的掌握程度提供重要的信息依据，但是大多数数学测量不提供自动化方面的信息，在阅读测验方面也存在同样的不足。

数学 CBM 的施测和记分简单且高效，既可以采取个别施测，又可以以全班同时施测的形式完成。数学 CBM 分为三个维度：早期数字、计算、数学概念与应用。早期数字 CBM 是第 6 章的重点，本章将关注计算（M-COMP）CBM 和数学概念与应用（M-CAP）CBM。计算 CBM 始于 20 世纪 80 年代早期，是较早出现的数学 CBM 方法，正因为如此，支持使用该方法的研究最多。我们需要快速、简便测量学生的计算能力，同时测量的结果须可靠且与数学学习具有关联性，这也是计算 CBM 被广泛使用的原因之一。

计算 CBM

计算是数学的基本组成部分。问题解决和数学推理能力都建立在计算自动化的基础之上。

实施计算 CBM 所需材料

1. 具体内容各异但难度相当的测验题（学生测验卷与教师/主试记分纸）。
2. 计算 CBM 指导语和记分说明。
3. 学生使用的书写工具或用于记录学生回应的计算机。
4. 教师/主试使用的书写工具和带夹写字板。
5. 秒表计时器或秒钟倒数计时器。
6. 安静的测验场所。
7. 呈现数据所需的等距图或制图软件。

计算 CBM 测验题

在其他内容领域，如阅读、写作，通常允许出现通用短文（generic passage）[①]、单词表或者故事启发器。例如，无论三年级的课程之间存在何种差别，这一年级的阅读短文的复杂程度都非常相似。但是，数学具有特定的内容范畴与序列。计算 CBM 通常安排学生在 2 分钟内（或更长时间，这取决于年级和研发机构）完成计算题的作答，教师/主试统计学生的正确作答数字（CD）。请注意，此处采用正确作答数字，而不像其他数学测量那样采用正确作答题目，我们将在记分部分讨论这么做的具体理由。重要的是，教育工作者借助测量获取信息，基于这些信息，对每个学生做出适宜、及时的教学决策。尽管州与州之间、学校与学校之间、课程与课程之间存在差异，根据美国数学顾问小组（National Mathematics Advisory Panel，2008）、美国数学教师委员会（National Council for Teachers of Mathematics，2000）和共同核心州立标准（Common Core State Standards，National Governors Association Center for Best Practices & Council of Chief State School Officers，2010）的最新研究显示，每个年级的内容已具有趋同性。大部分教育工作者喜欢使用与本州核心课程直接相关的数学测验题（难道你不希望进步监测与学年末的成果测量保持一致吗?）。对于同一技能，通用的或现成的测验题可能不能涵盖所有年级水平的要求。如果找不到适合当前课程的现成测验题（参看信息栏 7.1 列出的网站获取相关信息），你可以依据本章提供的指南自行设计测验题。该指南亦可作为参考，判断欲购买的测验题是否适用。自行设计测验题要花费更多的时间，可一旦开发完毕，你将会拥有一套完整的系列材料。为了减轻工作量，请尽量寻找可编制本年级水平或者其他年级水平测验题的人员加以协助。也可以访问可帮助你开发计算 CBM 测验题的网站（请参见本章的"资源与拓展阅读"）。

用于筛查和进步监测的数学测验通常采用技能本位测量的方式。如第 1 章所言，

[①] 译注：通用短文即非专业学科类文章，不同于本章所涉及的特定内容领域的文章。

技能本位测量用于测量预期学生能在学年末掌握的特定技能，而不像一般结果测量任务采用通用的最复杂任务（即前几章提到的阅读 CBM 与写作 CBM）。每份数学测验题应该至少包含 25 道具体内容各异但难度相当（即处于同一年级水平）的题目（Fuchs & Fuchs，1991；见图 7.1）。[①] 设置的数学题目必须能够测量学生在整个学年应该掌握的技能。我们通过参照整个学年的数学课程并确定这一学年所培养的重点技能来达到上述要求。我们根据所教授的技能及每项技能的授课时长（这是一项重点指标），来选择和编制每份测验题上的数学题目。每份测验题上的题目应该包括不同的数字（即测量同一能力的题目应该由不同数字组成），且考核各项技能的题目数量应该相同。因此，每份测验题都具有等价性且能反映整个学年的课程要求（Fuchs & Fuchs，1991）。

信息栏 7.1　数学 CBM 资源表

$ 表示材料/制图软件需要付费。

💻 表示可用计算机进行施测。

✎ 表示有数据管理和制图软件可供使用。

aimsweb（Pearson） $ ✎

网址：*www.aimsweb.com*

电话：866-313-6194

产品：● 计算

　　　● 数学概念与应用

Easy CBM $ ✎

网址：*www.easycbm.com*

电话：800-323-9540

产品：● 数认知与运算

　　　● 几何

　　　● 运算与代数

[①] 原注：有人使用一般规则，即一份流畅性测验题包含的数字数量应该比合格表现标准（criterion for acceptable performance，简称 CAP）多出 30%~40%（这里指数字，并非试题）。如果学生完成了测验题，你应该清楚该生表现远远超出了合格表现标准，无须担忧其学习。例如，四年级掌握水平（即合格表现标准）是 49 个以上的正确数字。如果一份流畅性测验题至少包含 64 个数字，而学生在 2 分钟之内正确完成此测验题，则可视为表现良好。

Edcheckup $ ✎

网址：*www.edcheckup.com*

电话：612-454-0074

产品：● 数学填空题

FastBridge Learning $ 💻 ✎

网址：*www.fastbridge.org*

电话：612-424-3714

产品：● 计算

mCLASS：Math $ 💻 ✎

网址：*www.amplify.com*

电话：800-823-1969

产品：● 计算

　　　● 数学概念与应用

MBSP Basic Math Computation—Second Edition（PRO-ED） $

网址：*www.proedinc.com/customer/productView.aspx?ID*=1431

电话：800-897-3202

产品：● 计算

　　　● 数学概念与应用

System to Enhance Educational Performance（STEEP） $ ✎

网址：*www.isteep.com*

电话：800-881-9142

产品：● 计算

　　　● 数学概念与应用

Vanderbilt University $ （仅需支付复印费、邮寄费和手续费）

网址：*www.peerassistedlearningstrategies.com*

电话：615-343-4782

邮箱：lynn.a.davies@ vanderbilt.edu

产品：● 计算

　　　● 数学概念与应用

数学：三年级				测验题1
姓名：_____			日期：_____	
6 ×7	952 + 768	614 − 44	156 + 32	141 − 30
476 − 143	9 ×0	156 + 284	982 − 97	321 + 147
241 + 118	829 − 106	6 ×0	86 + 78	328 − 142
41 − 18	564 + 222	98 − 17	9 ×5	249 + 92
409 + 292	728 − 260	311 + 188	256 − 45	4 ×1

图 7.1　计算 CBM 多种运算类型测验题示例

例如，三年级的数学课程可能培养以下计算技能：

1. 多位数不进位加法。
2. 多位数进位加法。
3. 多位数不退位减法。
4. 多位数退位减法。
5. 1—9 的乘法口诀。

如果上述计算技能在数学课程中所占比重相等，那么我们可以编一份 5×5 行列式测验题，一共 25 道题目，其中测量各种计算技能的题目数量相同。图 7.1 是三年级数学测验题的示例。该图所示测验题以技能为基础，因测量整个学年数学课程所培养的多种运算技能，所以也被称为多种运算类型测验题。

请注意，测验上的题目不是按照课程内容的先后顺序排列（即多位数不进位加法在先，乘法口诀在后）。题目顺序也并非按照计算的复杂程度排列，而是在随机排完第一行之后按一定的系统规律排序。如图 7.1 所示，你可以看到同类型的题目按对角线分布。这有助于识别学生在某类计算题上的反应模式。做好测验的计划，以便测验结果能提供有价值的信息。我们将在本章下文中对此进行详细讨论。

编制数学测验题的另一种方法是测量单一运算类型技能（见图 7.2）。单一运算类型测验题只包含一种运算类型。单一运算类型测验题甚至可以由某一运算的简单计算组建（如图 7.2 所示，加数为 0—9 且和为 0—18 的加法）。当学生开始学习某种运算

```
数学：加法
姓名：_____                    日期：_____

    9           1           1           3           1
  + 3         + 3         + 6         + 8         + 6

    2           1           4           6           5
  + 1         + 8         + 7         + 8         + 2

    2           8           2           3           3
  + 6         + 8         + 7         + 3         + 4

    1           5           8           8           9
  + 1         + 2         + 1         + 7         + 1

    8           1           2           6           1
  + 2         + 8         + 3         + 5         + 5
```

图 7.2　计算 CBM 单一运算类型测验题示例

时，此类测验题可有助于规划对其的短期教学。此外，单一运算类型测验题还可以由某一运算的复杂计算组建。例如，测验题涉及如下基本计算，两位数不进位加法、两位数进位加法、三位数不进位加法、三位数进位加法等，以此类推。因为此类测验题只测量单一运算技能，所以不适用于筛查与监测进步，但有助于获取诊断信息或者作为课程本位评价中决策的基础。(Hosp et al., 2014)。

准备两份数学测验题：一份供学生使用（见图 7.1），另一份供教师/主试使用，其中教师/主试使用的测验题包含正确答案，并标出每道题正确答案的数字个数（见图 7.3）。正确数字指相应位置上的数字正确（具体指导请参阅下面的"计算 CBM 的指导语与记分过程"）。

为了节约准备时间并确保测验分数的一致性，我们建议在一次测验期间完成所有的筛查测量，可根据需要将测验安排在连续几天内完成。如果同一个 CBM 需要测验三遍（取样三次），则取中位数作为最终得分，并将其作为第一个数据点绘制在学生的统计图中。之后使用 20~30 份具体内容各异但难度相当的测验题，监测学生整个学年的学习进步情况。

计算 CBM 通常采用个别施测，也可以以团体施测的形式完成，需要备有学生测验卷和教师/主试记分纸，学生测验卷供学生测验使用，教师/主试记分纸采用电子版或纸质形式供教师/主试做记录，另外还需要备好书写工具、计时器与指导语。计算 CBM 测验题与教师/主试记分纸示例请参照图 7.1 与图 7.3。

数学：三年级					测验题1
姓名：_____			日期：_____		

```
    6        952        614        156        141
   ×7       + 768       - 44       + 32       - 30
  ───      ─────       ────       ────       ────
   42       1720        570        188        111       15(15)
   (2)       (4)        (3)        (3)        (3)

  476         9         156        982        321
 -143        ×0       + 284       - 97       + 147
 ────       ───       ─────       ────       ─────
  333         0         440        885        468       13(28)
   (3)       (1)        (3)        (3)        (3)

  241        829          6         86        328
 + 118      - 106         ×0       + 78       - 142
 ─────      ─────        ───       ────       ─────
  359        723          0        164        186       13(41)
   (3)       (3)         (1)        (3)        (3)

   41        564         98          9        249
  - 18      + 222       - 17        ×5       + 92
  ────      ─────       ────       ───       ─────
   23        786         81         45        341       12(53)
   (2)       (3)         (2)        (2)        (3)

  409        728        311        256          4
 + 292      - 260       + 188       - 45        ×1
 ─────      ─────       ─────       ────       ───
  701        468         499        211          4       13(66)
   (3)       (3)         (3)        (3)        (1)
```

图 7.3　计算 CBM 多种运算类型测验题教师/主试记分纸示例

计算 CBM 的指导语与记分过程

附录 B 提供了计算 CBM 的指导语与记分规则，以便复印使用。

计算 CBM 指导语[①]

1. 呈现一份计算 CBM 学生测验卷。

2. 单一运算类型 CBM 测验题的指导语为："桌上的测验题上有（加法、减法、乘法、除法、分数、比例、小数等）。答题前请仔细审题。当我说'请开始'时，你就可以做题了。从第一题开始依次进行，做完一行转到下一行。如果遇到你不会的题目，就标记为'X'，然后做下一题。完成一页测验题后，请翻页继续做，直到我说'停笔'。还有其他问题吗？开始。"

多种运算类型 CBM 测验题的指导语为："桌上有多种类型的数学测验题，这些是（插入题目类型）。答题前请仔细审题。当我说'请开始'时，你就可以做题了。从第

[①] 原注：经 Shinn（1989）许可后改编。

一题开始依次做，做完一行转到下一行。如果遇到你不会的题目，就标记为'X'，然后做下一题。完成一页测验题后，请翻页继续做，直到我说'请停笔'。还有其他问题吗？开始。"

3. 一旦教师/主试说"开始"时，就开启倒计时（设置为 2 分钟或适当的时长）。时间到时，说"停笔"，让学生放下铅笔停止做题。

计算 CBM 记分

使用在线系统提交测验结果，或者：

1. 合计所做题目总数。
2. 合计所做题目的总错误数。
3. 计算速率：所做题目总数−所做题目的总错误数＝每次正确完成的题目数量（2～8 分钟）
4. 计算正确率：（正确完成的题目数量÷所做题目总数）×100%＝正确率

研发机构推荐了三种计算 CBM 的记分方法。第一种为最早开发使用的记分方法，指解答过程中正确数字（correct digits in the solution，简称 CD-S）（不仅包括答案的正确数字，而且包括关键计算步骤中的正确数字）的数量，而非正确作答的题目数量，该记分方法对学生计算表现的变化更为敏感。学生正确完成更复杂的题目就能够获得更高的分数，因此该记分方法也被认为是一种更公平的记分标准。通常复杂的题目比简单题目需要更多的作答时间，因此作答时间越长，得分就可能越高（这对于限时任务来说很重要）。这是一种衡量运算题目复杂程度的简单方法。

第二种，某些计算 CBM 记分方法只合计答案的正确数字（correct digits in the answer，简称 CD-A）的数量。例如，除法题与加法题的正确答案都为三个数字，虽然得分相同，但是我们知道除法运算会包含更多的步骤（即关键过程），因此，答案的正确数字记分方法可能有失全面。但是，使用答案的正确数字记分方法往往更便捷和可靠。

第三种，某些计算 CBM 记分方法采取合计正确作答的题目（correct problems，简称 CP）的数量。相比正确作答数字（CD），该记分标准对学生计算表现变化的敏感性有所降低，但确实有很好的推广性，因为归根结底，学生做对全部题目才是要义。此方法可能更适合筛查而不是进步监测，尚需更多研究对此议题进行探查。

研发机构正在寻求其他记分方法来权衡作答所花时间与正确作答数字（CD）或正确作答题目（CP）数量之间的关系。最典型的做法是为每个题目的正确答案设置 1 到 3 分，错误答案为 0 分。将学生的表现与研发机构的基准或常模比较时，要看基准或常模采用的是以下哪种记分标准：解答过程的正确数字（CD-S）、答案的正确数字（CD-A）或正确作答题目（CP），我们必须使用与基准或常模相同的记分标准，这一点至关重要。

图 7.4 展示了数学题目的两种记分方法。如果计算正确题目的数量，那么每做对

一题得 1 分。如果计算正确作答数字的数量，那么第一题（见版面 A）的正确记分将记作 2 分。对于该题，按照解答过程的正确数字（CD-S）和答案的正确数字（CD-A）的记分规则，得分都一样。如果学生答错了一个数字（例如：将 41 写成了 40，见版面 D），记 1 分而不是 0 分。

A	B	C
25 　+ 16 　　41 2 CD-S 2 CD-A 1 CP	1236 　× 148 　　9888 　49440 123600 182928 21 CD-S 6 CD-A 1 CP	1236 　× 148 182928 21 CD-S 6 CD-A 1 CP
D	E	F
25 　+ 16 　　4̶0̶ 1 CD-S 1 CD-A 0 CP	1236 　× 148 　　9888 　49440 123600 182̶8̶28 20 CD-S 5 CD-A 0 CP	1236 　× 148 182̶8̶28 5 CD-S 5 CD-A 0 CP

图 7.4　正确作答题目和正确作答数字的数学题记分示例

在第二题中，完整解答该题一共包含 21 个数字，而正确答案包含 6 个数字（见版面 B）。这是解答过程的正确数字（CD-S）与答案的正确数字（CD-A）的不同之处。如果学生答题正确，则记作 6CD-A（该题正确答案是 182,928，共包含 6 个数字）和 21CD-S（包含了关键步骤中的数字个数）。如果学生做对了所有步骤，只错了一个数字而得到答案 182,828（而非正确答案 182,928），则记作 5CD-A 和 20CD-S（见版面 E）。学生在多步骤计算的某个步骤中出现了错误（例如：图 7.4 中第二题的答案中出现一个笔误——学生将 9 写成了 8，而其他步骤正确），得分就会不一样。如果仅仅依据答案记分，学生将得 0 分，如果按数字记分，则只扣掉 1 分。如果学生没有列出计算过程（见版面 C 和 F），其解答过程的正确数字（CD-S）、答案的正确数字（CD-A）的得分相同。仅当学生在多步骤计算题目的答案上出现一处错误时，解答过程的正确数字（CD-S）和答案的正确数字（CD-A）的得分才会出现差异。值得注意的是，按照正确题目（CP）记分的话，上述三种作答都记作 0 分，因为学生的答案至少出现了一个错误的数字。

对于每一个计算 CBM 题目，首先点数每个步骤正确作答数字的数量，然后加起来得到正确作答数字（CD）的总数。学生必须将正确数字写在正确的位置上，才能得到正确作答数字（CD）的分数。

回答正确的记分

• **答案正确**：只要学生的答案正确，正确作答题目记 1 分，答案的正确数字（CD-A）记满分，或者解答过程的正确数字（CD-S）记满分，即使学生没有写出全部解答步骤。学生写出了正确答案，则表明其知道如何作答，因此，无论使用哪种记分标准都能得满分。

• **未完成/划掉**：如果题目被划掉或者没有做完，学生仍然会有相应的分数。即使学生没有做完，仍然要对题目的正确部分给予相应记分。

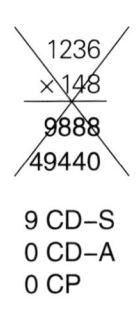

$$\begin{array}{r} 1236 \\ \times 148 \\ \hline 9888 \\ 49440 \end{array}$$

9 CD-S
0 CD-A
0 CP

• **颠倒/旋转书写**：6 和 9 以外的其他数字，即使颠倒或旋转书写也无法变成其他数字，所以除了 6 和 9 之外的其他数字书写颠倒或旋转，仍记为正确。

$$\begin{array}{r} 25 \\ +16 \\ \hline 41 \end{array} \qquad \begin{array}{r} 25 \\ +16 \\ \hline \text{4}1 \end{array}$$

2 CD-S   2 CD-S
2 CD-A   2 CD-A
1 CP   1 CP

• **占位符**：在乘法题目中，任何形式的占位符只要位置准确，则均算作正确的数字。学生可以使用 0、X、☺、空格，或者任何其他用以表示占位的符号。

$$\begin{array}{r} 1236 \\ \times 148 \\ \hline 9888 \\ 49440 \\ 123600 \\ \hline 182928 \end{array} \qquad \begin{array}{r} 1236 \\ \times 148 \\ \hline 9888 \\ 4944\text{x} \\ 123600 \\ \hline 182928 \end{array}$$

21 CD-S   21 CD-S
6 CD-A   6 CD-A
1 CP   1 CP

回答错误的记分

对于学生的所有错误，都要在相应的数字上画斜线（/）。见图7.4（版面D、E和F）呈现的三个示例。

- 数字替换：学生写错数字。

- 缺失：缺失的每个数字都记作错误。

计算CBM施测和记分的注意事项

1. 纠正：学生出现错误时主试不予纠正。尤其对可以团体施测的计算CBM来说，纠正既不可行，也不适宜。

2. 跳过整行或整列题目：学生跳过整行题目，则该行不记分。由于计算CBM采取课程抽样的方式，学生可能不会做这一行的题目。如果出现上述情况，也没有关系，重要的是检查学生是否尝试作答了曾经接触过的题目，以确定学生在目前测验中的技能表现水平。

3. 提前完成：如果学生在2分钟内提前完成了测验任务，记录其实际完成的时间（单位：秒），分数则按比例计算。公式为：

$$\frac{正确作答数字总数}{完成任务所用秒数} \times 120 = 预计2分钟内完成的正确作答数字的数量$$

例：学生在110秒内做完了测验题，完成40个正确作答数字。

$$\frac{40}{110} \times 120 = 43.6$$

如果继续增加测验题，预计该生在2分钟内大约能完成44个正确作答数字。

按比例分配仅仅适合于解答过程的正确数字（CD-S）和答案的正确数字（CD-A），因为这两种记分标准对学生表现的变化更具敏感性。此外需要考虑不同研发机构编制的计算CBM测验材料所需的测验时间，如4分钟、8分钟或者10分钟。这些测验材料的编制目的就是使学生无法在规定时间内完成任务。

4. 答案写在横线上方：如果学生将部分进位或借位的答案写在了横线上方，则不记作正确作答数字。这仅为作答的一部分，并不是作答本身，正确答案应位于横线下方。

```
                    1 2 4
        1236        1236
      × 148       × 148
        9888        9888
       49440       49440
      123600      123600
      182928      182928

      21 CD-S     21 CD-S
       6 CD-A      6 CD-A
       1 CP        1 CP
```

5. 在除数和商都小于或等于 9 的除法运算中，为了便于记分，正确作答数字（CD）总分永远记为 1 分。而且，0 和占位符不能记作正确作答数字，因此不能被记分。

$$8\overline{)24}^{\,3} \qquad 3\overline{)9}^{\,3}$$

数学概念与应用 CBM

众多使用计算 CBM 的人员认为数学 CBM 只能测量计算技能，但是数学课程远不止计算，这在高年级数学中尤为明显。因此，数学 CBM 已扩展到测量其他数学技能，数学概念与应用包括了诸如测量、时间、统计图解释以及数学课程中的其他许多技能。数学概念与应用 CBM 与传统数学 CBM 有如下不同点。首先，题型（response format）可能不同——题型有填空题，但多项选择更常见。其次，当被试为低年级学生时，采取教师/主试读题方式，高年级学生则独立完成。给低年级学生读题，可以降低阅读技能对学生数学表现的影响程度。最后，数学概念与应用 CBM 通常限时 6~10 分钟，通常比计算 CBM 或早期数字 CBM 所需时间长。因为数学概念与应用 CBM 所需要的技能复杂且多样，所以测验更加耗时，也需要更多作答时间。

在数学概念与应用 CBM 中，学生需要在 8~10 分钟（具体测验时长取决于年级和研发机构）内完成特定数学问题。测验结束后，教师/主试统计学生正确回答的问题数量，并根据标准答案给每个问题的作答记分。

实施数学概念与应用 CBM 所需材料

1. 具体内容各异但难度相当的测验题（学生测验卷与教师/主试记分纸）。
2. 数学概念与应用 CBM 指导语和记分说明。
3. 学生使用的书写工具或用于记录学生回应的计算机。
4. 教师/主试的书写工具和带夹写字板。
5. 秒表计时器或秒钟倒数计时器。
6. 安静的测验场所。
7. 呈现数据所需的等距图或制图软件。

数学概念与应用 CBM 测验题

与计算 CBM 类似，数学概念与应用 CBM 采取课程取样的技能本位测量，其题目测量的技能应该与期望学生通过课程学习在学年末掌握的技能或内容保持一致。测验复本虽题目不同但难度相当（即处在同一年级水平）。因此，每份测验题等价且能反映整个学年的课程要求（Fuchs & Fuchs, 1991）。

教师/主试需要备有一份学生测验卷和一份标准答案与记分规则。为了节约准备时间并确保测验分数的一致性，我们建议在一次测验期间完成所有的筛查测量，可根据需要将测验安排在连续几天内完成。如果同一个 CBM 需要测验三遍（取样三次），则取中位数作为最终得分，并将其作为第一个数据点绘制在学生的统计图中。之后使用 20~30 份具体内容各异但难度相当的测验题，监测学生整个学年的学习进步情况。

数学概念与应用 CBM 既可以采用个别施测，也可以以团体施测的形式完成。数学概念与应用 CBM 需要备有学生测验卷和教师/主试记分纸，学生使用铅笔或钢笔填答学生测验卷，教师/主试记分纸采用电子版或纸质版形式供教师/主试做记录，另外还需要备好书写工具、计时器与指导语。图 7.5 与图 7.6 分别为数学概念与应用 CBM 学生测验卷与教师/主试记分纸示例。

数学概念与应用 CBM 的指导语与记分过程

附录 B 提供了数学概念与应用 CBM 的指导语与记分规则，以便复印使用。

数学概念与应用 CBM 指导语[①]

1. 呈现一份数学概念与应用 CBM 学生测验卷。

2. 教师/主试说："桌上的测验题是数学题，包括多种题型。在做每道题之前请你仔细读题。当我说'开始'时，你就动笔。从第一道题目开始，按照卷面上题目的先后顺序（主试用手指）做题。如果遇到不会的题目，标记'X'，接着做下一道。完成一页后，请翻页继续做题，直到我说'停笔'。还有其他问题吗？开始。"

3. 一旦教师/主试说"开始"，就开启倒计时（设置为 6 分钟或适当的时长）。时间到时，说"停笔"，让学生放下铅笔停止做题。

数学概念与应用 CBM 记分

使用在线系统提交测验结果，或者：

1. 合计所做题目总数。
2. 合计所做题目的总错误数。
3. 计算速率：所做题目总数 − 所做题目总错误数 = 每次正确完成的题目数量（6~10 分钟）
4. 计算正确率：（正确完成的题目数量÷所做题目总数）×100% = 正确率

---

① 原注：经 Shinn（1989）许可后改编。

学生：　　　　　　　　　教师：　　　　　　　　　日期：

❶ 观察统计图，回答问题。

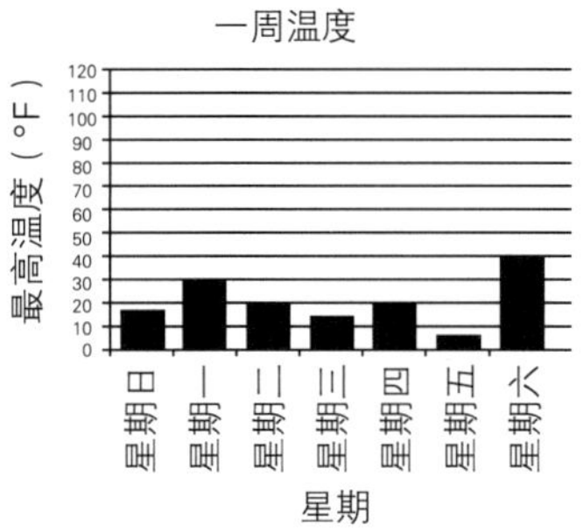

一周温度

本周预报的最高温度是多少°F？

_____ °F

❷ 把正确答案填写在横线上。

60+7+100= _____

❸ 把正确答案填写在横线上。

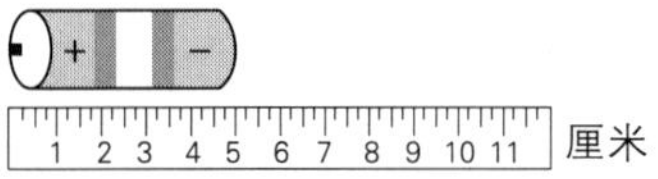

电池的长度是多少厘米？

_____ 厘米

❹ 把正确答案填写在横线上。

道格有7个橙子，榨汁用掉 $4\frac{1}{4}$。还剩多少个橙子？

A $7\frac{3}{4}$

B $4\frac{1}{4}$

C $2\frac{3}{4}$

_____

❺ 把正确答案填写在横线上。

水果的总重量是多少克？

水果	重量
苹果	1750克
葡萄	85克
杏子	200克

_____ 克

图 7.5　数学概念与应用 CBM 学生测验卷示例
（经美国进步监测研究所许可后转载）

注意：评分时没有分步骤得分。答案必须全部正确，才能获得相应分数。如果多步骤题中的任何一步运算不正确，则得分为零。

| 四年级，测验1答案 |||| 四年级，测验2答案 |||| 四年级，测验3答案 ||||
题项	答案	正确	错误	题项	答案	正确	错误	题项	答案	正确	错误
1.	90	1	0	1.	70	1	0	1.	40	1	0
2.	427	1	0	2.	165	1	0	2.	169	1	0
3.	3	1	0	3.	8	1	0	3.	5	1	0
4.	C	2	0	4.	B	2	0	4.	C	2	0
5.	1,875	1	0	5.	1,895	1	0	5.	2,035	1	0
6.	A	1	0	6.	A	1	0	6.	A	1	0
7.	88	2	0	7.	46	2	0	7.	50	2	0
8.	印度尼西亚	1	0	8.	秘鲁	1	0	8.	加拿大	1	0
9.	9	3	0	9.	4	3	0	9.	9	3	0
10.	C	1	0	10.	B	1	0	10.	A	1	0
11.	1, 20	2	0	11.	1, 35	2	0	11.	1, 45	2	0
12.	7	1	0	12.	12	1	0	12.	16	1	0
13.	C	1	0	13.	B	1	0	13.	C	1	0
14.	5.60	2	0	14.	6	2	0	14.	6.30	2	0
15.	$\frac{6}{11}$	1	0	15.	$\frac{11}{11}$	1	0	15.	$\frac{6}{13}$	1	0
16.	B	1	0	16.	B	1	0	16.	A	1	0
17.	3	2	0	17.	6	2	0	17.	7	2	0
18.	4	1	0	18.	4	1	0	18.	9	1	0
19.	(2, 4)	2	0	19.	(2, 6)	2	0	19.	(10, 6)	2	0
20.	A	2	0	20.	C	2	0	20.	C	2	0
21.	91, 96	3	0	21.	44, 49	3	0	21.	77, 82	3	0
22.	B	1	0	22.	A	1	0	22.	A	1	0
23.	$\frac{1}{2}$或1:2或二分之一	2	0	23.	$\frac{1}{4}$或1:4或四分之一	2	0	23.	$\frac{1}{4}$或1:4或四分之一	2	0
24.	A	1	0	24.	C	1	0	24.	B	1	S0
25.	2	2	0	25.	2	2	0	25.	3	2	0
26.	A	2	0	26.	C	2	0	26.	B	2	0
27.	$\frac{1}{7}$	1	0	27.	$\frac{1}{11}$	1	0	27.	$\frac{1}{5}$	1	0
28.	B	3	0	28.	A	3	0	28.	A	3	0
29.	7	2	0	29.	4	2	0	29.	5	2	0
30.	C	3	0	30.	A	3	0	30.	C	3	0
总分				总分				总分			

图 7.6 数学概念与应用 CBM 教师/主试记分纸示例
（经美国进步监测研究所许可后转载）

5. 记录每个学生每道正确作答题目的得分（根据研发机构的记分手册）。

大多数研发机构都使用计分系统进行数学概念与应用 CBM 记分。该计分系统根据题目解答的复杂性与解题所需时间对正确作答进行加权。因此，数学概念与应用 CBM 存在两种分析结果的方法：正确作答题目（CP）、得分。因为 CP 和得分之间有清晰明确的关系，所以我们建议使用研发机构推荐的记分方法，即采用最常见的得分作为记分方法。请注意，将学生表现与研发机构开发的基准或常模比较时，必须使用与基准或常模一致的记分标准，这至关重要。

回答正确的记分

- 作答正确：某些研发机构依然使用生成反应（production response）的测验方式（坚持最初的 CBM 原则），即学生将自己认为正确的答案填在空白处。在此情况下，通过将学生的答案与标准答案相比较进行记分。为了方便记分且提高记分的自动化程度，某些研发机构采用选择题型（即包含三个潜在反应的选择题），这是由电脑施测发展而来的简化题型。在教学层次或布鲁姆教育目标分类学（Bloom's taxonomy）框架之内，这种题型呈现了对任务的不同掌握水平，经早期研究，该测量技术具有可行性。此类题型测验能节省施测和记分时间，提高测量的使用效率。如果学生回答正确，记作 1CP，同时参照记分手册中的表格将其转换为预先确定的分值（通常为 1~3 分）。

- 未完成/划掉：如果题目被划掉或者未做完，学生仍会得到相应的分值。即使学生没有做完，仍然要对学生答案的正确部分给予记分。

- 颠倒/旋转书写：6 和 9 以外的其他数字，即使颠倒或旋转书写也无法变成其他数字，所以除了 6 和 9 之外的其他数字书写颠倒或旋转，仍记为正确。

回答错误的记分

对于学生的所有错误，都要在相应的数字上画斜线（/）。见图 7.4（版面 D、E 和 F）呈现的三个示例。

- 数字替换：学生写错数字。

- 缺失：缺失的每个数字都记作错误。

数学概念与应用 CBM 施测和记分的注意事项

1. 纠正：学生出现错误时主试不予纠正。尤其对可以团体施测的数学概念与应用 CBM 来说，纠正既不可行，也不适宜。

2. 跳过整行或整列题目：学生跳过整行题目，则该行不记分。由于数学概念与应用 CBM 可能采取课程抽样的方式，学生可能不会做这一行的题目。如果出现上述情况，也没有关系，但是，重要的是检查学生是否尝试作答了曾经接触过的题目，以确定学生在目前测验中的技能表现水平。

3. 中止规则：因为某些数学概念与应用 CBM 版本采用选择题型，需要考虑的新问题是学生猜测选项。可以采取类似于完形填空 CBM 的方式减少猜测现象，学生出现两到三个连续错误即中止测验。但是，中止策略在推荐使用前，其影响和适用性还需实证检验。通常的做法是遵循研发机构的使用指南，在将学生的表现与研发机构的基准或常模进行比较时尤应注意此事项。

应该多久实施一次数学概念与应用 CBM

我们在第 2 章详细阐述了分别以筛查和进步监测为目的的 CBM 的测量频率与时间，下面仅简要介绍各自重点，详细内容建议你参考第 2 章。

筛查

全体学生应该每学年参与三次符合年级水平的筛查。时间通常在秋季、冬季和春季。筛查旨在回答一些重要的问题，其中两个问题是：
"学生在学年末存在学业失败的风险吗？"
"我们的核心教学是否满足了大部分学生的需求？"

进步监测

筛查时，如果发现存在学业失败风险的学生，即该生的筛查分数低于基准，则须监测该生的学习进步情况，至少每周开展一次符合当前教学水平的测验；如果当前的教学水平与所处的年级水平不一致，还应该至少每月开展一次符合年级水平的测验。进步监测的重要特征是经常性（即每周一次）和持续性（即使用同等难度的 CBM 材料）。基于进步监测数据，回答两个关键问题：
"学生从教学中受益了吗？"
"干预帮助了大部分参与者吗？"

数学概念与应用 CBM 施测和记分需要多长时间

数学概念与应用 CBM 和计算 CBM 所需记分时间大致相同。不论施测对象是由 25 名学生组成的一个班级还是单个学生，学生完成任务的时限是一样的（依据研发机构的建议）。除了学生作答用时以外，测验用时一般还包括分发测验材料、阅读指导语和学生上交材料的时间，一旦学生熟悉了测验流程，这些环节大约需要 5 分钟。

预先确定的标准答案对记分工作的准确、有效至关重要。所有的研发机构均提供标准答案。如果学生计算正确，无须对每个题目的正确作答数字（CD）进行合计。如果学生出现了错误，我们建议合计正确作答数字（CD）的数量，而不建议采取（应该的）正确作答数字（CD）总数减去错误数量的记分方式。因为这样会出现最常见的记分错误，即缺失了的数字未被记作错误。也就是说，如果合计（实际的）正确作答数字（CD），则不会影响总分；如果从（应该的）正确作答数字（CD）总数中减掉错误数量，所得分数会高于实际分数。在下面的示例中，记分者准确识别了错误的数字但是忘记了正确答案（20）包括 2CD，这意味着 8 左边的空格是错误数字。如果合计正确作答数字（CD）的数量，则不会影响总分。如果合计错误数量，并从（应该的）正确作答数字（CD）总数中减掉错误数量，那么学生的得分将比实际得分高一分。类似这样的错误记分累加起来将导致学生分数的系统偏差。

$$\begin{array}{r} 14 \\ + 6 \\ \hline \cancel{8} \end{array}$$

0 CD-S
0 CD-A
0 CP
2 个错误

所有事情都是熟能生巧，记分也不例外。一般来说，针对每名学生的数学 CBM 记分不应该超过一两分钟。

数学 CBM 的记分

对于计算 CBM 或数学概念与应用 CBM 的基准，目前尚未有相关研究（aimsweb 出版了"预设的分截值"，但这是使用第 45 和第 15 百分位数的常模分数，而不是实证推导出的分截值）。我们在第 2 章曾指出基准数据可以预测学生今后的成就，具有重要价值。教师借此能够判断哪些学生能跟得上，哪些学生需要额外的帮助才能在数学学习方面获得成功。

鉴于当前尚未有实证推导的基准，最好选择数学 CBM 常模。此常模提供了将学生分数与同年级或接受的教学水平一致的其他学生的表现相比较的方法，教师以此判定应该为学生设置何种学习进步幅度才能使其保持现有水平或者缩小与同龄人之间的差距。表 7.1 提供了关于二至八年级数学概念与应用 CBM 的常模信息。

表 7.1 数学概念与应用 CBM 常模

年级	百分位数	aimsweb（2015）		
		秋季（分数）	冬季（分数）	春季（分数）
二年级	90%	17	31	36
	75%	11	24	30
	50%	**7**	**16**	**21**
	25%	4	11	14
	10%	2	6	9
三年级	90%	13	19	28
	75%	10	15	21
	50%	**7**	**11**	**15**
	25%	4	7	11
	10%	3	5	8
四年级	90%	21	27	33
	75%	16	21	24
	50%	**12**	**16**	**18**
	25%	9	12	13
	10%	6	9	9
五年级	90%	15	20	21
	75%	11	15	15
	50%	**8**	**11**	**11**
	25%	6	8	7
	10%	4	6	5
六年级	90%	24	31	35
	75%	18	24	27
	50%	**13**	**17**	**19**
	25%	9	12	13
	10%	6	9	9
七年级	90%	19	26	30
	75%	14	20	24
	50%	**10**	**15**	**18**
	25%	7	11	13
	10%	4	7	9
八年级	90%	19	23	26
	75%	14	17	20
	50%	**10**	**12**	**13**
	25%	6	7	9
	10%	4	4	5

如何运用这些信息撰写数学 IEP 的长短期目标

与第 2 章内容相同,以下为根据数学 CBM 数据撰写长短期目标的示例。撰写目标的要素依然一致:时间、学生、行为(如计算、加、减)、水平(如年级)、内容(如数学)、材料(数学 CBM 进步监测材料)和标准(即该技能的常模或基准,包括时间和正确率)。

长期目标举例
- 数学长期目标
  - 30 周内,拉里完成计算 CBM 进步监测材料中二年级多种运算类型的加减法计算题,2 分钟内完成 45CD,正确率大于 95%。

同样的原则也适用于制订短期目标,只是设定的完成时间更短一点。

短期目标举例
- 数学短期目标
  - 10 周内,拉里完成计算 CBM 进步监测材料中二年级多种运算类型的加减法计算题,2 分钟内完成 25CD,正确率大于 95%。

实施数学 CBM 时的特别注意事项

教师/主试记分纸的重要性

教师/主试记分纸十分重要,使用得当的话可以节省记分时间,因此务必确保记分纸上的答案准确无误。这听起来像常识,但是确保测验题目的答案正确、合计正确作答数字的数量或者赋分正确,对于这一点再怎么强调也不为过——即使你使用的是研发机构或他人开发完善的现成的测验题。曾经有人使用了一套免费下载的现成测验题。其中有一份测验题,在使用了五六次之后才发现一个记分错误。该记分错误导致某道题的正确作答数字的数量减少了 2CD。虽然得分看似没有受到多大影响,但当我们将其与其他测验题的得分进行比较时(如在进步监测期间),学生的表现将被低估。

为提供潜在诊断信息而编制计算 CBM 测验题

与阅读或写作不同,数学学习更容易被分解成多个分离的技能。因此,在编制数学 CBM 测验题时，应谨慎制订规划，促使测验结果为诊断服务。计算 CBM 题目的规格一致且无须理解题意，因此比数学概念与应用 CBM 更容易实现上述目标。下面我们选取与课程相一致的数学测验题举例说明。我们需要测验五种技能，所以测验题可设计成 5×5 行列式，共 25 道题，然后我们将这五种技能的题目按类型放置在测验纸的对角线上（见图 7.7）。这样，对测验题进行记分时，我们可以查看学生在作答对角线上的题目时是否存在遗漏同一类型题目的情况。如果学生遗漏对角线上的所有题目，此时应该核查教师是否已经向学生教授过该技能，若核查显示该技能没有被教授过，该生可能需要额外的教学或练习。我们还可以看看学生是否在掌握基本计算上有困难，因为基本计算涉及特定运算技能或多个运算技能。我们也可以看看学生在完成进位或退位的多位数测验题时（这可能也涉及位值或者进位/退位）是否出现困难。但是，学生在测验中显示的困难不能作为该生存在某个特定技能缺陷的证明，而是作为假设，以实施进一步的测量（如关于单一运算类型测验题），从而检验学生是否需要某个技能的教学或复习。（我们喜爱的格言是："当你有疑问时，就去教。"）关于如何确定应被教授的技能，更多信息请参阅《课程本位评价实践指南》（Hosp et al., 2014）。

信息栏 7.2　编制数学 CBM 测验题的网站

AplusMath（*www.aplusmath.com*）。编制了计算、小数、分数、钱币和代数的单一运算类型测验题。有些测验题在线施测与自动记分。此外，提供工作表生成器以编制多种运算类型测验题。

Intervention Central（*www.interventioncentral.org/teacher-resources/math-work-sheet-generator*）。编制了单一运算或多种运算类型测验题，允许选择题目类型，可以按照顺序选择或随机生成，也可根据自身情况选择行数或列数。

Math-Aids.Com（*www.math-aids.com*）。可以编制单一运算或多种运算类型测验题，同时允许编制测量其他技能的测验题，如分数、测量、钱币、数轴、比例、时间和文字题。在测验题的编制上提供某些自定义设置。这些服务免费，但跳过广告和提供快速下载这两项服务收费。

The Math Worksheet Site（*themathworksheetsite.com*）。可以生成单一运算或多种运算类型测验题，同时允许编制分数、测量、图形和时间测验题。在该网站编制测验题时没有太多限制。此外，许多其他类型的测验题和技能仅限订阅访问的区域内使用。

SuperKids（superkids.com/aweb/tools/math）。可以编制单一运算和组合加法题/减法题的测验题，无法编制组合其他运算类型的测验题。还可以编制分数、比较大小、四舍五入、平均值、时间的测验题。此外，该网站提供基础和进阶（包括复数和小数）计算技能的横版测验材料。

Schoolhouse Technologies（www.schoolhousetech.com）。可将该程序下载到计算机上并运行，免费编制简单的加法、减法、乘法、乘法/除法和多种运算类型测验题。付费版则可以根据用户的需要编制测验题以测量更多的技能。

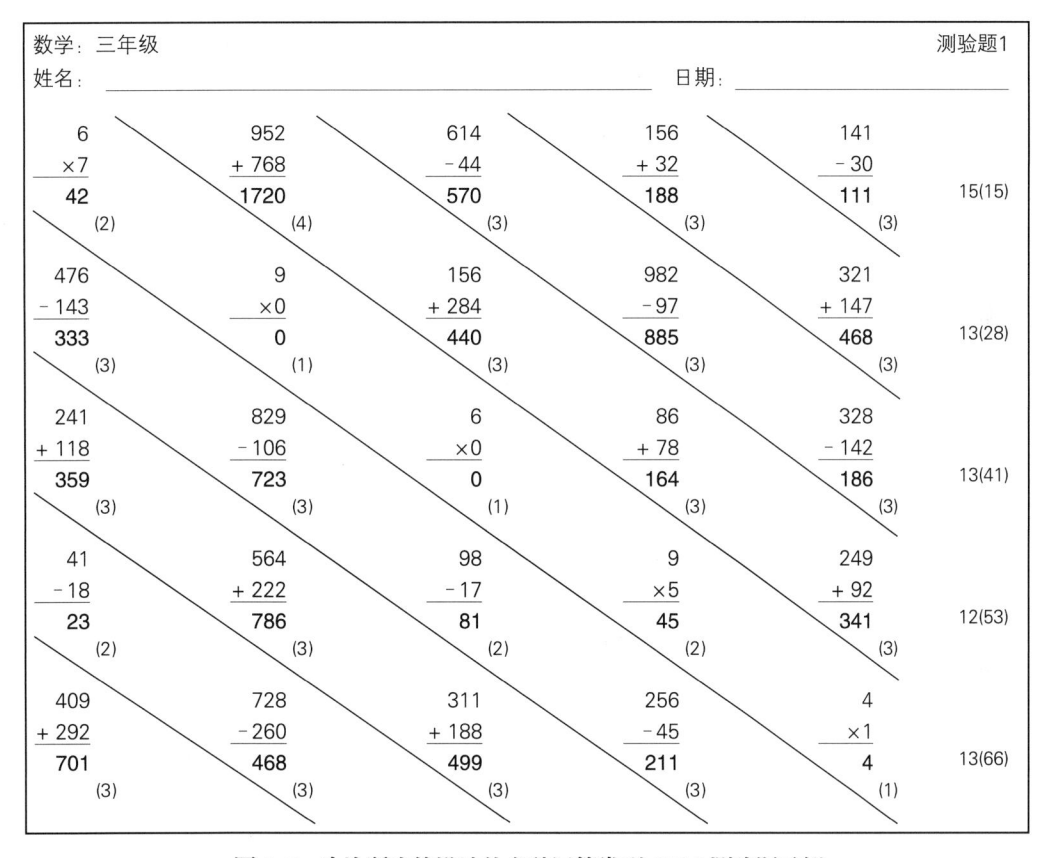

数学：三年级　　　　　　　　　　　　　　　　　　　　　　　　　　测验题1
姓名：　　　　　　　　　　　　　　　日期：

6 ×7 42 (2)	952 + 768 1720 (4)	614 - 44 570 (3)	156 + 32 188 (3)	141 - 30 111 (3)	15(15)
476 - 143 333 (3)	9 ×0 0 (1)	156 + 284 440 (3)	982 - 97 885 (3)	321 + 147 468 (3)	13(28)
241 + 118 359 (3)	829 - 106 723 (3)	6 ×0 0 (1)	86 + 78 164 (3)	328 - 142 186 (3)	13(41)
41 - 18 23 (2)	564 + 222 786 (3)	98 - 17 81 (2)	9 ×5 45 (2)	249 + 92 341 (3)	12(53)
409 + 292 701 (3)	728 - 260 468 (3)	311 + 188 499 (3)	256 - 45 211 (3)	4 ×1 4 (1)	13(66)

图7.7　为诊断决策设计的多种运算类型CBM测验题示例

估算

估算作为数学概念与应用CBM涉及的概念之一，被认为是数感良好的指标，具有重要价值，因此有研究探讨如何将其作为一种实用的数学CBM测量标准。估算测验题一般包含40道题目（文字题与计算题都有），每道题配备三个选项，其中一个选项接近正确答案（每道题的接近程度各异）但非正确值，另外两个选项则离正确答案较远。学生将从选项中选出最接近正确答案的选项，测验限时3分钟。

代数

与估算相似，代数作为数学的组成部分，曾经一度被认为是一个独立的内容领域（通常在高中教授），但是现在被认为是数学的基础。目前开发了三种代数 CBM。代数基本技能（ABS）CBM 包括代数必备的基本概念和技能（如合并同类项、分配率）。代数基础（AF）CBM 既包括与 ABS 同样的基本概念与技能，也包含特定的代数技能，如坐标图和数据/函数表。这两种 CBM 采用结构化反应题目形式，学生在限时 5 分钟内完成测验。代数内容分析（ACA）CBM 涉及更高级的代数主题，如根据已知的两点求直线斜率、求解包含两个变量的方程组。题型为选择题，并根据学生作答情况判分，如果部分答对，可给部分分数。测验限时 7 分钟。

数学 CBM 常见问题

1. 教师通常采取的是一对一还是一对多的方式施测数学 CBM？这取决于教师和施测目的。当全班参与筛查时，采取整个班的团体施测方式比较合适。但对于每周开展的进步监测，推荐使用个别施测。

2. 我在教学监测中发现学生的数学表现有进步，但该生当前未接受任何数学干预。这种情况仅仅是由 CBM 测量所致吗？学生每周额外增加 2~10 分钟的"练习"难以促进其进步，该生可能另找场所进行了专门练习或者接受了额外教学。

3. 我只有 20 份数学 CBM 测验题，但进步监测需要持续 35 周。我可以重复使用原来的测验题吗？当然可以。一旦你用完了 20 份测验题，可以重复使用。学生可能并不记得 20 周之前做过的具体题目，但是不能将测验题作为家庭作业或者额外的练习材料使用。

4. 除了告知学生得分和答案正确与否相关外，我还需要告诉学生计算的每个步骤都会记分吗？当然不必。答案是作答的最重要部分。如果学生能在头脑中直接得出答案，但不得不花时间将不需要的步骤写出来，这样，对于这个学生而言，就增加了本不必要的步骤，从而降低了他/她的解题速度。你希望测量的是学生最真实的表现。

5. 由于数学 CBM 测量学生数学解答的自动化程度，跳过耗时较多的题目可看作一种经过计算的选择，这样学生就能有更多时间解答可快速完成的题目。那怎么判断不回答特定题目是学生技能缺失所致还是学生符合逻辑的策略选择呢？复杂的题目包含更多的正确作答数字和得分，所以学生跳过此类题目作答也不见得就是高明之举。如果学生跳过某类题目，你应该采用单一运算测验题施测，以判断学生是否会做该类型的题目。有时解决方法很简单，你可以问学生"你为什么跳过这些题目？"如果他/她的回答是"为了节省时间完成更多简单的题目",你需要提醒他/她尽力完成本页所有题目后,再做下一页。

6. 数学 CBM 没有参照基准,我可以依据常模对学生进行教学分组吗?当然可以。如果学生对教学支持的需求相同,则适合将他们列入同一组;灵活分组,且应每 6~8 周测量一次学生并重新分组。

7. 班级里面的学生所接受的教学水平各异,可以给他们呈现同样的数学 CBM 测验题吗?所有的学生都应该基于所在的年级水平进行筛查,但进步监测应该根据学生所接受的教学水平,尤其当学生正在接受符合其水平的教学时。最好的方法是每周进行年级水平和教学水平的测验,一方面可了解学生接受当前教学支持的学习情况(教学水平),另一方面了解现有教学如何促进学生获得更复杂的数学问题解决等技能(年级水平)。

8. 如何处理带有记分信息的测验题?可以将其和图表数据一起保存在文件夹里,呈现学生学年内的进步情况。

第 8 章

如何开展内容领域 CBM

为什么应该开展内容领域 CBM

CBM 强调基础技能，主要适用于学习困难或者接受特殊教育服务的学生群体，因此最初聚焦于小学阶段，主要关注阅读、数学、写作和拼写等核心科目。随着 CBM 逐渐向初中和高中推广，内容领域表现越来越受到格外重视。第 7 章介绍了代数内容领域已被开发的课程本位测量包：代数基本技能（Algebra Basic Skills，简称 ABS）、代数基础（Algebra Foundations，简称 AF）、代数内容分析（Algebra Content Analysis，简称 ACA）。CBM 方法正在应用于历史与科学领域，但不仅限于这两类课程或其他内容领域。

根据共同核心州立标准与美国新一代科学教育标准（Next Generation Science Standards），诸如阅读、数学等基本技能已融入内容领域的教学中，这对内容领域的教师提出了额外的测验要求，尤其是中学阶段（secondary grades）。对于有阅读困难的学生，这种融合尤为重要，因为他们只有具备阅读与理解能力，才能学习内容领域的材料。在中学阶段运用多种方法同时测量学生的阅读与内容知识以开展筛查与进步监测，具有发展前景。

短文朗读与完形填空 CBM

内容领域 CBM 最常见的方式是从内容领域（如历史或者科学课本）中选取说明文并将其编制成短文朗读 CBM 或者完形填空 CBM 的短文。这两类 CBM 在材料、指导语、记分方面的要求与第 4 章讲述的相关内容保持一致。然而，考虑到 CBM 须与课程保持一致，目前人们对于使用这种方法还有分歧。因为学生的自动阅读达到了一定的稳定性，所以短文朗读 CBM 从四年级开始预测效度开始下降。在提出支持或反对开展内容领域短文朗读 CBM 的观点之前，需要开展更多的研究以提供支持依据。

四年级以后短文朗读 CBM 的预测效度下降是导致完形填空 CBM 更受欢迎的原因之一。完形填空 CBM 究竟直接测量的是阅读理解能力还是默读能力，尚存在争议。然而，完形填空 CBM 与短文朗读 CBM 一样，是衡量阅读理解或者整体阅读表现的可行指标。内容领域的完形填空短文能在多大程度上预测学生在内容领域的阅读理解能力，还需进一步研究探讨；但是完形填空 CBM 比短文朗读 CBM 更具优势之处，就是完形填空要求选择合适的单词填空，这涉及对学术词汇的运用。学术词汇运用也是内容领域 CBM 的另一种方法——词汇匹配 CBM 的基础。

词汇匹配 CBM

词汇匹配 CBM 指匹配某一内容领域的重要术语及其定义，作为该领域的表现指标。专业词汇的自动化匹配被认为是内容领域的基本技能，正如解码与计算分别为阅读、数学领域的基本技能。当学生能准确、快速地判定关键专业词汇的含义时，他们才能把更多的注意力与精力投入到对其的理解与运用中。

实施词汇匹配 CBM 所需材料

1. 具体内容各异但难度相当的测验题（学生测验卷与教师/主试记分纸）。
2. 词汇匹配 CBM 指导语和记分说明。
3. 学生使用的书写工具或用于记录学生回应的计算机。
4. 教师/主试使用的书写工具和带夹写字板。
5. 秒表计时器或秒钟倒数计时器。
6. 安静的测验场所。
7. 呈现数据所需的等距图或制图软件。

词汇匹配 CBM 测验题

词汇匹配任务中的术语词汇及其定义是直接从内容领域的教学材料中摘录的。教学材料包括教材、阅读材料、教师笔记和教案、州立课程标准（如美国新一代科学教育标准就是科学领域的课程标准）和/或学区课程指南。词汇匹配任务要求学生将术语与定义相匹配。

在每份测验题的页面上，通常左栏 20 个术语、右栏 22 个定义，定义栏中有 2 个干扰项。22 个定义的顺序随机呈现。每个术语旁边预留空格，以便学生记录每个定义的字母序号（见图 8.1）。

```
                    科学词汇匹配
姓名：_____                        日期：_____

_____ 电磁体            a. 绿色植物暴露于光照下将水与二氧化碳转
                            化为养分的过程。

_____ 化合物            b. 培养水生生物（一般为鱼或贝类），尤其是
                            用于食物生产。

_____ 开尔文            c. 由两种或两种以上的成分按特定比例合成的
                            物质。

_____ 衍射

_____ 岩石圈            d. 发生在月球上弦月和下弦月时潮差最小的
                            潮汐。
```

图 8.1　词汇匹配 CBM 学生测验卷示例

为了节约准备时间并确保测验分数的一致性，我们建议在一次测验期间完成所有的筛查测量，可根据需要将测验安排在连续几天内完成。如果同一个 CBM 需要测验三遍（取样三次），则取中位数作为最终得分，并将其作为第一个数据点绘制在学生的统计图中。之后使用 20~30 份具体内容各异但难度相当的测验题，监测学生整个学年的学习进步情况。

词汇匹配 CBM 可以以个别施测或团体施测的形式完成，需要备有学生测验卷和教师/主试记分纸，学生测验卷供学生使用，教师/主试记分纸采用电子版或纸质版供教师/主试做记录，另外还需要备好书写工具、计时器与指导语。图 8.1 与图 8.2 分别为词汇匹配 CBM 学生测验卷与教师/主试记分纸示例。

```
              科学词汇匹配
              教师/主试记分纸

       Q      电磁体
       C      化合物
       M      开尔文
       F      衍射
       V      岩石圈
       B      水培
       D      小潮
       A      光合作用
```

图 8.2　词汇匹配 CBM 教师/主试记分纸示例

词汇匹配 CBM 的指导语与记分过程

附录 B 提供了词汇匹配 CBM 的指导语与记分规则，以便复印使用。

词汇匹配 CBM 指导语

1. 呈现学生使用的测验题。

2. 教师/主试说："请看这份测验题，左边是词汇（手指向词汇栏），右边是词汇的定义（手指向定义栏）。定义的顺序打乱了，但是每个词汇都能在右边定义栏里找到相应的定义。"

3. 教师/主试说："当我说"开始"时，请把每个定义的字母序号填写在相应词汇前面的空白处（主试用手指）。试着完成每一题。如果遇到不会的，你可以做完其他题目后再回来思考。还有其他问题吗？开始。"（启动计时器，限时 5 分钟。）

4. 当学生做到页面的末尾时，提醒学生继续填答直到测验时间结束。

5. 5 分钟计时结束时说"停"。

词汇匹配 CBM 记分

合计正确匹配的题目数量。

正确回答记分

- 字母序号对应词汇的正确定义。

错误回答记分

- 字母序号对应词汇的错误定义。
- 字母序号对应干扰项。

词汇匹配 CBM 施测和记分的注意事项

1. 纠正：如果学生出现错误，不予纠正。

2. 跳过整行：如果学生跳过整行未作答，则该行不记分。如果学生跳过题目未作答，主试应说："每个题目都要回答。"如果学生仍然未做某题，或者规定的时间已到，未作答的题目不记分。

3. 中止规则：词汇匹配 CBM 无中止规则。

4. 在时限内提前做完：如果学生在 5 分钟之内提前完成作答，分数可按比例计算。公式为：

$$\frac{正确完成题目的总数}{完成任务所用秒数} \times 300 = 预计 5 分钟内可正确完成的题数$$

例如：学生在 4.5 分钟（270 秒）内正确完成了 18 题。

$$\frac{18}{270} \times 300 = 20$$

如果继续增加测验题目，预计该生 5 分钟内可正确完成 20 道题。

应该多久实施一次内容领域 CBM

我们在第 2 章详细阐述了分别以筛查与进步监测为目的的 CBM 的测量频率和时间。下面仅简要介绍各自重点，详细内容建议你参考第 2 章。

筛查

全体学生应该每学年参与三至四次符合年级水平的筛查。时间通常在秋季、冬季和春季。筛查旨在回答一些重要的问题，其中两个问题是：

"学生在学年末存在学业失败的风险吗？"

"我们的核心教学是否满足了大部分学生的需求？"

进步监测

筛查时，如果发现存在学业失败风险的学生，即该生的筛查分数低于基准，则须监测该生的学习进步情况，至少每周开展一次符合当前教学水平的测验；如果当前的教学水平与所处的年级水平不一致，还应该至少每月开展一次符合年级水平的测验。进步监测的重要特征是经常性（即每周一次）和持续性（即使用同等难度的 CBM 材料）。基于进步监测数据，回答两个关键问题：

"学生从教学中受益了吗？"

"干预帮助了大部分参与者吗？"

内容领域 CBM 施测和记分需要多长时间

将短文朗读 CBM、完形填空 CBM 作为内容领域 CBM 时，其所需的测验和记分时间与阅读领域 CBM 大致相同。就词汇匹配 CBM 而言，个体施测与团体施测这两种形式所需时间相差无几。从学生得到测验材料开始，到读完指导语，需要不到 1 分钟的时间，施测需要 5 分钟。如第 2 章所言，我们需要考虑学生前往测验场所的时间和主试分发材料的时间。将所有需要的材料都提前打印准备好，且在测验材料的适当位置上标好学生名字（手写或者打印标签均可），这样可以节省大量时间。每份测验题最多包含 20 道题，所以记分时间需要不到 1 分钟。

内容领域 CBM 的记分

内容领域 CBM 的基准

目前对于内容领域 CBM 还没有任何关于基准的研究。我们曾在第 2 章指出基准数据可以预测学生今后的成就，具有重要价值。教师借此能够判断哪些学生能跟得上，哪些学生需要额外的帮助才能在内容领域的学习方面获得成功。因为短文朗读 CBM 与完形填空 CBM 属于阅读 CBM 的任务，参考这些测验的基准具有可行性。但是，许多阅读 CBM 的短文主要取自文学作品（即记叙文），而非信息类作品（即说明文）。鉴于不同阅读题材的差异性，已有研究显示某一类型的课程本位测量的基准并不适用于其他类型。

内容领域 CBM 常模

鉴于当前尚未有实证推导的基准，最好选择内容领域 CBM 常模。此常模提供了将学生分数与同年级或接受的教学水平一致的其他学生的表现相比较的方法，教师以此判定应该为学生设置何种学习进步幅度才能使其保持现有水平或者缩小与同龄人之间的差距。与基准的适用原则一样，针对某种 CBM 材料开发的常模并不适用于使用其他材料的 CBM。当前尚无内容领域 CBM 的全国常模，因此唯一的选择为地区常模。

如何运用这些信息撰写内容领域 IEP 的长短期目标

撰写长短期目标是界定特定行为及其测量方式的重要方法，以便对学生的学习做出教学决策。第 2 章介绍了撰写长短期目标的七个要素，包括：时间、学生、行为（如认出、数出）、水平（如年级）、内容（如科学）、材料（内容领域 CBM 进步监测材料）和标准（即该技能的常模或基准，包括时间与正确率）。

长期目标举例
- 科学词汇匹配目标
    - 在 30 周内，西拉 5 分钟内完成 15 道科学词汇匹配 CBM 题目，正确率大于 95%。

同样的原则也适用于制订短期目标，只是设定的完成时间更短一点。

短期目标举例
- 科学词汇匹配目标
  - 在 10 周内，西拉 5 分钟内完成 5 道科学词汇匹配 CBM 题目，正确率大于 95%。

实施内容领域 CBM 时的特别注意事项

教师/主试记分纸十分重要，使用得当的话可以节约时间，所以确保记分纸上的答案正确至关重要。这似乎是常识，但是我们还是要强调，必须确保所有题目的答案正确无误。当你自行编制内容领域 CBM 的完形填空文章或者词汇匹配题目时，对于上述事项尤其要给予重视。

内容领域 CBM 常见问题

1. 教师通常采取的是一对一还是一对多的方式施测内容领域 CBM？大多数内容领域 CBM 采取学生书面作答的方式，因此可以以团体施测的形式完成。但短文朗读 CBM 需要口头作答，则只能采取个别施测。当全班参与筛查时，采取整个班的团体施测方式比较合适。但对于每周开展的进步监测，推荐使用个别施测。

2. 我在教学监测中发现学生的表现有进步，但该生当前未接受该内容领域的任何干预。这种情况仅仅是由 CBM 测量所致吗？学生每周额外增加 1~5 分钟的"练习"难以促进其进步，该生可能另找场所进行了专门练习或者接受了额外教学。

3. 我只有 20 份内容领域 CBM 测验题，但进步监测需要持续 35 周。我可以重复使用原来的测验题吗？当然可以。从整个教学阶段（即年级）的课程内容中选取材料作为 20 份样本。每份测验题代表本学年结束前要学习的内容，而非某个单元或主题的内容（此为掌握测量模式），至此，你使用的是同一个工具测量学生表现与进步。一旦你用完了 20 份测验题，可以重复使用。学生可能并不记得 20 周之前做过的具体题目，但是不能将测验题作为家庭作业或者额外的练习材料使用。

4. 内容领域 CBM 没有参照基准，我可以依据常模对学生进行教学分组吗？当然可以。如果学生对教学支持的需求相同，则可将他们列入同一组；灵活分组，且应每 6~8 周测量一次学生并重新分组。

5. 班级里面的学生所接受的教学水平各异，可以给他们呈现同样的内容领域 CBM

测验题吗？内容领域的标准比小学阶段的基础技能与内容更加强调年级特性。一般来说，所有的学生都应该学习符合其所在年级水平的课程内容。尽管采用相同的年级标准，但他们可能需要不同的教学与不同程度的练习与鹰架式支持。如果某个残疾学生需要替代标准，根据相关的课程提供适合该生的测验材料非常重要。最好的方法是每周进行年级水平和教学水平的测验，一方面可了解学生接受当前教学支持的学习情况（教学水平），另一方面了解现有教学如何促进学生学习符合年级水平的内容。

6. 如何处理带有记分信息的测验题？可以将其和图表数据一起保存在文件夹里，呈现学生学年内的进步情况。

第 9 章

制作数据统计图以辅助做出决策

以易于解释和使用的形式呈现测验数据，这是数据处理中的重要环节。如果收集的数据使用起来麻烦，我们使用的意愿自然会降低，如果数据不被使用，那我们为什么费精力去收集呢？CBM 的主要优点之一是数据可以用图表的方式呈现（这可能比满篇数字更易于阅读与解释）。不同的统计图以不同的方式呈现数据。例如，线形图非常适合用于展示个体表现随时间变化的趋势，也可用于展示随时间变化的群体表现。但是，箱形图、条形图与饼图在筛查决策（静态呈现更适用于筛查决策而非进步监测）中更常见。本章展示了呈现 CBM 数据常用的统计图类型及其选用原则。

呈现 CBM 数据常用的统计图

线形图

最初典型的 CBM 统计图为线形图，如图 9.1 所示。本书的附录 B 列出了模板供复印或下载。纵轴（对数学爱好者而言，即笛卡尔坐标系中的纵坐标，示例中标注为：正确朗读单词数量）表示 CBM 测验中总的正确回应数量。实际标注会随内容领域的变化而异（如正确朗读单词数量是短文朗读 CBM 的测验指标）。增量单位的确定必须以能够准确反映学生的进步情况为前提。增量单位太大可能会低估学生的进步，增量单位太小可能会夸大其进步。横轴（即横坐标，示例中标注为：第几周）指监测学生进步的周数，每周的数据输入一至两次。

因为统计图同时包含时间轴（周数）与技能轴（正确朗读单词数量），我们可记录学生随时间变化的学习状况。我们在若干时间点收集系列数据，目的是想看看学习

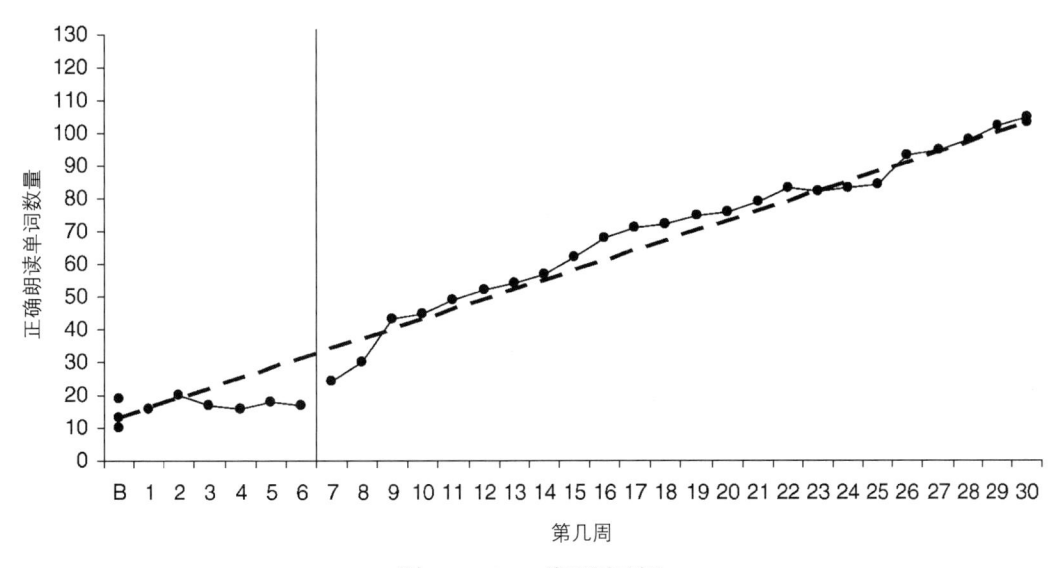

图 9.1　CBM 线形图示例

是否进行。通过制作 CBM 数据统计图，我们可以得到两类数据：学生的表现水平和进步速率。表现水平表明学生任务完成的程度，进步速率表明学生完成学习任务的速度。

在同一个内容领域，统计图应采用相同的刻度展示每个学生的数据。图 9.2 阐述了这样做的理由。图 9.2 的两个统计图均来自同一个学生的数据。右图纵轴刻度为 0—30，显示学生似乎有很大进步（即进步趋势急剧上升）；而当纵轴刻度为 0—130 时，统计图显示进步并不明显。其实，该生的进步低于同龄人，结论应该是进步有限。

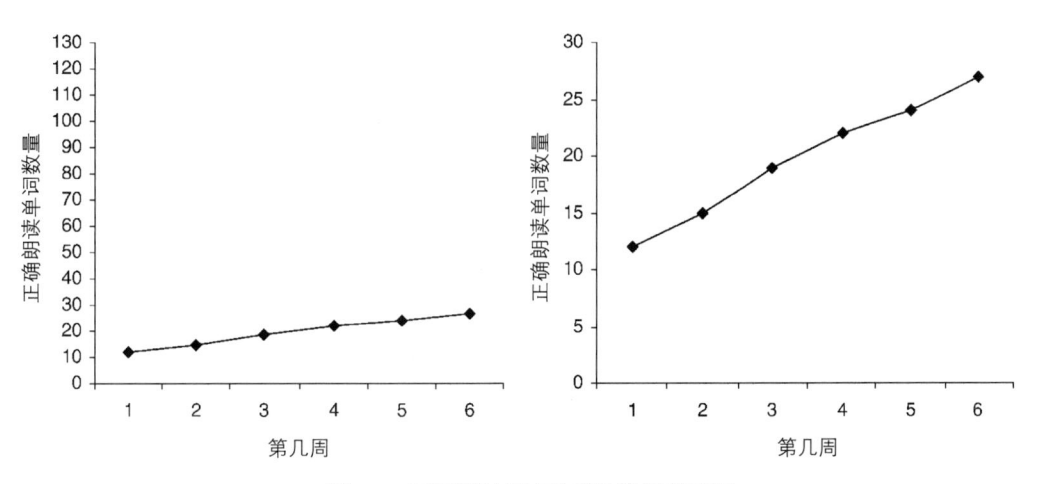

图 9.2　不同纵轴刻度的学生数据统计图

箱形图

箱形图（又称盒式图或盒须图）是用于呈现群体表现的统计图。图 9.3 直观地诠释了其被称为箱形图的原因。处于箱子中间的线段代表中位数（即分数在第 50 百分位数），箱子顶部线段和底部线段分别表示第 75 百分位数与第 25 百分位数。矩形盒的这三条横线分别代表了第 1、第 2、第 3 四分位数（将数据分成四等份的统计分截点）。这表示群体中一半学生的表现正好处于盒子内。

盒子顶端和底端伸出来的竖线（盒须），表示该批数据距离最大值、最小值的分布区间，对这两个分布区间没有统一规定。常见的做法是设第 10 百分位数与第 90 百分位数（尽管 20% 的学生分数会因此处于箱形图之外），或者设第 2 百分位数与第 98 百分位数，这样都可以表示离开平均值正负两个标准差的分值区间。设最大值和最小值的做法少见，原因之一是很难确定得了极端值分数的学生人数，因为盒须已经将两端的极值包括进去了。只有不把最大值和最小值作为盒须，分数处于盒须之外的个案才可采用 X 或者圆点表示。

箱形图可用于比较整个群体的表现与分截值或基准，特别适用于呈现筛查数据。

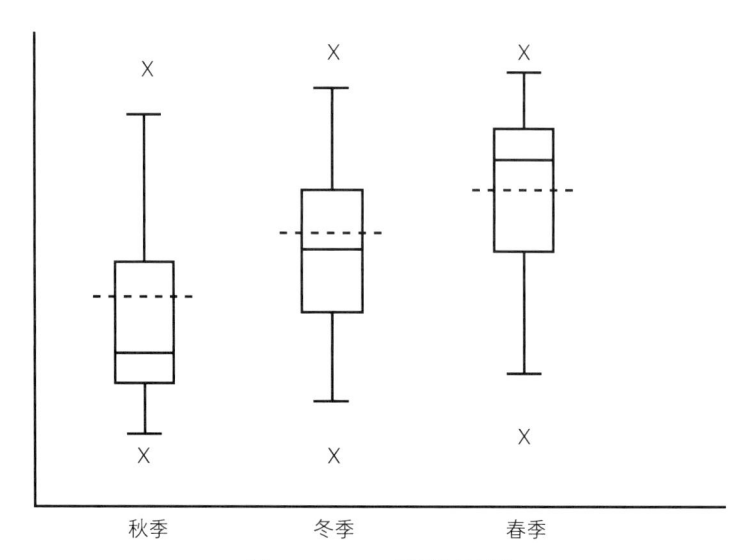

图 9.3　CBM 箱形图示例

条形图

条形图常用于呈现与群体水平作比较的个体表现。尽管许多 CBM 测量包和数据管理工具没有提供条形图，但条形图确实有助于教育工作者对学生群体或者子群体做出决策。

在条形图中，每个学生用一个长条（这就是称其为条形图的原因）表示。长条可以按照多种方式排序，我们推荐从低分到高分排列，见图9.4示例。纵轴必须采用CBM的单位，此例为正确朗读单词数量。熟练度的基准分数或分截值，可以采取添加一条水平线的方式呈现，分数低于分截值的学生人数以及落后程度都能以视觉的方式展示。同理，我们也能看到高于分截值的学生人数。有关运用条形图对学生群体或者子群体做出决策的详细介绍，请参见《课程本位评价实践指南》一书（Hosp et al., 2014）。

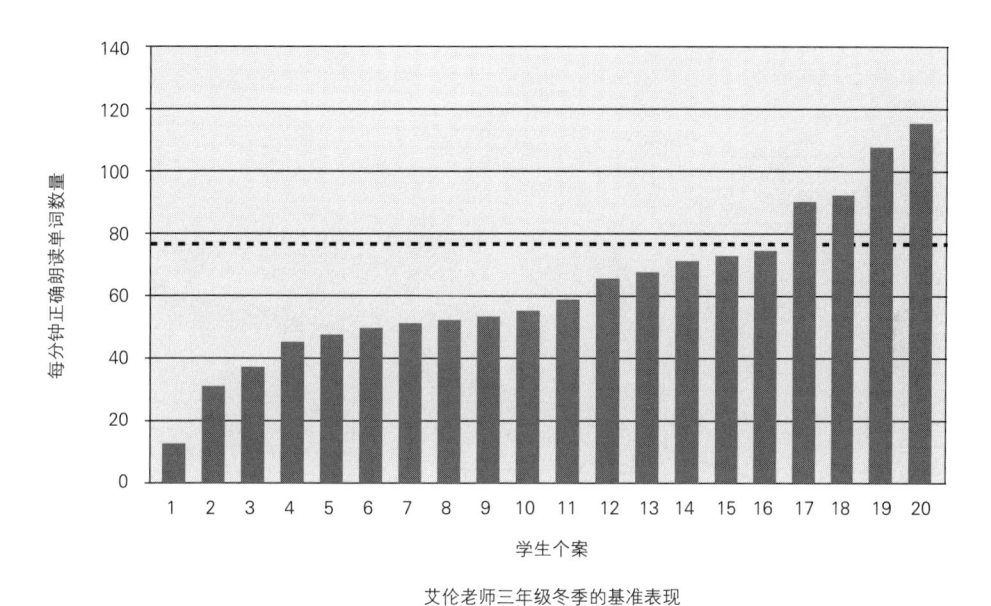

艾伦老师三年级冬季的基准表现

图9.4　CBM条形图示例

如何根据进步监测目的绘制CBM数据的统计图

进步监测数据应该包括两个信息：第一，单位时间内的正确数量，通常指速率；第二，正确率（或错误率）。熟练地掌握了某一技能是指正确反应速率和正确率都适当。任何技能的掌握都包括速率与正确率，诸如做饭、运动、音乐或学业。例如，你想知道二年级学生的技能水平是否一样。A学生的短文朗读流畅性为100，单词朗读的正确率为95%；B学生的短文朗读流畅性为100，单词朗读的正确率为70%。或者A学生的短文朗读流畅性为100，单词朗读的正确率为95%，而B学生的短文朗读流畅性为80，单词朗读的正确率为95%。速率与正确率表示完成任务的状况。再如，两个厨师每天做面包。A厨师常常在8点前做好了（速率），并且没有出现面包烤焦的情况（正确率）。B厨师8点前只做好了一半的面包（速率），并且没有出现面包烤焦的情况（正确率）。谁是更出色的面包师？这取决于你是否喜欢面包。

图 9.5 是 CBM 统计图示例，并且标注了每个组成部分。我们首先把学生基线期（统计图中最左边的一栏，字母 B 标注）的数据输入统计图。基线期数据能说明学生最初的表现水平。一般需要测量 3 篇不同的短文、清单、故事启发器或表格，以获得学生基线期的表现。把三个分数按纵向排列。处于中间的分数为基线期分值（如果有两个分数相同，则该分数为基线期分值）。图 9.5 显示了该生基线期的三个分数分别为 10、13、19，其实还有该示例图未呈现的错误反应的分数（1、0、2）与各自的速率分数。根据图例，该生的基线期分数为 13，我们也可将错误反应分数 1 作为基线期分数（1 处于 0 与 2 之间）。

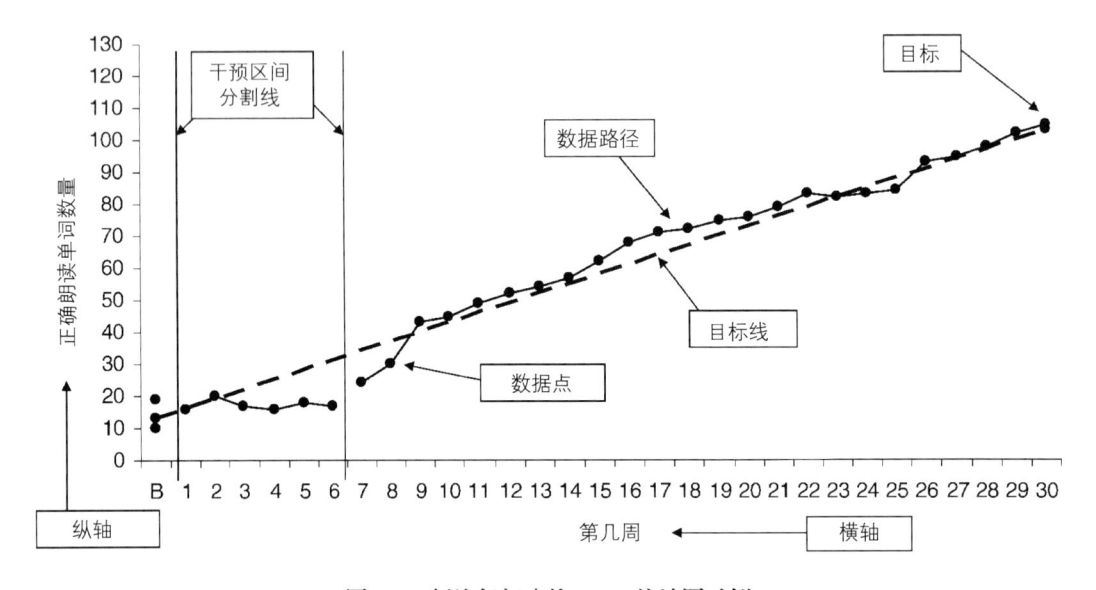

图 9.5　标注每部分的 CBM 统计图示例

如何根据进步监测设定目标并用统计图加以呈现

现在我们标注了学生基线期的数据，接着设定目标。设定目标的方法有三种：学年末基准、常模（全国或地区）与个体内参照（intraindividual framework）。具体选用哪一种取决于目标信息的可及性（如存在全国常模吗？）、学生的表现水平（典型表现水平或处于风险水平）与比较参照（对照表现标准或有代表性的同伴群体）。接下来介绍每一种方法的概念、运用方法与使用的总体。

学年末基准

表现标准（即基准）是为学业落后学生设定目标的常见方法。基准即某领域测验中有效预测学生流畅表现的分截值。全州问责测验是最常见的应用该方法的测验，用来判定学生是否到达了州教育部门规定的预期流畅度或掌握度。课程本位测量中表现的分截值有多种确定方法，但在结果测量中，通常采用的方法是确定的分截值能让学生有 85%（或更高）的可能性获得高出这个分截值的分数。

第 4 章的表 4.1 展示了一至六年级的短文朗读 CBM 的基准。学年末，我们希望每个学生的表现达到或超过该基准。例如，对于三年级学生，我们将学年目标设定为：每分钟读出 100 个单词，达到至少 95% 的正确率，该标准表明了学生不存在未来学业失败风险的最低分数。尽管学生在学年初的表现未达到可接受的水平（此时全班参与筛查），只要学生学习有进步，能在学年末达到此标准，我们就可以确认学生朗读流畅且不存在阅读困难的风险。

经过完善开发确定的基准可以提供一致的分截值，以判定学生有多大的可能性能够满足（应该与标准或/和其他高利害决策有关的）标准参照测量的熟练度要求，因此，总体来说，基准是设定目标的最佳方法。因开发不同的课程本位测量工具包，此类心理测量工作急剧增长，通过确立基准设定目标也成为开发 CBM 材料的典型做法。

基准尤其适用于设定学业落后学生的目标。教师可以借助基准开展每周的监测以判定学生是否步入了学习正轨（即学年末能否顺利通过测量）。对于表现处于或者高于基准的学生，教师可能不希望将学年末的基准作为目标，以免低估学生的表现水平。这些学生一般不会接受进步监测，如果需要对他们进行进步监测，教师改用个体内部进程（intraindividual process）设定学年末目标可能更合适。

常模

当找不到基准时，代表性更广泛的全国常模可以作为标准。大部分 CBM 内容领域需要一定投入才能确定全国常模，但也比实证推导的基准开发更为容易。

CBM 已经使用了 30 多年，众多研究者与研发机构收集了能代表美国在校学生的大量分数样本。某些 CBM 产品，其数据来源仅涵盖部分地区，因此其常模代表性有限。有趣的是，全国常模的 CBM 数据与地区常模的 CBM 数据惊人的相似。这一类 CBM 常模数据与学年末基准都可以作为目标设定的参考。二者的区别在于，前者依据的是同年级学生的典型表现，而后者则基于用于预测学生在结果测量中表现水平的熟练度标准（这正是基准的任务）。根据学生所在年级，找到年级水平并确定春季测验的第 50 百分位数，将之设为学年末目标。

如果找不到全国常模，则改为收集地区常模，你可以使用同样的模式来确定学年末目标，即找到年级水平并确定春季测验的第 50 百分位数。尽管我们不推荐使用地区常模，但如果你有兴趣使用，可参考 Shinn（1989）的相关文献。

如果我们不在此提及历史上曾有过使用增长速率或进步速率确立常模的做法，那是我们的失职。这里的增长速率或进步速率指的是平均每周的增长速率或进步速率

（rate of improvement，简称 ROI）。学年末目标的计算方法如下：ROI 乘以距离目标日期（即学生达到目标的预计日期）之前的周数，再加上基线期分数。我们对于使用进步速率常模有如下保留意见：第一，按理，进步速率常模应该能反映教学质量，即教学实施得越密集、越优质，学生的进步越大，但实际上全国进步速率常模并不能反映学生接受的教学的质量或教学实施的密集程度；第二，学业落后差距最大的学生需要最陡峭的斜率（即最大的进步速率）才能跟上预期的表现水平，进步速率常模可能无法代表这群学生所需的进步速率。

个体内参照

个体内参照是指把学生当前的表现水平与进步速率作为学年末目标设定的依据。在使用这种方法时，有一点需要特别注意：如果学生从一开始就出现学业落后，那么根据该方法设定学年末目标就有可能低估学生的学习进步速率。（毕竟，正是因为他们的表现没有达到预期水平，他们才引起我们的关注，不是吗？）如果教学质量高，并且学生积极回应教学，使用基准或常模则更能设定适宜的目标，因为基准代表了可预测未来学业成功的分数，而常模提供了同年级其他学生的年级表现指标。我们认为，只有当学生过去的表现处于或高于平均水平时，才能将学生的过去表现作为未来的学习目标，但在我们实施的进步监测中极少有学生出现这种情况。

根据个体内参照方法，你需要至少收集 8 个分数点，并取最高分与最低分之差。例如，我们针对一名二年级学生实施短文朗读 CBM 的进步监测，该生前八次分数分别为 12、16、15、19、16、21、26、24。首先计算最高分与最低分之差，26－12＝14；接着将两数之差除以周数（指收集 8 个分数点经历了几个星期），14÷8＝1.75；然后将这个基线期的进步速率乘以 1.5，以设定每周的进步目标，1.75×1.5＝2.625；继而将该数字乘以当前距离学年末（或者预计干预结束的日期）所余周数，2.625 × 16＝42；最后再加上基线期八次分数的中位数（数字 16 与 19 处于数列的中间，取二者的平均值 17.5 作为中位数），42 + 17.5＝59.5。最后得出的数字即该生学年末的表现目标：59.5（将每分钟正确朗读 60 个单词作为短文朗读的目标，以确保该生达到目标时的得分高于原定目标 59.5）。

用图表呈现目标

在设定了目标后，我们接下来需要把目标呈现在学生的统计图中。无论采用何种方法设定目标，最终都是为了保证教学工作在数周内一直朝向预期目标展开。在统计图中呈现目标只需要两个数字。我们可能希望在统计图中呈现错误率或者正确率并希望学生实现95%或更高的正确率。如前所述，速率与正确率均有助于学生成功习得技能，当对学生的进步速率与熟练度是否达到学年末目标进行判定时，我们需要以这两个指标为依据。同时需要确保纸张页面足够大，以便放得下标注每周数据的横轴与记录学生朝向目标的分数轨迹的纵轴。

请再次参见图9.5。该图已经呈现了学生基线期数据，基线期分数为13。假设该生所在年级的短文朗读CBM的基准分数为103。我们计划在整个学年里开展监测，因此监测时长为30周。30周里，每周测验三次正确朗读单词数量，则有九十次正确朗读单词数量的分数。我们预期该生正确朗读单词数量在30周里增长90个。因此，基线期分数加上90为目标分数。在统计图中的第30周，在103（90+13）刻度位置绘制符号X或圆点作为目标值。以基线期分数与目标分数为两点画一条直线，称之为目标线（有时称为瞄准线）。

每次我们对学生实施至少包含一篇短文的测验，然后用统计图呈现速率与正确朗读单词数量，并将每个分数用线段相连，即构成数据点和数据路径。通过这种方式，我们可以为每个学生建立各自的数据库，以此来评估他们所接受教学的有效性。

数据应该多久收集一次

收集数据与绘制统计图的频率取决于三个因素。第一，取决于目的是筛查还是进步监测。如果测验与绘制统计图的目的是筛查全体学生的表现，我们一般每学年测验三次。筛查属于"检查关键生命体征"的测验，主要目的在于找出潜在问题，但是无法提供充足信息来纠正问题。这种测验不需要频繁施测。如果我们开展进步监测是为了指导教学，就需要获得频繁的反馈，因此测验次数更为频繁。

第二，取决于任务的重要性。重要程度高的任务需要多次监测。具有高度重要性的特定技能，监测的直接性与频繁性应该高于重要性较低的技能（相较于孩子在有围墙的院子里玩，你肯定对孩子在街道旁边玩看管的紧密程度更高）。阅读与语言是很好的例子，我们不会对学生这两个技能的落后听之任之，但是在对罗马数字的阅读要求上却不以这个为标准。

第三，取决于问题的严重程度。学生的问题越严重，教学需求越迫切。学生的问题的严重程度可以以实际表现水平与预期表现水平的差距来衡量，或者速率亦可。学业严重落后但进步明显的学生，相比学业中度落后但与预期标准相比进步太小或无进步的学生，会被认为问题相对较小。

其实以上阐述说明进步监测不存在固定的使用规则。当课程内容的重要程度与学生未来学业问题的严重程度增加时，监测的频率也会随之增加。大多数人推荐每学年实施三至四次课程本位测量。对于接受层级 2 或层级 3[①] 干预的学生，进步监测应该每周至少开展一次。对于表现良好或者进步良好的学生，筛查工具可能足以监测其进步。

使用课程本位测量的进步监测传统上包含每周一至两次的数据收集过程，尤其当学生的学业表现显著低于年级标准的时候。为了确保数据更加稳定与出现更清晰的增长斜率，有些研究者主张每两周（或间隔更长时间）收集一次数据，两次测验分数则取平均值，三次测验分数则取中位数。上述方法对教师决策与学生学习的影响程度，相关研究还在继续探讨。以心理测量学角度而言，数据收集可以提供更加稳定的斜率，但是其结果仍需等待进一步决断。

帮助教育者运用数据做教学决策的原则

请注意图 9.5 中有竖线区分不同干预阶段的数据，成为干预区间分割线（intervention lines）。在干预区间分割线所处位置，数据路径不连接两边的数据点，以帮助我们记住在此处干预处理有了变化，同时更易于对数据点进行分组。每个干预区间分割线显示了我们对学生的学习进步在此处做了决策。

有关学生对教学的反应是否适宜（即学生的进步状况能否保证该生在预计的期限内达到目标），一般有两种做决策的方法：数据点分析与趋势线分析。无论采用哪种方法，目标线均作为参考。

根据数据点分析方法，统计图中每周的数据点均参与分析检验。在最初收集了 6~8 个数据点之后，如果学生连续四次的分数都低于目标线，意味着此时必须做决策。决策通常是对教学进行某种程度的改变，决策有时甚至仅是"我也许今天需要早点跟这名学生见面"。降低目标的做法并不适宜。只要学生连续四次的分数高于目标线，我们就必须提高目标水平（参见 Fuchs et al., 1989）。采用上述方法使用数据，教师可以判断学生是否取得了足够的进步或者是否有必要更改教学。如果未能频繁收集数据，上述这些规则可能要过几周才能被运用。

根据趋势线分析方法，将趋势线代表的学生被观察到的进步速率与目标线代表的预期进步速率进行比较。趋势线分析 Tukey 方法的步骤如下：

1. 至少收集 7~8 个分数（基线期以后）。
2. 将数据尽可能平均分成 3 组。例如：如果收集了 8 个数据点，则分成 3、2、3 三组。
3. 找到第一组和最后一组的中位数，标记为 X。

[①] 编注：层级是多层级教学中的概念，具体信息可参见本章"干预反应模式中的 CBM 应用"一节。

4. 在两个 X 之间画一条直线。

5. 将该线的斜率与目标线比较。

图 9.6 显示了趋势线方法的绘制过程。在 8 周、每周测验一次的进步监测中，我们收集了足够多的数据以画出趋势线。首先，我们把数据分成三组：第一组 3 个数据，第二组 2 个数据，第三组 3 个数据。其次，找到第一组和最后一组的中位数，标记为 X。请注意，X 在纵轴上对应的是每组数据的中位数，在横轴上对应的是每组数据的中间时间点。除非该组数据的中间时间点上对应的数据正好是中位数，否则 X 不应该与中间的数据点重合。最后，将两个 X 相连成趋势线，并将之与目标线相比较。

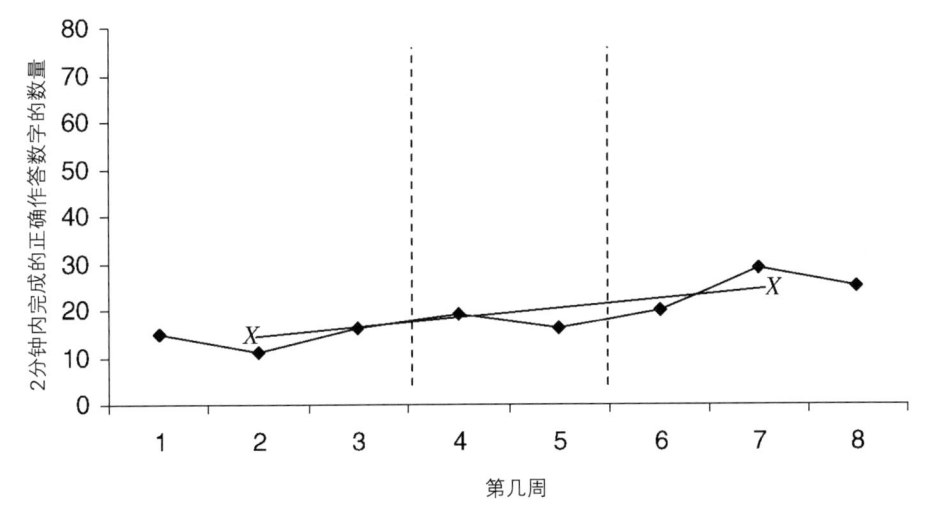

图 9.6 趋势线 Tukey 绘制方法示例

如果趋势线与目标线比较相似，说明学生取得了足够大的进步。如果趋势线显示学生未能在预定的时间内达到目标，则需要考虑调整教学。对每 7~8 个数据点进行上述分析，保障学生的学习步入正轨。如果趋势线一直在目标线上面，则应该考虑提高目标。

我们提供了回顾与回应数据的两种方法。与目标线（goal line）相比，我们鼓励采用瞄准线（aim line）[①]，以更准确地描述学生的进步状况。判定学生表现水平的最佳方法是分析过去的表现。这也是瞄准线分析法更受欢迎的原因，即根据学生的实际表现，预期其学年末的表现目标。如果读者想深入了解数据的呈现与解释，建议查阅《教育干预评价：测量干预反应的单一被试设计》一书（*Evaluating Educational Interventions*: *Single-Case Design for Measuring Response to Intervention*, by Riley-Tillman and Burns's, 2009）。

---

① 译注：经查资料，aim line 与 goal line 为同义词，暂时不知这二者在确定目标上的差异。

内容领域数据呈现的注意事项

任何内容领域的学生进步监测都采取相同的数据呈现程序。统计图中的刻度可能会因内容领域而异，然而，如果你想开展跨领域的比较，可能会遇到一些困惑。例如：假设图9.2的两个统计图来自不同的内容领域，你从这两个统计图中可能容易得出学生在不同内容领域进步各异的结论，但是如果你在每幅图中添加目标线（你也应该添加），你在下结论时就有了参照点。因此，从这个意义上说，在不同内容领域采用不同的纵轴刻度并不是太大的问题。我们建议在同一内容领域所有学生采用相同的纵轴刻度，以便开展学生之间（如果你有这个倾向）或者同一年级学生之间的比较。如果你在同一幅统计图中想呈现错误反应分数，则需要确保纵轴刻度从0开始。

干预反应模式中的 CBM 应用

你可能听说过干预反应模式与多层支持系统这两个术语，或者你至少应该在本书第1章看过相关的简短介绍。干预反应模式/多层支持系统尽管存在多种方法，但是都需要运用数据做教学效果的决策。

干预反应模式/多层支持系统运用多层级教学。层级1是指针对全体学生的一般教学。层次2是指对在层级1进步有限的学生提供补救教学。层级3是指对学业困难最严重的学生提供最密集的教学。不同层级的教学都使用相同的课程本位测量，唯一不同之处为测量的频率。密集干预需求最大的学生（层级3），其进步监测的频率最高（除了筛查以外），一般每周一至两次。接受补救教学（层级2）的学生的进步监测一般为每周一次。在一般教学中适度进步的学生（层级1），监测频率更低，一般每月一次或者仅依据每学年三次的筛查测验。上述数据都用于教学决策。

做决策时，找到可以用来将学生的表现进行比较的适宜的表现参照非常重要。只有找到了这个参照，才有了判断的基础。我们已经解释过在使用CBM时可以设置什么样的表现水平与进步速率作为参照标准。如果找不到适宜的基准，常模亦可作为参照标准。这些参照标准都可用于干预反应模式/多层支持系统的两种决策类型。

第一种决策有关教学效果。如果学生的表现水平或进步速率低于标准，我们则认为教学没有达到预期效果。我们所需做的决策是如何调整教学以提高学生的表现水平或进步速率。无论CBM（或其他测量工具）是何种编制质量，都无法提供有关如何选择教学方法或者改变现有教学方法的信息，这时需要教师或者专家运用专业判断（Hosp et al., 2014）做决策。尽管教学决策不乏结构化的方法（参见本章的"资源与拓展阅读"），但是只能提供决策的原则，仍无法直接告知该做什么。

在干预反应模式/多层支持系统框架下的第二种决策有关补救教学（如特殊教育）的资格。尽管是否有资格获得补救教学往往与是否被划分为学习障碍相关，但也可以基于一些笼统的判断做出资格决策。这个方法又被称为特殊教育的不分类方法，指在向学生提供服务前，不需要判定学生所属的残疾类型。

资格判定的最常用方法为双重差异法（dual discrepancy method）。因为 CBM 提供了学生表现的数据（学生展现的水平）与进步数据（学生进步的速率），你可以将上述数据与标准（常模或基准）进行比较。

因为当前没有专著论述干预反应模式/多层支持系统，对此我们确实无法深入探讨。CBM 是干预反应/多层支持系统的核心组成部分，这无须多言。如果你对干预反应模式/多层支持系统有兴趣，请参见本章"资源与拓展阅读"中所列资料。

电脑制图与数据管理软件

有许多不同的电脑制图与数据管理软件可供选择。有些主要用于特定的 CBM 公司产品，有的可根据使用者的需要灵活纳入其他测量。下面列出的这些软件都允许使用者输入与呈现数据。有些基于网络，有些为单机软件（意味着你可以将之安装在台式电脑、平板电脑或者其他电子设备中）。有些软件允许数据管理与存储，以便开展跨年度的比较与分析。有些甚至可以收集数据与评分！软件的费用各不相同。有些取决于购买的授权级别（如个人、学校），有些取决于购买的服务。当前存在如下三种电脑系统类型：专用材料软件、不限材料软件、电子制表与数据管理软件。请根据你的特定需要选择软件类型。下面将从几个方面介绍每种软件：

- 类型：软件是网络版（指数据存储在远程服务器并通过网络访问）还是单机版（指软件安装在特定电脑中并通过该电脑访问）？
- 数据：软件是否允许跨年度数据管理与分析，还是只允许年度内访问与使用？
- 费用：是否存在软件购买费用或使用费用？费用是一次付清还是持续使用付费？
- 自动模式：软件提供电脑化测验与记分吗？还是只提供数据管理与解释？
- 技能：本书探讨的技能可运用软件处理吗？
- 备注：关于该软件的附加信息。

专门材料软件

aimsweb（*Pearson*：*www.aimsweb.com*）

- 类型：网络版
- 数据：跨年度
- 费用：持续使用费
- 自动模式：数据管理与存储，有些提供基于浏览方式的记分系统
- 技能：阅读、早期阅读、拼写、写作、数学、早期数字
- 备注：早期阅读材料同时提供西班牙语版本。

DIBELS Data System（*dibels.uoregon.edu*）

- 类型：网络版
- 数据：跨年度
- 费用：持续使用费
- 自动模式：数据管理与存储
- 技能：阅读、早期阅读、数学、早期数字
- 备注：同时提供西班牙语版本。

DIBELSnet（*dibels.net*）

- 类型：网络版
- 数据：跨年度
- 费用：持续使用费
- 自动模式：数据管理与存储
- 技能：阅读、早期阅读
- 备注：同时提供西班牙语版本。

EasyCBM（*easyCBM.com*）

- 类型：网络版
- 数据：跨年度
- 费用：免费（EasyCBM 精简版），持续使用费
- 自动模式：在线测验与记分（仅限于阅读理解和数学）、数据管理与存储
- 技能：阅读、早期阅读、数学

Edcheckup（*www.edcheckup.com*）

- 类型：网络版

- 数据：跨年度
- 费用：持续使用费
- 自动模式：基于浏览器的记分、数据管理与存储
- 技能：阅读、早期阅读、数学

FastBridge Learning (*fastbridge.org*)
- 类型：网络版
- 数据：跨年度
- 费用：持续使用费
- 自动模式：电脑化记分（仅限于短文朗读）、数据管理与存储
- 技能：阅读、早期阅读、数学、早期数字
- 备注：同时提供西班牙语版本。

STEEP (*isteep.com*)
- 类型：网络版
- 数据：跨年度
- 费用：持续使用费
- 自动模式：在线测验（短文朗读除外）、记分、数据管理与存储

Yearly Progress Pro (*YPP；DRC/CTB：www.ctb.com*)
- 类型：网络版
- 数据：跨年度
- 费用：持续使用费
- 自动模式：电脑化测验，记分、数据管理与存储
- 技能：阅读（完形填空）、数学（计算、概念与运用）

不限材料的软件

Intervention Central (*Chart Dog：www.interventioncentral.org*)
- 类型：网络版
- 数据：年度内
- 费用：免费
- 自动模式：数据管理与存储
- 技能：阅读、早期阅读（DIBELS，LSF，WIF）、拼写、写作、数学（早期数字、计算、概念与运用）
- 备注：仅面向进步监测。可根据其他 CBM 测量定制。

电子制表与数据管理软件

DataDirector（修订版出版中）

- 类型：网络版
- 数据：跨年度
- 费用：持续使用费
- 自动模式：数据管理与存储
- 备注：相比专门材料系统，使用时需要更多时间，但可提供报告与表格模板以满足需要，节省时间。

Excel（微软公司）

- 类型：单机版
- 数据：跨年度
- 费用：一次性收费（与微软办公软件捆绑）
- 自动模式：数据管理与存储
- 备注：Excle 不能生成某些统计图；但是，数据可方便导入其他软件。需要更多时间（因为需要从零起步创建系统），但可灵活满足地区需要。

FileMaker Pro (*FileMaker*)

- 类型：单机版（亦有网络版）
- 数据：跨年度
- 费用：一次收费
- 自动模式：数据管理与存储
- 备注：需要更多时间（因为需要从零起步创建系统），但可灵活满足需要。不像 Excel 那样容易获得（可能会遇到访问问题）。

Numbers（苹果公司）

- 类型：单机版
- 数据：跨年度
- 费用：持续使用费
- 自动模式：数据管理与存储
- 备注：需要更多时间（因为需要从零起步创建系统），但可灵活满足需要。不像 Excel 那样容易获得（可能会遇到访问问题）。

呈现 CBM 数据的常见问题

1. CBM 会改变学生的课程吗？CBM 不会造成学生课程的改变，因为课程根据州课程标准或学生的 IEP 而设置。CBM 确实会引起教学更加频繁的调整，但这些根据 CBM 数据做出的必要调整可以改善学生的表现。请记住，CBM 不是课程或干预，而是提供有关学生回应课程或干预程度的数据。

2. 中位数能够有效预测学生的基线期表现吗？一般而言，中位数可以代表基线期的表现。然而，在行为测量或单一被试研究中它们并不一样。中位数更像起点分数或干预前分数。我们无法一直等待到出现稳定的基线期表现才开展干预，因为我们测量的技能自身不具备稳定性。如果学生在 3 周或更长时间内的表现未有提高的迹象，我们不应该继续等待，而应该尽快展开干预。

3. 如果学生提前达到目标，我需要继续监测进步以确认该生是否超越目标吗？当然需要！当学生连续四次得分超过目标线时，你应该设定更高的目标。如果学生的目标为达到基准或跟上同学，你可以减少监测的频率，以便你有更多时间关注其他有困难的学生。

4. 干预区间分割线为什么重要？将干预区间分割线放置在统计图中的目的是方便区分不同干预阶段或者教学阶段。这些分割线帮助使用者快速且清晰地判定此处发生了哪些不同情况，以及这些情况对学生的进步速率影响如何。

5. 当监测学生进步时，你允许学生的表现低于目标线多久才开始重新评估教学水平？当学生的表现连续低于目标线 4 个数据点时，你应该考虑调整教学，而不是假设该生所接受的教学水平不同。该生的表现水平可能相当稳定，而该生的进步速率没有达到应有的标准。

6. 当学生的表现低于目标线时，展示学生的统计图是否适宜？当然适宜。学生乐于看到自己的进步，尤其当展示学生何时学习良好与何时学习欠佳时，这种展示非常具有激励性。我们不是传达学生学得好或者学得不好的信息，我们需要借助统计图开展改变教学的讨论（讨论的深度取决于学生个体与所处的年级）。开场白可能是："你的表现不错，但你取得的进步没有我们预期得好。我可能应该尝试其他的阅读教学方法。"

7. 何时适合提高学生的目标？在至少收集了 6~8 个数据点后，如果发现学生连续 4 个数据点高于目标线，即可提高该生的目标。

第 10 章

CBM 的规划与运作

如果没有切实可行的计划，我们美好的愿望就不会实现。投入时间和精力进行准备能够确保 CBM 成功实施，这是有价值的工作环节。开启 CBM 之后，保持 CBM 通畅运作同等重要。我们特别强调，应避免为了收集数据而收集数据。数据处理的最终目的是带来学生的改变。因此，我们鼓励运用类似课程本位评价这样的方法来决定行动步骤，以及采用合适的方法回顾与使用数据来做更适宜的教学决策。请参见第 2 章有关 CBE 与 CBM 关系的论述。本章将概述在最初实施之前、期间、之后如何制订使用 CBM 的计划。我们也针对如何开启 CBM 和保持 CBM 运行提供有价值的建议。我们鼓励大家亦可运用 CBM 来指导使用所收集的数据。

制订使用 CBM 的计划

你决定开始实施 CBM 了。祝贺！按照精心制订的计划，你很快会看到自己借助 CBM 促进全体学生获得更大的学业成功。因为 CBM 提供了每个学生的数据库，你可以借此评估教学的效果。无论是在课堂、年级、学校还是学区层级实施 CBM，我们需要考虑的因素都是相似的。

我们将制订计划的过程分解成 10 个步骤。附录 B 提供了开启清单。当你填写清单时，还需要考虑以下几点以确保决策合理。

CBM 最初实施之前、期间、之后的 10 个步骤

实施 CBM 之前

第 1 步：谁将使用 CBM

这取决于 CBM 的使用目的。下面是每个教育层级使用 CBM 时需要考虑的方面：

- 班级：这仅是某个教师感兴趣的议题吗？如果是，该教师能在班级内筛查与监测进步，但她无法就年级教学在多大程度上满足了全体学生的需求，与同年级的同事展开讨论。

- 年级：这仅是某个年级的教师感兴趣的议题吗？如果是，该年级的教师能在本年级内筛查与监测进步，但是他们无法知晓与学校其他年级或本学区其他学校的学生相比，自己年级学生的表现有何差异。

- 学校：这仅是某个学校感兴趣的议题吗？如果是，该校老师能在全校范围内筛查与监测进步。他们能进行跨年级的比较，看看有多少学生在指定学年内与跨学年期间学业处于正常范围以及取得了进步。这可作为该校学生成就水平的总体指标。但是如果只有 1~2 所学校采用 CBM，就无法在学区内开展校级比较。

- 学区：学区决定每所学校都采用 CBM 吗？如果是，本学区的老师能开展学区范围内的筛查与进步监测。他们根据在筛查中达到了基准的学生数量，以判定所有年级的教学是否满足了学生的需要，从而能审视整个学区系统。当 CBM 数据包含每一位学生时，我们可以提出与回答更多的问题。学区内每一所学校都必须使用相同的测验材料，并在相同的时间内测验学生，这样的测验结果才具有可比性，这是特别需要注意之处。

第 2 步：测量哪一种 CBM 技能

如果你对 CBM 的所有领域都感兴趣，这个问题可能很难回答。既然大部分学生的问题集中在阅读，也许先从这个领域开始是个不错的选择。每个内容领域需要考虑的因素如下：

- 早期阅读（首音、音素分割、字母命名、字母发音、无意义单词、单词识别）：学生的技能水平是考虑因素，已经掌握阅读技能的学生不再需要某些早期阅读技能。但是，在没有获得支持假设的数据之前永不假设学生已经掌握了上述早期阅读技能。

- 阅读（短文朗读、完形填空）：只有完形填空 CBM 可团体施测，鉴于阅读是关键领域，所有测验对于筛查与进步监测意义重大。

- 写作：这是实施时间最长的 CBM 测验，可团体施测以节省时间。在熟练运作其他某个领域的 CBM 后，再来实施此测验是非常合适的选择。

- 早期数字（口头数数、点数、读数、找出缺失数字、比较数字大小）：各子维度

均只能个别施测。

- 数学［计算（多种运算与单一运算类型）、数学概念与应用］：可团体施测以节省时间。
- 词汇：可团体施测以节省时间。

第 3 步：将使用什么测验材料

该步骤的决策将决定 CBM 使用过程的难易程度。以下为每个内容领域都应考虑的因素：

- 使用具备记分与数据绘图功能的商业产品。商业产品不仅能节省时间，还能提供某些优良的结果输出。商业产品通常基于网络，指在网络上实施测验，而且可在网络上便捷查看数据。接受测验的学生、教师、校长和其他管理人员都可以查看数据。有些产品还允许家长在网络上查看子女的数据。
- 购买现成的材料与自制绘图软件。如果只有一到两位教师使用 CBM，这个选择可能最佳。缺点是你不得不复印和整理测验材料，创建与运行绘图软件。购买现成测验材料的渠道请参见第 3—8 章的信息栏。
- 购买现成的材料与手绘统计图。该选项只适用于某个教师在班级内或针对少部分学生使用 CBM 的情况。

第 4 步：何时开始施测

时间就是一切，因此尽早提前规划非常重要。你需要记住：开展人员培训、购置材料并安排妥当、试测也需要几周的时间。每学年需要考虑的因素如下：

- 秋季：这是开启筛查与进步监测的最佳时间。我们需要在上一学年末或者暑假结束前制订计划。最好在学生返校后的第二、三周再开始测验，因为学生需要一些时间重新习得在漫长暑假中未有机会使用或练习的技能。
- 冬季：如果秋季你来不及统筹安排人员培训、材料准备与测验组织等事宜，则等到冬季可能更好，以免因时间匆忙而在工作中出错。尽管缺失了第一学年的秋季数据，但你在冬季仍能够筛查所有学生并开启进步监测。测验窗口期不应紧邻长假之后，而应该安排在学生有时间重归学习日程之后。
- 春季：这是开启 CBM 测验的最后一个选择。一般而言，春季可用于向教职人员介绍 CBM、培训人员、开展试测。如果春季开展人员培训，而夏季这个时间段教职人员是不实施测量的，那么你需要确保秋季的时候能开展培训回顾活动（review training）。

第 5 步：谁来培训教职人员

信息的质量有时取决于提供者。正如我们所见，再好的实践措施，如果缺乏优质的培训，效果也不佳。因此，组织优质的培训，确保教职人员具备施测所需的完备知识与技能，是值得花钱花时间去做的事。以下为考虑因素：

- 聘请专业培训者。专业培训者的水平也参差不齐，因此最好四处询问去寻找具备专业知识、胜任培训的合适人选。如果资源有限，可以与附近学区和其他学校的人员分享信息并齐心协力解决问题。优质的培训，效果迥然不同。沿着这个思路，将后续培训也列入计划中。找到合适人员答疑解惑、辅助解释数据也非常重要。

- 安排先接受了培训的两三位教职人员担任培训者。该方法可以节约时间和费用，如果先接受培训的教职人员已经具备深厚的 CBM 基础知识，培训效果也会不错。但如果先接受培训的教职人员不具备上述基础知识，他们分享的信息可能无法准确反映 CBM 的真实面貌。

- 自学已出版的材料并进行团体练习。如果专业培训目前遥不可及，可以考虑组建一个团体，共同学习和练习所用材料。该团体应该已经具备有关测量的知识，理解标准指导语的重要性，这一点需要引起注意。这种模式需要投入更多的学习和练习的时间，从而为 CBM 的正确实施做好准备。

实施 CBM 期间

第 6 步：谁管理测验材料

这关乎测验组织与时间管理的问题。材料管理包括购买、印刷、整理、分发、记分、标记学生姓名以及将学生信息输入在线数据系统。负责管理材料的人员需要有时间完成上述任务。为每个教师与学生购买或印刷、整理材料都需要耗费时间。最好提前整理好材料以便复核。应在收集数据之前安排施测与记分的练习时间。以下为考虑因素：

- 教师（普通班级教师，层级 1 的教师，ESL[①] 课程教师，特殊教育教师）：因为教师们已经熟悉了测量的具体细节，安排单个教师整理材料比较合适。教师们对于如何提高测验材料编制、收发与保存的效率也都非常在行。相比多人负责，单个人员管理在线数据能减少犯错的次数。

- 管理人员（校长、副校长）：安排管理人员参与测验材料的管理，这是个不错的方法；但是大多数管理人员日程较满，可能无法参与日常的材料管理工作。管理人员参与培训与数据收集可能是较好的做法。

- 辅助人员（言语治疗师、阅读教练、学校心理学家）：安排辅助人员管理材料能有助于他们参与测量，并且增加他们与校内其他教育工作人员直接共事的机会。唯一的问题是辅助人员可能常常和你不在同一个教学楼里，找到他们可能会花费时间。

- 助手（行政助理、家长志愿者）：如果行政助理和家长志愿者有时间且有管理能力，吸纳他们加入是个不错的选择。因为测验涉及学生事务，如果有志愿者参与材料

[①] 编注：ESL，英文全称是 English as a Second Language，指的是英语非母语的学生对英语的使用和学习。

管理的工作，你必须非常谨慎，令其注意保密。

第7步：谁收集数据

收集数据所需时间与数据拥有权至关重要。基于这两个关键因素你来制订 CBM 计划。此外，确保数据收集过程的忠诚度也非常关键。参见附录 B 中的 CBM 实施的一般忠诚度检核清单来辅助完成该项考核。下面为每个选项的考虑因素：

- 教师个体：安排教师协助数据收集工作，这有助于他们了解 CBM 和理解学生在测验中需要完成的任务以及测验结果的意义。我们的经验是，如果教师不参与自己学生的数据收集工作，他们会认为这是你的数据而非他们自己的数据。开展进步监测时，应由教师收集自己学生的数据。筛查时，采取团队工作模式，教师协助收集本班学生的某些数据而非全部数据，这样的安排更有效率。但是，如果教师能够收集本班学生的所有数据，这是优先选择，因为教师可以借此获得平常无法得知的学生信息。

- 团队（普通班级教师、特殊教育教师、教师助手、校长、学校心理学家、阅读教练、言语治疗师）：团体工作模式适合于筛查。学校或学区参与培训的人员越多，数据收集的速度越快，而且人们会更重视当前的测验，更乐意参与其中并协助解决问题。尤其当校长也成为团队成员时，对数据收集工作的促进作用最大。当吸纳家长志愿者与高年级学生协助数据收集工作时，我们要特别谨慎。我们曾发现非学校直接聘用人员参与测量会有泄密的风险。同样，家长和高年级学生也可能因缺乏测验的专门知识而无法保障数据收集的正确性。

第8步：数据在哪里收集

这还是有关时间管理的议题。数据收集必须高效，一方面尽可能减少对教学的干扰，另一方面尽可能快速。下面是每个场所的考虑因素：

- 教室：由教师负责本班学生的测验。这会占用教学时间，可能也不是收集数据的最快方法。团队可以进入教室，协助完成全班学生的测验。尽管这样减少了对教学时间的占用，但也不是最快的收集方法，因为团队成员不仅需要随身携带所有测验材料，还需要分开组织每个教室的测验。

- 学校中心位置（如图书馆、餐厅、多功能教室）：安排在这些场所收集数据速度最快，对教学时间的挤占最少。团队只需要在同一个房间存放所有材料并安排不同班级学生前来测验。全班学生集体前来测验地点可以加快测验进程。当部分学生参与测验的时候，其他学生在成人监管下安静读书。这时家长志愿者与其他教职人员协助监管等待的学生，或者去把下一个班级的学生带过来。

实施 CBM 之后

第9步：在完成数据收集以后谁负责管理数据

简单的数据管理方法可提高 CBM 运用的效率。该步骤对于任何类型的测验都非常重要。随着越来越多的网络 CBM 数据与材料的开发，数据管理工作日趋精细化，效率趋高。教师可以通过网络数据系统实时输入学生的回应，随后系统自动记分、绘制统计图与存储数据，在测验结束后上述任务几乎能够立即完成。这个环节节省下的时间提高了数据收集的效率，也使教师有更多的时间回顾和分析数据。以下是每个选择的考虑因素：

- 每个教师负责输入并用统计图呈现自己学生的数据：如果教师能够提前规划好这项工作的时间并排进日程表，这也是不错的主意，而且用这个方法可以缩短从学生测验到数据统计图打印之间的时间周期。对教师而言，关键任务不是输入数据和绘制统计图，而是查看数据与设计教学。因此，此项工作并非教师的必要任务。更何况，通过网络 CBM 软件每个教师可以高效地输入数据并用统计图加以呈现。

- 每个年级或每所学校有专人负责输入数据并用统计图加以呈现：如果每所学校都有人专门负责此项工作，则更有效率。每个学校安排一位或多位人员负责输入数据与打印统计图，就能缩短从学生开始测验到完成数据输入与统计图打印之间的时间周期。

- 学区团队负责输入数据并用统计图加以呈现：由学区团队成员负责此项任务，这是最后不得已才选择的方法。如果数据需要在其他地方输入，而统计图又需要送至每所学校，这可能增加了测验与数据反馈之间的时间周期。专业团队既理解测量原理，又能辅助数据的查阅与解释，这是该选项的优点。

第 10 步：数据怎样分享

收集收据，然后输入、绘制统计图、打印，最后却将其放入抽屉，这种做法还不如当初不收集数据。无论你使用网络程序或者手动呈现数据统计图，结果都是一样的。一位睿智的校长曾经讲过："我会要求我的老师每天都看看各自的数据。"流程的最后一个步骤才能使整个过程成为有机整体。让管理人员也参与到数据讨论中将有助于年级层级或学区层级的教学策略的制订。下面是数据分享的考虑因素：

- 每位教师亲自负责查看各自学生的数据：除非学校里只有一位教师使用 CBM，该教师自己一人查看即可，否则，安排教师共同判断数据的意义与确定干预方案，这种做法会更有效。

- 同年级所有教师共同查看所有学生的数据：每个年级的教师共同查看全年级的数据，以决定需要格外支持的学生小组和个体，这种做法比较好。团队工作模式比单人工作模式更适合查看与分析数据。

- 学校组建团队负责查阅与分析全校学生的数据：这个方法能够节省很多时间，但是如果团队成员不熟悉学生，他们可能难以理解个别学生所需要的支持。根据年级水平确定学生的学习发展趋势与可能存在的课程薄弱之处，是在学校层级分享数据的好处。

启动 CBM 的建议

在教室、年级、学校或学区启动 CBM 的方法非常多。最有效的方法是组建团队，其中包含管理人员，如校长、测验或特殊教育服务的学区协调员甚至主管。其他成员可以是普通教育教师或特殊教育教师、专家（如阅读教练、言语治疗师、学校心理学家或心理咨询师）。对于为了共同目标共事的团队而言，执行与可持续性乃关键要素。

团队人员能够相互学习，彼此解答在使用 CBM 方面的疑问。以下为有关使用 CBM 的一些观点与建议。

- 施测与记分快速有效。
- 可提供有关学生在阅读、拼写、写作与数学整体技能上的优质信息。
- 基于流畅性。
- 增加教学时间而减少评估时间。
- 可用于对学生进行分组和设计教学。
- 可用于分析跨年级的趋势。
- 每学年对所有学生至少进行三次筛查。
- 可在整个学年内快速便捷监测进步。
- 30 多年的研究证实其信度和效度优良，可用于测量学生的技能。
- 可取代其他费用高且费时的测验。
- 以统计图的形式呈现数据，方便与学生及家长分享。

保持 CBM 运作的建议

提前计划，做好准备，是保障 CBM 在学校或学区中得以标准化的方法。此外，还需要做些相应工作以保持 CBM 运行。以下为有助于 CBM 运行的活动和观点。

- 提前准备好整个学年所需的材料。这包括筛查与进步监测所需的材料。以下为一些实用建议：以不同颜色标记不同年级的学生材料，以便区分；打印学生的名签并粘贴在材料上，可节省大量时间；为参加重测或者新转入学区的学生准备额外的测验材料。另一个建议是把教师/主试材料过塑或者装在防水塑料袋里加以保护，之后装入文件活页夹，一来便于找寻，二来也延长材料的使用时间。如果使用网络系统，则需要花些时间上传学生的信息，并确保测验前系统运行良好。
- 在学年开始之前制订学年日程表。在日历上标记整个学年的工作日期，这有助于每个人计划筛查时间、进步监测时间、数据分享和讨论时间。制订并分发有关CBM信息的月历表（或者将CBM信息添加至学校的月历中），这有助于提醒每个人即将到来的日程与活动。以下为两点实用建议，其一，将进步监测数据收集工作纳入一周日程中，避免采取全天停课以收集相关数据的做法。我们在许多学校看到负责进步监测的只有一人，因而每周花一整天测验学生。其实，学生的老师就能收集数据，这样他们就能看到学生的进步，知道如何更好地帮助学生。其二，测验时间至少要安排在长假结束后的2个教学周以后（尤其是筛查）。有些学生在假期后需要时间重归学校生活，如果测验时间过早，他们可能无法展示最佳状态。

- 让测验数据服务于每天的学校教学工作。在每周的年级会议上可以做数据分析，讨论存在学习困难的学生。或者，将每周的进步监测单送至家长，让家长了解子女在校的学习状况。也可以借助家长—教师见面会分享信息。此外，也可以将CBM分数写入学生的成绩报告单中。

- 同事之间定期分享成功经验。可以在每周或每月开展的教职人员会议或年级会议上进行分享。在学区或学校的通讯报道中强调CBM的成功使用，这是更正式的分享方式。

- 根据需要开展追踪或回顾会议。尤其在第一学年的时候，更应该安排回顾会议，以便教职人员通过在会上提出问题增进对评估程序的了解。如果当前尚无人员具备充足的专业知识和经验来答疑解惑，则聘任顾问完成此项工作。

- 轮流负责数据收集管理工作以避免专人长期分管而倦怠。这种轮流安排也使其他人有机会通过收集与使用CBM数据学会相关技能。建议按照每个季度、半年或年度的方式安排年级之间的轮流。网络系统便于每个人高效使用，能有效减缓从事数据管理工作带来的倦怠。

CBM规划与运作的常见问题

1. 作为特殊教育教师，可以在校方尚未采用CBM的情况下使用CBM吗？当然可以。如果你需要使用CBM数据撰写IEP的长短期目标，那么你不是仅仅可以使用CBM，而是被要求必须使用CBM。特殊教育教师需要密切监测所有学生的学习，而CBM会使进步监测工作变得更加实时与高效，因此你能更好地判断学生是否积极回应了教学。

2. 我怎样劝说学校采用CBM或者至少允许我使用CBM？"如果我每周使用的测验工具信度和效度极好，每个学生测验只需要1~5分钟，而且可以通过这种测验追踪学生的学习进度，你会同意使用这种测验吗？"当我们这么问管理人员时，他们的回答几乎都为"同意"。此外，还可以向管理人员展示统计图，以及描述你如何追踪学生朝向学习目标的进展状况，这个追踪过程也可让教师、学生、管理人员和家长知道。

3. 其他人能实施 CBM 吗？教师助手可以实施 CBM 吗？实施 CBM 有适宜人员，也有不适宜人员。事实上，培训和督导学校其他人员协助收集 CBM 数据，这应该可行。我们不建议家长志愿者和学生成为施测者，以免影响测验施测与记分的保密性和信度。

4. 安排有学习困难的学生的家长在家实施 CBM 是否合适？或者 CBM 是否仅适用于课堂教学？只有满足数据收集信度与保密性要求的人员才能实施 CBM。因此，我们建议只有教师才有资格实施 CBM。教师可以把学生每周的数据统计图送至家长，鼓励家长让子女把内容读给自己听，这都是推进家长参与的好方法。如果你希望家长参与 CBM 数据收集，你应该提供家长专属的 CBM 统计图，而把教师专用的数据保留在校内使用。

5. 如果我第一次使用 CBM，最好从哪个 CBM 任务开始？我们推荐阅读作为开启 CBM 的最佳任务，早期阅读 CBM、短文朗读 CBM 或者完形填空 CBM 任意一个都适用。这是因为阅读是学生最关键的技能，阅读的熟练程度决定了学生能否学业成功与生活成功。此外，关于阅读领域的 CBM 运用研究最为充分，获取途径也较为多样。

附录 A

早期阅读 CBM、短文朗读 CBM 和
完形填空 CBM 常模

这里提供了一些课程本位测量的常模表，书中第 3 章和第 4 章分别陈述了早期阅读 CBM 和阅读 CBM 的基准。由于写作 CBM、早期数字 CBM 和数学 CBM 的基准尚未建立，我们在本书相应章节仅提供常模。

表 A1　早期阅读 CBM 常模

百分位数	学前班			一年级		
	秋季	冬季	春季	秋季	冬季	春季
首音						
90%	16	16	16	—	—	—
75%	15	16	16	—	—	—
50%	**13**	**16**	**16**	**—**	**—**	**—**
25%	9	14	16	—	—	—
10%	6	12	15	—	—	—
音素分割/单词分割						
90%	19	32	34	33	34	34
75%	10	30	32	31	33	34
50%	**5**	**26**	**30**	**28**	**30**	**32**
25%	0	19	27	24	27	30
10%	0	10	22	19	24	27
字母命名						
90%	45	64	70	62	75	—
75%	38	55	60	52	69	—
50%	**25**	**45**	**52**	**44**	**59**	**—**
25%	14	36	43	36	48	—
10%	5	26	35	28	39	—
字母发音						
90%	31	49	61	49	65	—
75%	23	42	53	43	56	—
50%	**13**	**33**	**44**	**33**	**47**	**—**
25%	5	23	36	25	36	—
10%	1	15	27	19	23	—
无意义单词						
90%	—	14	21	22	33	42
75%	—	11	17	16	24	32
50%	**—**	**7**	**13**	**11**	**17**	**23**
25%	—	4	9	7	12	16
10%	—	1	5	4	9	12
单词识别/高频词朗读						
90%	—	40	58	62	80	93
75%	—	20	44	49	67	82
50%	**—**	**8**	**25**	**27**	**52**	**69**
25%	—	4	11	11	35	56
10%	—	1	5	5	21	44

注：经 FastBridge Learning 许可后复印。

表A2　短文朗读CBM常模：正确朗读单词数量（WRC）

年级	百分位数	秋季（WRC）	冬季（WRC）	春季（WRC）
一年级	90%	67	100	128
	75%	31	68	97
	50%	**13**	**36**	**67**
	25%	6	19	40
	10%	2	11	22
二年级	90%	115	140	156
	75%	88	115	131
	50%	**62**	**88**	**106**
	25%	35	64	82
	10%	17	39	59
三年级	90%	143	162	179
	75%	116	139	152
	50%	**87**	**111**	**127**
	25%	59	84	98
	10%	38	56	73
四年级	90%	160	178	196
	75%	134	152	168
	50%	**107**	**125**	**139**
	25%	84	101	112
	10%	61	78	90
五年级	90%	176	192	205
	75%	150	168	181
	50%	**121**	**139**	**153**
	25%	94	111	123
	10%	74	87	98
六年级	90%	189	204	219
	75%	165	179	195
	50%	**141**	**155**	**166**
	25%	116	131	141
	10%	91	106	115
七年级	90%	188	199	213
	75%	167	180	190
	50%	**144**	**155**	**167**
	25%	119	130	141
	10%	97	107	118
八年级	90%	184	194	203
	75%	165	175	185
	50%	**146**	**155**	**163**
	25%	123	132	142
	10%	99	109	119

注：来源于aimsweb（2015）。

表 A3　完形填空 CBM 常模：正确选择单词数量（WCR）

年级	百分位数	秋季（WCR）	冬季（WCR）	春季（WCR）
一年级	90%	6	14	17
	75%	3	9	13
	50%	**1**	**4**	**8**
	25%	1	2	5
	10%	0	1	2
二年级	90%	12	21	24
	75%	8	16	20
	50%	**4**	**11**	**15**
	25%	2	6	10
	10%	1	4	7
三年级	90%	22	25	28
	75%	17	20	22
	50%	**13**	**15**	**16**
	25%	8	11	11
	10%	5	7	8
四年级	90%	22	32	34
	75%	18	27	28
	50%	**14**	**20**	**20**
	25%	10	15	15
	10%	6	11	11
五年级	90%	29	35	39
	75%	23	29	33
	50%	**17**	**22**	**27**
	25%	12	17	20
	10%	8	12	15
六年级	90%	36	43	44
	75%	28	35	35
	50%	**22**	**29**	**28**
	25%	16	22	22
	10%	11	17	16
七年级	90%	37	40	45
	75%	31	33	39
	50%	**24**	**27**	**31**
	25%	18	20	24
	10%	14	15	18
八年级	90%	38	37	44
	75%	31	29	36
	50%	**25**	**23**	**28**
	25%	18	17	22
	10%	13	13	17

注：来源于 aimsweb（2015）。

附录 B

实施 CBM 的快捷指南与表格

第 3 章

  首音 CBM 指导语

  首音 CBM 记分快捷指南

  音素分割 CBM 指导语

  音素分割 CBM 记分快捷指南

  字母命名 CBM 指导语

  字母命名 CBM 记分快捷指南

  字母发音 CBM 指导语

  字母发音 CBM 记分快捷指南

  无意义单词 CBM 指导语

  无意义单词 CBM 记分快捷指南

  单词识别 CBM 指导语

  单词识别 CBM 记分快捷指南

第 4 章

  短文朗读 CBM 指导语

  短文朗读 CBM 记分快捷指南

  提供练习题的完形填空 CBM 指导语

  不提供练习题的完形填空 CBM 指导语

  完形填空 CBM 记分快捷指南

第 5 章

  写作 CBM 指导语

写作 CBM 记分快捷指南：总字数（TWW）

写作 CBM 记分快捷指南：正确拼写单词数量（WSC）

写作 CBM 记分快捷指南：正确写作顺序（CWS）

第 6 章

　　口头数数 CBM 指导语

　　点数 CBM 指导语

　　口头数数与点数 CBM 记分快捷指南

　　读数 CBM 指导语

　　读数 CBM 记分快捷指南

　　找出缺失数字 CBM 指导语

　　找出缺失数字 CBM 记分快捷指南

　　比较数字大小 CBM 指导语

　　比较数字大小 CBM 记分快捷指南

第 7 章

　　计算 CBM 指导语（单一运算类型）

　　计算 CBM 指导语（多种运算类型）

　　计算 CBM 记分快捷指南

　　数学概念与应用 CBM 指导语

　　数学概念与应用 CBM 记分快捷指南

第 8 章

　　词汇匹配 CBM 指导语

　　词汇匹配记分快捷指南

第 9 章

　　进步监测数据表

第 10 章

　　实施之前、期间、之后的 CBM 检核表

　　实施 CBM 忠诚度检核表

首音 CBM 指导语

1. 共有五页题目（一页练习题，四页测验题），将包含四张图片的首音 CBM 练习题放在学生面前。将测验题正面朝下放在教师/主试旁边。
2. 教师/主试须将自己使用的材料放在带夹写字板中，或者在计算机屏幕上显示记分纸，以防学生看到。
3. 教师/主试说："我们来完成单词发音任务。请看图片，这是 key、bat、dolphin、water（边说边指对应的图片）。key、bat、dolphin 和 water 中哪个单词的第一个音是/k/？"
    a. 如果回答正确，教师/主试说："很棒。key 的第一个音是 /k/。"然后继续进行练习题2。
    b. 如果回答错误，教师/主试说："再试一次。key（指向图片 key）是/k/音开头，/k/——key（将手指从图片上移开）。以下哪个单词的第一个音是/k/？"
        - 如果回答正确，教师/主试说："很棒。key 的第一个音是/k/（指向图片 key）。"
        - 如果回答错误，教师/主试说："key 的第一个音是/k/"（指向图片 key）。"继续重复练习题1。
4. 对于练习题2，教师/主试说："我们试试别的。我说单词 bat（指着图片 bat），请你说出 bat 的第一个音。bat 的第一个音是 /b/。现在你来试一试，water 的第一个音是什么？（指着图片 water）。"
    a. 如果回答正确，教师/主试说："很棒。water 的第一个发音是/w/。"然后开始正式施测。
    b. 如果回答错误，教师/主试说："再试一次，water 的第一个音是/w/（指向图片 water）。/w/——water。water 的第一个音是什么？（指向图片 water）。记住，只说第一个音。"
        - 如果回答正确，教师/主试说："很棒。water 的第一个音是/w/。"
        - 如果回答错误，教师/主试说："你听，water 的第一个音/w/，第一个音是/w/。"然后开始正式施测。
5. 开始正式施测，教师/主试说："接下来你会看到更多图片，请听清楚图片名称，回答每个问题。准备好了吗？开始（启动计时器）。"
6. 将第一页附有四张图片的首音 CBM 测验题放在学生面前，清晰地提出每个问题，在说单词的同时指着对应图片。学生回答完毕，教师/主试立即提出下一个问题，请勿对学生的回答给予任何反馈。如果学生停顿5秒钟后没有对问题做出回应，则认定该题回答错误，继续测验下一题。使用 FastBridge Learning 测验页面上的提示直到完成16道题的测验。
7. 在第16道完成或测验中止后按停计时器。

———

经 FastBridge Learning 许可后改编。

首音 CBM 记分快捷指南

回答正确的记分

首音 CBM 根据正确发出或识别的单词起始音来记分。每个正确发出的首音都在记分纸上标记为正确（得 1 分）。

- 发音正确：首音发音正确。
- 回答正确：学生指出对应单词的首音与教师/主试所发语音相一致的正确图片。
- 5 秒内自我纠错：单词首音发音错误但在 5 秒内自行更正，或指向错误图片但在 5 秒内自行更正。
- 方言/语音：发音的差异是由方言或语音生成上的差异引起的。
- 重复：在读单词时，多次重复同一个发音或多次指向同一张图片。
- 插入：加入非重读央元音。

回答错误的记分

在记分纸上标记学生的错误回答（得 0 分）。

- 错误发音/替换：发音错误，或者替换成其他发音，或者指向错误图片。
- 犹豫无回应：5 秒之内未主动回应，教师/主试提示做下一题。
- 犹豫有回应：尝试回答，但在 5 秒内没有完成，教师/主试提示做下一题。

音素分割 CBM 指导语

1. 教师/主试须将自己使用的材料放在带夹写字板中，以防学生看到。
2. 教师/主试说："我们来读出单词的发音。先听我读单词 fan 的每一个音 /f/ /a/ /n/。请听下一个单词（停顿），jump, /j/ /u/ /m/ /p/。该你了。读出 soap 的每一个音。"
   a. 如果学生发音正确，教师/主试说："读出了 soap 的每一个音，非常好。"然后开始正式施测。
   b. 如果学生发音错误，教师/主试说："我说 soap，你读 /s/ /oa/ /p/。该你了。读出 soap 的每一个音。"
      - 如果学生发音正确，教师/主试说："很好。"然后开始正式施测。
      - 如果学生发音错误，教师/主试说："没关系。"然后开始正式施测。
3. 测验开始之前，教师/主试说："我会读更多的单词，我来读，你读出单词的每一个音。"
4. 读出单词表的第一个单词，然后按下计时器。
5. 1 分钟后按停计时器，在学生发完的最后一个音后标记] 符号。

___
经 DIBELS 许可后改编。

音素分割 CBM 记分快捷指南

回答正确的记分

根据学生正确发出的单词不同部分的音进行记分。在每个正确发音部分下方画线，记作一个正确发音。

- 发音正确：每个发音都正确。
- 3 秒内自我纠错：学生最初发音错误但在 3 秒内自行更正，记作正确发音。
- 方言/语音：发音的差异是由方言或语音生成上的差异引起的。
- 重复：多次重复同一个发音。
- 插入：在单词或非重读央元音的开头、中间、末尾添加发音。

回答错误的记分

对于学生的所有错误发音，都要在错误处画斜线。如果学生未能发出某个音，则不在单词相应位置做任何标记。如果学生未分割单词发音，则将单词画圈。

- 发音错误/替换：发错音或用其他发音替换。
- 缺失（遗漏）：未发出某些音。
- 犹豫无回应：3 秒之内未主动回应，教师/主试提示读下一个单词。
- 犹豫有回应：主动回应但时间超过 3 秒，教师/主试提示读下一个单词。
- 颠倒：颠倒两个或更多的发音。
- 读出单词整体发音：没有将单词发音分割成不同的部分。

字母命名 CBM 指导语

1. 将测验题放在学生面前。
2. 教师/主试须将自己使用的材料放在带夹写字板中，以防学生看到。
3. 教师/主试说："这些都是字母。请你指出每一个字母并说出它的名字。"（将印有字母的一页放在学生面前。）
4. 开启测验，教师/主试说："从这里开始（手指指向页面顶部的第一个字母）。这样开始（用手指扫过前两行字母），读出每个字母名。请把手指放在第一个字母下面（用手指）。准备好了吗？开始。"
5. 说"开始"后启动计时器。
6. 1 分钟后按停计时器，在学生读完的最后一个字母后标记] 符号。

———————

经 DIBELS 许可后改编。

字母命名 CBM 记分快捷指南

回答正确的记分

字母命名 CBM 依据每个字母的正确发音来记分。每个命名正确的字母都计入正确总数，只对命名错误的字母和自我纠错的字母在记分纸上做标记。

- 发音正确：每个字母必须都正确命名。
- 3 秒内自我纠错：学生最初发音错误但在 3 秒内自行更正，记作正确命名。
- 方言/语音：发音的差异是由方言或语音生成上的差异引起的。
- 重复：多次重复读同一个字母。

回答错误的记分

对于学生的所有命名错误或跳过未读的字母，画斜线标记。

- 发音错误/替换：字母命名错误。
- 缺失（遗漏）：有字母未被命名。
- 犹豫无回应：3 秒之内未主动回应，主试提示该字母的命名。
- 犹豫有回应：主动回应但时间超过 3 秒，主试提示该字母的命名。
- 颠倒：颠倒两个或两个以上字母的命名。

字母发音 CBM 指导语

1. 将测验题放在学生面前。
2. 教师/主试须将自己使用的材料放在带夹写字板中，以防学生看到。
3. 教师/主试说："这是字母（指着测验题）。从这里开始读字母发音（指着第一个字母），如果遇到你不认识的字母，我会告诉你它的发音。尽可能多读一些字母。还有问题吗？把手指放在第一个字母下面。准备好了吗？开始。"（启动计时器，限时 1 分钟。）
4. 当学生读字母发音时，教师/主试要在记分纸上跟随学生的进度，并在发音错误的字母画上斜线（/）。
5. 1 分钟计时结束时说"停"，并在学生最后发音的字母后标记]符号。

经 aimsweb（Shinn & Shinn，2002a）许可后改编。

字母发音 CBM 记分快捷指南

回答正确的记分

在字母发音 CBM 中，根据字母发音中最常用的正确发音来记分。每个正确发音都计入正确的字母发音总数，只在主试记分纸上标记错误发音。表 3.2 提供了字母最常见音的发音标准。

- 发音正确：必须正确发音。短元音（非长元音）在该测验中被认定为正确发音。
- 3 秒内自我纠错：学生起初发音错误但在 3 秒内自行更正，记作正确发音，并在字母上方标记 sc。
- 方言/语音：发音的差异是由方言或语音生成上的差异引起的。
- 重复：多次重复同一个发音。
- 插入：加入非重读央元音。

回答错误的记分

在发音错误或跳过的字母上画斜线标记。

- 发音错误/替换：字母发音错误，或者发成另一个字母的音。
- 缺失（遗漏）：未发出某些字母的音。
- 犹豫无回应：3 秒之内未主动回应，教师/主试提示该字母的发音。
- 颠倒：两个或两个以上的发音颠倒。

From Michelle K. Hosp, John L. Hosp, and Kenneth W. Howell (2016). Copyright © The Guilford Press. Permission to photocopy this material is granted to purchasers of this book for personal use or use with individual students (see copyright page for details). Purchasers can download additional copies of this material (see the box at the end of the table of contents).

无意义单词 CBM 指导语

1. 向学生呈现无意义单词 CBM 测验题。
2. 教师/主试须将自己使用的材料放在带夹写字板中，以防学生看到。
3. 教师/主试说："我们来读一些编造的假单词，例如 tup（主试用手指着单词 tup）。如果你不会读这个单词，可以读出单词的字母发音/t//u//p/（主试用手指着单词的每个字母）。请读出整个单词的发音。如果你不知道怎么读，可以试着读出单词中每个字母的发音。"
4. 教师/主试说："你来试试，读这个假单词。"（主试用手指着 pof。）
   a. 如果学生读出了整个单词，教师/主试说："很棒！字母 P、O 和 F 组成了这个假单词 POF。"然后开始正式施测。
   b. 如果学生读出单词的字母发音，教师/主试说："很棒！单词 POF 的字母发音分别是/p//o//f/。"然后开始正式施测。
   c. 如果学生读错，教师/主试说："这个假单词 POF 读作/p//o//f/——POF。把字母发音拼在一起就是 POF。单词 POF 的字母发音是/p//o//f/。请你读出单个字母的发音或者读出整个单词。"然后开始正式施测。
5. 开始正式施测，教师/主试说："这是一些编造的假单词，需要你读出来。当我说'开始'时，从这里开始读出这些假单词（主试指向第一个单词）。读完这一行接着再读下一行（用手指演示），尽量把每个单词读完整。如果你不知道整个单词怎么读，可以尝试读出单词中每个字母的发音。"
6. 教师/主试说："清楚了吗？你知道怎么做吗？"（要求学生说出如何读出整个无意义单词或读出单词中的字母发音，并不需要他们同时做到这两点。必要时向学生再次解释清楚。）"很棒。"
7. 教师/主试说："准备好了吗？开始。"（从学生读出第一个无意义单词开始计时。）
8. 在教师/主试记分纸上跟随学生的进度。如果使用电脑记分，点击学生说错的单词，如果使用纸质版的记分纸，则在学生说错的无意义单词上画斜线（/）。（不以发音作为记分单元，尽管学生可能逐一念出单词的每个音，但是仍然将单词整体发音作为记分单元。）
9. 在 1 分钟后说"停"，并在学生读到的最后一个单词后标记]符号。

———————

经 FastBridge Learning 许可后改编。

无意义单词 CBM 记分快捷指南

回答正确的记分

在无意义单词 CBM 中，根据字母的最常见发音来记分，既可以一个字母一个字母地读，也可以拼读整个单词。短元音（非长元音）发音、最常见的辅音发音在该测验中被认定为正确发音。请查看表 3.2 获取正确发音的信息。

- 发音正确：逐一正确地念出单词的每个音或者正确拼读单词。
- 自我纠错：最初发音错误或读错单词，但在 3 秒内自行更正，记作正确，并且在单词上方标记 sc 或者在电脑上再次点击单词，取消高亮显示。
- 方言/语音：发音的差异是由方言或语音生成上的差异引起的。
- 重复：在读单词时，多次重复同一个发音。

回答错误的记分

在学生出现发音错误的单词上画斜线标记，或者在电脑上点击单词以高亮显示。

- 发音错误/替换：字母或单词发音错误，或者发成其他字母的音。
- 缺失（遗漏）：未发出某些字母或单词的音。
- 犹豫无回应：3 秒之内未主动回应，主试提示该单词或字母的发音。
- 犹豫有回应：主动回应但时间超过 3 秒，主试提示该字母或单词的发音。
- 颠倒：颠倒两个或更多字母或单词的发音。

From Michelle K. Hosp, John L. Hosp, and Kenneth W. Howell (2016). Copyright © The Guilford Press. Permission to photocopy this material is granted to purchasers of this book for personal use or use with individual students (see copyright page for details). Purchasers can download additional copies of this material (see the box at the end of the table of contents).

单词识别 CBM 指导语

1. 将测验题放在学生面前。
2. 教师/主试须将自己使用的材料放在带夹写字板中，以防学生看到。
3. 教师/主试说："当我说'开始'时，你要尽可能快速、准确地读出这些单词。从这里开始（指向第一个单词），然后接着往下读（手指顺着第一行滑动）。如果碰到不认识的单词，跳过它，尝试读下一个单词。一直往下读，直到我说'停'。还有其他问题吗？开始。"（启动计时器，限时 1 分钟。）
4. 教师/主试要在记分纸上跟随学生的进度，并在读错的单词上画斜线（/）。
5. 1 分钟计时结束时说"停"，并在最后一个单词后标记] 符号。

———————

经 Fuchs and Fuchs（2004）许可后改编。

单词识别 CBM 记分快捷指南

回答正确的记分

根据整个单词的正确发音进行记分。

- 发音正确：单词必须发音正确。
- 3 秒内自我纠错：学生起初单词发音错误但在 3 秒内自行更正。
- 方言/语音：发音的差异是由方言或语音生成上的差异引起的。
- 重复：多次重复一个单词。

回答错误的记分

用斜线（/）标记学生错误识别的单词。

- 发音错误/替换：单词发音错误，或者发成其他单词的音。
- 缺失（遗漏）：未发某些单词的音。
- 犹豫无回应：2 秒之内未主动回应，教师/主试指向下一个单词并提示："什么单词？"
- 犹豫有回应：开始回答但未在 5 秒内完成，教师/主试指向下一个单词并提示："什么单词？"
- 颠倒：颠倒两个单词或更多单词。

短文朗读 CBM 指导语

1. 向学生呈现短文测验题。
2. 教师/主试须将自己使用的材料放在带夹写字板中,以防学生看到。
3. 教师/主试说:"当我说'开始'时,请从第一行(指向文章的第一行)开始大声朗读,读完整页。尽可能读出每一个单词。如果遇到你不会读的单词,我会告诉你。请尽力读好。你还有什么问题吗?开始。"(启动计时器,限时 1 分钟。)
4. 教师/主试在记分纸上追随学生的朗读进度,并在读错的单词上画斜线(/)。
5. 1 分钟计时结束时说"停止",并在最后一个单词后标记]符号。

———————
经 Shinn(1989)许可后改编。

短文朗读 CBM 记分快捷指南

回答正确的记分
根据准确读出的句子中的每个单词来记分。短文朗读 CBM 采用书面(black-and-white scoring)记分,一方面提高对不同学生评分的可靠性,另一方面方便管理记分过程,使每个学生的测验数据清晰可见。
- 发音正确:根据句子的上下文,单词的发音必须正确。
- 3 秒内自我纠错:单词起初读错但在 3 秒内自行更正。
- 方言/语音:发音的差异是由方言或语音生成上的差异引起的。
- 重复:多次重复念同一个单词。
- 插入:增添了单词。

回答错误的记分
对于学生读错的单词在记分纸上画斜线(/)。
- 发音错误/替换:单词发音错误,或者替换成其他单词发音。
- 缺失(遗漏):有单词未读。
- 犹豫无回应:3 秒之内未主动回应,教师/主试提示该单词的发音。
- 犹豫有回应:开始回答但未在 3 秒内完成,教师/主试提示该单词的发音。
- 颠倒:颠倒两个或两个以上单词的顺序。

———————
From Michelle K. Hosp, John L. Hosp, and Kenneth W. Howell (2016). Copyright © The Guilford Press. Permission to photocopy this material is granted to purchasers of this book for personal use or use with individual students (see copyright page for details). Purchasers can download additional copies of this material (see the box at the end of the table of contents).

提供练习题的完形填空 CBM 指导语

1. 在每个学生面前呈现一份完形填空 CBM 练习题（示例请参照图 4.5）。
2. 教师/主试说："今天，你来读一篇小短文。你需要从句中的括号里面选择正确的单词来将句子补充完整。请读短文，当读到三个黑体单词时，请从中选出适合的单词。""我们做几个练习。请看第一页。读第一句：'Bill threw the ball to Jane. Jane caught the（dog，bat，ball）.' 这三个单词中哪个适合填在这个句子里？"
3. 学生回应后，教师/主试说："单词 ball 适合填在此句，'Bill threw the ball to Jane. Jane caught the ball.' 将单词 ball 圈起来。"
4. "现在，我们再来试试第二句。读第二句：'Tom said,"Now you（jump，throw，talk）the ball to me."' 这三个单词中哪个适合填在这个句子中？"
5. 学生回应后，教师/主试说："单词 throw 适合这个句子，'Now you throw the ball to me.' 将单词 throw 圈起来。"
6. 给每个学生发放一份正面朝下的学生版测验短文。
7. 教师/主试说："现在，由你独立做题目。你用 1 分钟时间读一篇短文。当我说'停'时，请立即停下来，不要读了。在我说'开始'之后再继续读。当读到三个黑体单词时，请圈出适合该句的单词。"
   "当答案不确定时，也请从中选择一个。1 分钟结束时我会说'请停笔'。如果提前做完了，请检查答案。不要自行翻到下一页。当我说'请开始'时，再翻页做题。还有其他问题吗？"
   "尽你所能做到最好。拿起铅笔。准备好了吗？开始。"（启动计时器，限时 1 分钟。）
8. 在教室里来回走动巡视，确保学生从每组单词中圈其中一个选项，而不会跳过。
9. 1 分钟后，教师/主试说："停止作答。把笔放下。"
10. 按照如下指导语分别用另外两篇短文进行施测。
11. 教师/主试说："现在，你阅读另外一篇短文。记得圈出适合该句的单词。即便你不确定，也务必从中选择一个。我说'开始'，你就可以动笔了。"（启动计时器，限时 1 分钟。）
12. 1 分钟后，教师/主试说："停止作答。把笔放下。"
13. 收集所有学生的测验材料。

_____
经 Edcheckup（2005）许可后改编。

From Michelle K. Hosp, John L. Hosp, and Kenneth W. Howell (2016). Copyright © The Guilford Press. Permission to photocopy this material is granted to purchasers of this book for personal use or use with individual students (see copyright page for details). Purchasers can download additional copies of this material (see the box at the end of the table of contents).

不提供练习题的完形填空 CBM 指导语

1. 将学生版测验短文正面朝下放在每个学生面前。（最好提前把学生名字写在测验题纸上。）
2. 教师/主试说："当我说'请开始'时，开始默读第一篇短文。当读到括有三个单词的位置时，圈出最合适的选项。以最快的速度，尽力作答。如果第一页做完，请翻到下一页继续做，直到我说'停止作答'或者你提前答完。还有其他问题吗？开始。"（启动计时器，限时 3 分钟。）
3. 在教室里来回走动巡视，确保学生在每组单词中只圈一个选项，并且不会跳页作答。
4. 3 分钟后，教师/主试说："停止作答。把笔放下并将测验题纸背面朝上。"
5. 收集所有学生的测验题纸。

经 aimsweb（Shinn & Shinn，2002b）许可后改编。

完形填空 CBM 记分快捷指南

回答正确的记分
只有当学生选择了正确的单词将句子完整恢复时，主试才能按回答正确进行记分。学生必须圈出或标注出所选答案。
答案正确：圈出正确单词或在正确单词下面画下划线。

回答错误的记分
无论学生是在错误的单词选项上画圈、画下划线还是空着没作答，主试都应该在正确单词选项上画斜线（/）做标记。

From Michelle K. Hosp, John L. Hosp, and Kenneth W. Howell (2016). Copyright © The Guilford Press. Permission to photocopy this material is granted to purchasers of this book for personal use or use with individual students (see copyright page for details). Purchasers can download additional copies of this material (see the box at the end of the table of contents).

写作 CBM 指导语

1. 教师/主试须向学生提供铅笔和英文稿纸或活页本。
2. 选择合适的故事启发器。
3. 教师/主试说："今天我们要写一个故事。我先念一句开头，然后你们接下来写发生了什么，写出一个完整的小故事，你会有 1 分钟的思考时间、3 分钟的写作时间。尽你最大的努力，如果有不会写的单词，你也尽量试着写出来。还有其他问题吗？（停顿）请放下铅笔，仔细听。接下来的 1 分钟，请思考……"（念故事启发器。）
4. 念完故事启发器后，教师/主试设定 1 分钟的思考时间，并开始倒计时（监督学生不要开始写作）。30 秒钟后说："你应该思考……"（念故事启发器）在 1 分钟倒计时结束后，重新设定 3 分钟的倒计时，同时说："现在开始动笔写。"
5. 监督学生，确保其注意力在完成写作任务上。当学生写不出来时，给予鼓励。
6. 在 90 秒钟后说："你应该写……"（念故事启发器）。
7. 在 3 分钟倒计时结束时说："谢谢。请停笔。"

经 aimsweb（Powell-Smith & Shinn, 2004）许可后改编。

写作 CBM 记分快捷指南：总字数（TWW）

总字数指的是在不考虑拼写是否正确或上下文是否顺畅的情况下，单纯合计写作的总字数。当进行总字数记分时，记分者在学生作文的每个字下画下划线，以记录写作的总字数（见图 5.3）。在这里，单词指的是前后都有间距的任何字母或字母组合，包括书写错误的单词或无意义的单词。

- 缩写词：常见的缩写也算字数（例如：Dr., Mrs., TV）。
- 连字符：由连字符组成的单词，若单词中的每个语素可以单独存在，则记为 1 个单词。连接符连接的词根记为 1 个单词，但使用连字符进行分隔的单词前缀，不能视为单词。
- 标题和结尾：故事的标题和结尾都计入单词数量。
- 数字：除了日期与货币以外，其他阿拉伯数字不计入单词数量，除非数字以单词形式表示。
- 特殊字符：特殊字符不计入单词数量，尽管它们用于代替一个单词。

写作 CBM 记分快捷指南：正确拼写单词数量（WSC）

正确拼写单词的记分与写作内容无关，在英语中能够找到的单词都算在内。拼写错误的单词应圈起来（见图 5.3）。正确拼写单词的记分规则为：从总字数中减去圈出的单词总数。与总字数记分一样，正确拼写单词也有附加的记分规则。

- 缩写词：缩写词拼写正确。
- 连字符：每个语素作为一个独立的单词必须拼写正确。如果语素不能独立存在（如前缀）且单词的部分拼写不正确，则视为整个单词的拼写不正确。
- 标题和结尾：故事的标题和结尾都计入正确拼写单词数量。
- 大写：专有名词必须大写，除非该词为普通名词。如果句子开头第一个单词的首字母没有大写但拼写无误，则该单词记入正确拼写单词数量。即使在句中单词不应大写却大写了，亦被视为拼写正确。
- 字母颠倒：字母颠倒的单词不被视为错误，除非字母颠倒导致单词拼写错误。该规则通常适用于以下字母的颠倒：p, q, g, d, b, n, u。
- 缩约形式：单词的缩约形式必须在正确的位置上标注撇号，除非该单词可独立存在。

写作 CBM 记分快捷指南：正确写作顺序（CWS）

正确写作顺序是指"两个相邻的且拼写正确的单词，对英语作为母语者而言，符合上下文语境的书面表达规则"（Videen et al., 1982, p. 7）。需要考虑的因素包括标点、句法、语义、拼写与大小写。正确写作顺序的记分，通常使用插入符号（^）标记每个正确的单词顺序。句子开头默认有空格。对正确写作顺序进行记分时，须考虑以下几点：

- 拼写：单词必须拼写正确方能计入正确写作顺序。未被计入正确拼写单词或者被画圈的错误单词都不能计入正确写作顺序。
- 大写：句首单词与专有名词必须大写，除非专有名词在特定的内容中可用作普通名词。大小写不正确的单词记为错误的单词写作顺序。
- 标点：句子末尾的标点必须正确。逗号通常不计入该项记分，只有当并列单词或短语之间使用逗号且使用正确时，方能记分。其他标点符号通常不记分。
- 语法：单词的运用符合语法规则才能记分。以连词开头的句子应符合语法规则。
- 词义：单词的运用符合语义规则方能记分。
- 故事标题和结尾：故事标题和结尾只有符合拼写、标点、大小写、句法和语义的规则方能记分。

From Michelle K. Hosp, John L. Hosp, and Kenneth W. Howell (2016). Copyright © The Guilford Press. Permission to photocopy this material is granted to purchasers of this book for personal use or use with individual students (see copyright page for details). Purchasers can download additional copies of this material (see the box at the end of the table of contents).

口头数数 CBM 指导语

1. 教师/主试须将自己使用的材料放在带夹写字板中,以防学生看到。
2. 教师/主试说:"当我说'开始'时,你从 1 开始大声数数,像这样 1、2、3,直到我说'停'。如果遇到不会说的数字,我会告诉你。尽你努力数到最大,准备好了吗?开始。"(启动计时器,限时 1 分钟。)
3. 当学生数错或跳过数字时,教师/主试要在口头数数 CBM 测验题的相应数字上画斜线(/)。
4. 1 分钟计时结束时说"停",在学生数到的最后一个数字后标记]符号。

经 aimsweb(Shinn & Shinn,2002a)许可后改编。

点数 CBM 指导语

1. 呈现一份点数 CBM 学生测验卷。
2. 教师/主试须将自己使用的材料放在带夹写字板中,以防学生看到。
3. 教师/主试说:"当我说'开始'时,你需要从测验题第一行(指向第一个圆点)开始数数,直到我说'停'。当数完一行时,接着转到下一行。如果遇到不会说的数字,我会告诉你。尽可能数到最大。准备好了吗?开始。"(启动计时器,限时 1 分钟。)
4. 当学生点数错误或跳过数字时,教师/主试要在点数 CBM 测验题的相应数字上画斜线(/)。
5. 1 分钟计时结束时说"停",在学生点数到的最后一个数字后标记]符号。

From Michelle K. Hosp, John L. Hosp, and Kenneth W. Howell (2016). Copyright © The Guilford Press. Permission to photocopy this material is granted to purchasers of this book for personal use or use with individual students (see copyright page for details). Purchasers can download additional copies of this material (see the box at the end of the table of contents).

口头数数与点数 CBM 记分快捷指南

回答正确的记分

口头数数 CBM 和点数 CBM 的记分与正确数数的数量有关，根据正确说出或点数的数字进行记分。每一个正确的数数都计入正确数数总分（NC）。

- 数字正确：数字必须按顺序说出且发音正确，同时每数一个数字必须伴随指或点圆圈的动作。
- 3 秒内自我纠错：学生起初回答错误但在 3 秒内自行修改正确，记作正确数数。如果主试划掉了相应数字，需要重新圈出来。
- 方言/语音：发音的差异是由方言或语音生成上的差异引起的。
- 重复：在口头数数或点数时，多次重复同一个数字。
- 插入数字：在数字序列中添加一个不合适的数字。

回答错误的记分

对于学生的所有错误数数，都要在相应的数字上画斜线（/）。

- 发音错误/替换：发成非数字的音或错误数字的音。
- 缺失（遗漏）：存在未读出数字的问题。
- 犹豫无回应：3 秒之内未主动回应，主试给予数字提示。
- 犹豫有回应：主动回应但时间超过 3 秒，主试给予数字提示。
- 颠倒顺序：颠倒两个或两个以上数字的顺序。
- 跳读：跳过数列中的数，未读。

From Michelle K. Hosp, John L. Hosp, and Kenneth W. Howell (2016). Copyright © The Guilford Press. Permission to photocopy this material is granted to purchasers of this book for personal use or use with individual students (see copyright page for details). Purchasers can download additional copies of this material (see the box at the end of the table of contents).

读数 CBM 指导语

1. 呈现一份读数 CBM 学生测验卷。
2. 教师/主试须将自己使用的材料放在带夹写字板中，以防学生看到。
3. 教师/主试说："请看这张纸，方框中有数字（手指着第一个方框），这是数字几？"
a. 学生回答正确，教师/主试说："正确，是数字 6。"（接着指向第二个方框。）
b. 学生回答错误，教师/主试说："这是数字 6。这是数字几？"（接着指向第二个方框。）
4. 接着做其他练习题。练习题做完后，翻到学生测验卷的第一页。
5. 教师/主试说："当我说'开始'时，请读出每一个方框中的数字。从这里开始，读完整页（主试用手指）。试着读出每一个数字。如果遇到不会说的数字，我会告诉你。还有其他问题吗？将手指放在第一个数字上。准备好了吗？开始。"（启动计时器，限时 1 分钟。）
6. 在主试记分纸上每道题的空白处记录学生说出的答案。
7. 学生读完一页测验题，主试翻到下一页。
8. 1 分钟计时结束时说"停"，并在学生读到的最后一个数字后标记] 符号。

———————————
经美国进步监测研究所许可后改编。

读数 CBM 记分快捷指南

回答正确的记分

读数 CBM 是根据正确读出数字的数量进行记分。每一个正确的回答都计入正确总分（NC）。
- 发音/回答正确：必须按正确顺序读出数字且发音规范。
- 3 秒内自我纠错：学生起初回答错误但在 3 秒内自行修改正确，记作正确读数。
- 方言/语音：发音的差异是由方言或语音生成上的差异引起的。
- 重复：读数时，多次重复同一个数字。
- 插入数字：添加一个不合适的数词。

回答错误的记分

对于学生的所有错误回答，都要在相应的数字上画斜线（/）。
- 发音错误/替换：发成非数字的音或错误数字的音。
- 缺失（遗漏）：存在未读出数字的问题。
- 犹豫无回应：3 秒之内未主动回应，且主试给予数字提示。
- 犹豫有回应：主动回应但时间超过 3 秒，主试给予数字提示。
- 跳读：跳过数列中的数，未读。

———————————
From Michelle K. Hosp, John L. Hosp, and Kenneth W. Howell (2016). Copyright © The Guilford Press. Permission to photocopy this material is granted to purchasers of this book for personal use or use with individual students (see copyright page for details). Purchasers can download additional copies of this material (see the box at the end of the table of contents).

找出缺失数字 CBM 指导语

1. 呈现一份找出缺失数字 CBM 学生测验卷。
2. 教师/主试须将自己使用的材料放在带夹写字板中，以防学生看到。
3. 教师/主试说："请看这张纸，每个方框里都有三个数字和一个空格（指向第一个方框）。下面请你告诉我空白处的数字是几？"
   a. 如果学生回答正确，教师/主试说："很棒，是数字 3。"（指向第二个方框。）
   b. 如果学生回答错误，教师/主试说："不对，空白处的数字是 3。你应该说 3，因为 3 在 2 的后面（0、1、2、3）。"（指向第二个方框。）
4. 继续完成其他练习题。练习题完成后，翻到学生测验卷的第一页。
5. 教师/主试说："当我说'开始'时，请你说出每个框中空白处的数字。从第一题开始直到最后一题（主试指向测验题的相应位置）。说出每一个数字。如果遇到你不会的题目，我会告诉你该怎么做。还有其他问题吗？请把你的手指放在第一道题目上，准备好了吗？开始。"（启动计时器，限时 1 分钟。）
6. 在主试记分纸上每道题的空白处记录学生说出的答案。
7. 如果学生完成此页题目，主试翻到下一页继续。
8. 1 分钟计时结束时说"停"，在最后完成的那道题目后标记] 符号。

经美国进步监测研究所许可后改编。

找出缺失数字 CBM 记分快捷指南

回答正确的记分

只有当学生找出数字变化规律并回答正确时，主试才能按回答正确进行记分。每一个正确的回答都计入正确总分（NC）。

- 发音/回答正确：根据数字变化规律回答出正确数字且发音规范。
- 3 秒内自我纠错：学生起初回答错误但在 3 秒内自行修改正确，记作正确回答。
- 方言/语音：发音的差异是由方言或语音生成上的差异引起的。

回答错误的记分

对于学生的所有错误回答，用斜线（/）标记。

- 发音错误/替换：发成非数字的音或错误数字的音。
- 犹豫无回应：3 秒之内未回应，教师/主试提示学生进行下一题。
- 犹豫有回应：主动回应但时间超过 3 秒，教师/主试提示学生进行下一题。

比较数字大小 CBM 指导语

1. 呈现一份比较数字大小 CBM 学生测验卷。
2. 教师/主试须将自己使用的材料放在带夹写字板中,以防学生看到。
3. 教师/主试说:"请看,方框里有2个数字(指向第一个方框)。请你告诉我哪个数字大?"
   a. 如果学生回答正确,教师/主试说:"很棒,7大于1。"(指向第二个方框。)
   b. 如果学生回答错误,教师/主试说:"大的数字是7,你应该说7,因为7比1大。"(指向第二个方框。)
4. 继续完成其他练习题。练习题完成后,翻到学生测验卷的第一页。
5. 教师/主试说:"当我说'开始'时,请你说出每个方框中大的数字。从第一题开始直到最后一题(主试指向测验题的相应位置)。每道题都要做,如果有不会做的,我会告诉你怎么做,还有问题吗?请你把手指放在第一道题目上,准备好了吗?开始。"(启动计时器,限时1分钟。)
6. 在主试记分纸上每道题的空白处记录学生说出的答案。
7. 如果学生完成此页的题目,主试翻到下一页继续。
8. 1分钟计时结束时说"停",在最后完成的那一道题目后标记]符号。

———————
经美国进步监测研究所许可后改编。

比较数字大小 CBM 记分快捷指南

回答正确的记分

比较数字大小 CBM 根据学生是否正确判断一对数字的大小进行记分。每个正确的回答都计入正确总分(NC)。

- 发音/回答正确:大数必须发音正确。
- 3秒内自我纠错:学生起初回答错误但在3秒内自行修改正确,记作正确回答。
- 方言/语音:发音的差异是由方言或语音生成上的差异引起的。

回答错误的记分

对于学生的所有错误回答,用斜线(/)标记。

- 发音错误/替换:发成非数字的音或错误数字的音。
- 犹豫无回应:3秒之内未回应,教师/主试提示学生进行下一题。
- 犹豫有回应:主动回应但时间超过3秒,教师/主试提示学生进行下一题。
- 跳题:跳过一题未做。

———————

From Michelle K. Hosp, John L. Hosp, and Kenneth W. Howell (2016). Copyright © The Guilford Press. Permission to photocopy this material is granted to purchasers of this book for personal use or use with individual students (see copyright page for details). Purchasers can download additional copies of this material (see the box at the end of the table of contents).

计算 CBM 指导语（单一运算类型）

1. 呈现一份计算 CBM 学生测验卷。
2. 单一运算类型 CBM 测验题的指导语为："桌上的测验题上有（加法、减法、乘法、除法、分数、比例、小数等）。答题前请仔细审题。当我说'请开始'时，你就可以做题了。从第一题开始依次做，做完一行转到下一行。如果遇到你不会的题目，就标记为'X'，然后做下一题。完成一页测验题后，请翻页继续做，直到我说'停笔'。还有其他问题吗？开始。"
3. 一旦教师/主试说"开始"时，就开启倒计时（设置为 2 分钟或适当的时长）。时间到时，说"停笔"，让学生放下铅笔停止做题。

经 Shinn（1989）许可后改编。

计算 CBM 指导语（多种运算类型）

1. 呈现一份计算 CBM 学生测验卷。
2. 多种运算类型 CBM 测验题的指导语为："桌上有多种类型的数学测验题，这些是（插入题目类型）。答题前请仔细审题。当我说'请开始'时，你就可以做题了。从第一题开始依次做，做完一行转到下一行。如果遇到你不会的题目，就标记为'X'，然后做下一题。完成一页测验题后，请翻页继续做，直到我说'请停笔'。还有其他问题吗？开始。"
3. 一旦教师/主试说"开始"时，就开启倒计时（设置为 2 分钟或适当的时长）。时间到时，说"停笔"，让学生放下铅笔停止做题。

经 Shinn（1989）许可后改编。

From Michelle K. Hosp, John L. Hosp, and Kenneth W. Howell (2016). Copyright © The Guilford Press. Permission to photocopy this material is granted to purchasers of this book for personal use or use with individual students (see copyright page for details). Purchasers can download additional copies of this material (see the box at the end of the table of contents).

计算 CBM 记分快捷指南

回答正确的记分

- 答案正确：只要学生的答案正确，正确作答题目记 1 分，答案的正确数字（CD-A）记满分，或者解答过程的正确数字（CD-S）记满分，即使学生没有写出全部解答步骤。学生写出了正确答案，则表明其知道如何作答，因此，无论使用哪种记分标准都能得满分。
- 未完成/划掉：如果题目被划掉或者没有做完，学生仍然会有相应的分数。即使学生没有做完，仍然要对题目的正确部分给予相应记分。
- 颠倒/旋转书写：6 和 9 以外的其他数字，即使颠倒或旋转书写也无法变成其他数字，所以除了 6 和 9 之外的其他数字书写颠倒或旋转，仍记为正确。
- 占位符：在乘法题目中，任何形式的占位符只要位置准确，则均算作正确的数字。学生可以使用 0、X、☺、空格，或者任何其他用以表示占位的符号。

回答错误的记分

对于学生的所有错误，都要在相应的数字上画斜线（/）。见图 7.4（版面 D、E 和 F）呈现的三个示例。
- 数字替换：学生写错数字。
- 缺失：缺失的每个数字都记作错误。

From Michelle K. Hosp, John L. Hosp, and Kenneth W. Howell (2016). Copyright © The Guilford Press. Permission to photocopy this material is granted to purchasers of this book for personal use or use with individual students (see copyright page for details). Purchasers can download additional copies of this material (see the box at the end of the table of contents).

数学概念与应用 CBM 指导语

1. 呈现一份数学概念与应用 CBM 学生测验卷。
2. 教师/主试说:"桌上的测验题是数学题,包括多种题型。在做每道题之前请你仔细读题。当我说'开始'时,你就动笔。从第一道题目开始,按照卷面上题目的先后顺序(主试用手指)做题。如果遇到不会的题目,标记'X',接着做下一道。完成一页后,请翻页继续做题,直到我说'请停笔'。还有其他问题吗?开始。"
3. 一旦教师/主试说"开始"时,就开启倒计时(设置为 6 分钟或适当的时长)。时间到时,说"停笔",并让学生放下铅笔停止做题。

经 Shinn(1989)许可后改编。

数学概念与应用 CBM 记分快捷指南

回答正确的记分

- **作答正确**:某些研发机构依然使用生成反应(production response)的测验方式(坚持最初的 CBM 原则),即学生将自己认为正确的答案填在空白处。在此情况下,通过将学生的答案与标准答案相比较进行记分。为了方便记分且提高记分的自动化程度,某些研发机构采用选择题型(即包含三个潜在反应的选择题),这是由电脑施测发展而来的简化题型。在教学层次或布鲁姆教育目标分类学(Bloom's taxonomy)框架之内,这种题型呈现了对任务的不同掌握水平,经早期研究,该测量技术具有可行性。此类题型测验能节省施测和记分时间,提高测量的使用效率。如果学生回答正确,记作 1CP,同时参照记分手册中的表格将其转换为预先确定的分值(通常为 1~3 分)。
- **未完成/划掉**:如果题目被划掉或者未做完,学生仍会得到相应的分值。即使学生没有做完,仍然要对学生答案的正确部分给予记分。
- **颠倒/旋转书写**:6 和 9 以外的其他数字,即使颠倒或旋转书写也无法变成其他数字,所以除了 6 和 9 之外的其他数字书写颠倒或旋转,仍记为正确。

回答错误的记分

对于学生的所有错误,都要在相应的数字上画斜线(/)。见图 7.4(版面 D、E 和 F)呈现的三个示例。

- **数字替换**:学生写错数字。
- **缺失**:缺失的每个数字都记作错误。

词汇匹配 CBM 指导语

1. 呈现学生使用的测验题。
2. 教师/主试说:"请看这份测验题,左边是词汇(手指向词汇栏),右边是词汇的定义(手指向定义栏)。定义的顺序打乱了,但是每个词汇都能在右边定义栏里找到相应的定义。"
3. 教师/主试说:"当我说'开始'时,请把每个定义的字母序号填写在相应词汇前面的空白处(主试用手指)。试着完成每一题。如果遇到不会的,你可以做完其他题目后再回来思考。还有其他问题吗?开始。"(启动计时器,限时 5 分钟。)
4. 当学生做到页面的末尾时,提醒学生继续填答直到测验时间结束。
5. 5 分钟计时结束时说"停"。

词汇匹配记分快捷指南

正确回答记分
- 字母序号对应词汇的正确定义。

错误回答记分
- 字母序号对应词汇的错误定义。
- 字母序号对应干扰项。

进步监测数据表

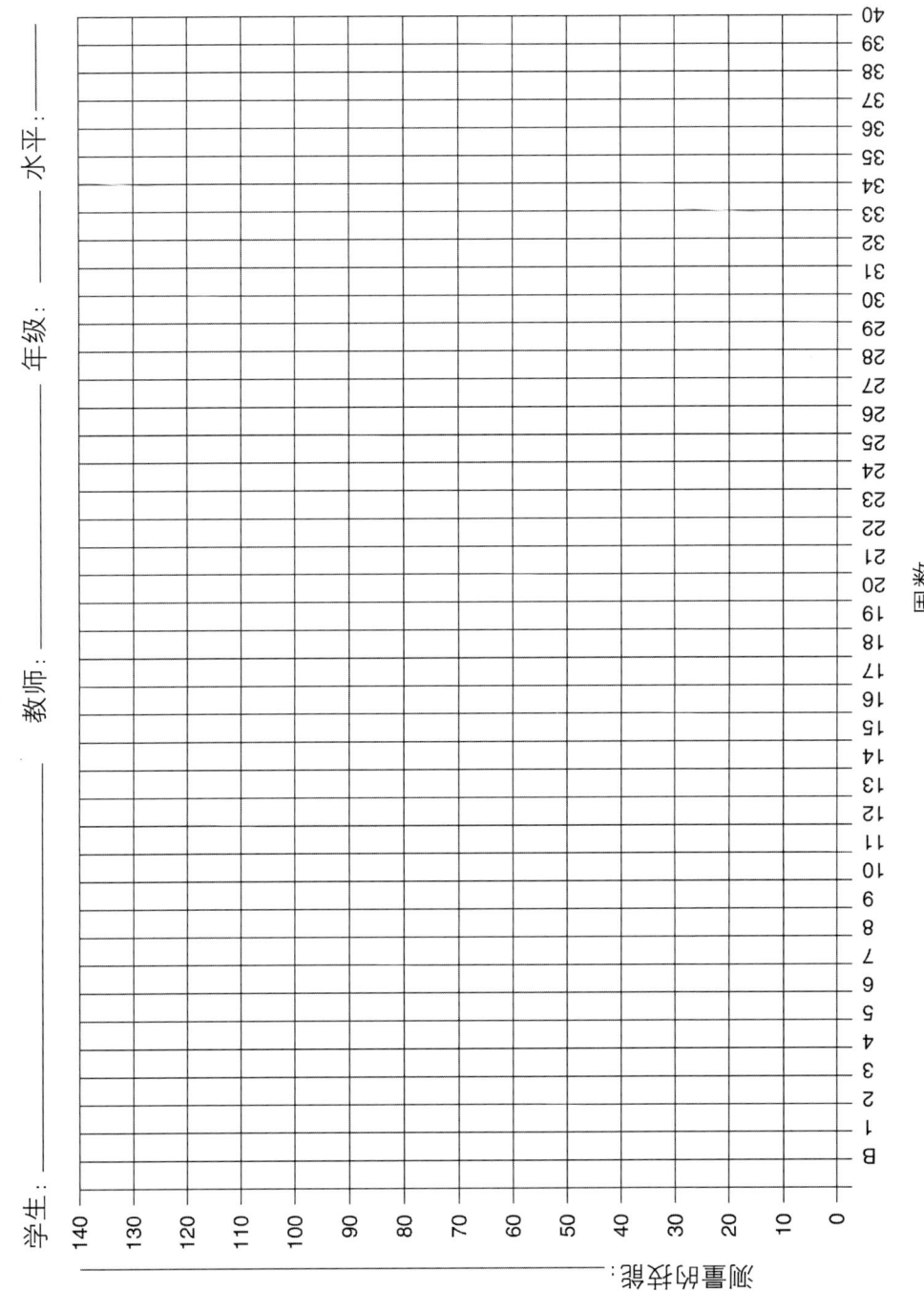

学生：_____ 教师：_____ 年级：_____ 水平：_____

测量的次数（纵轴：0–140）
周数（横轴：B, 1–40）

实施之前、期间、之后的 CBM 检核表

实施 CBM 之前

第 1 步：谁将使用 CBM（勾选所有适用项）

（班级）_____（年级）_____（学校）_____（学区）_____

第 2 步：测量哪一种 CBM 技能（勾选所有适用项）

- 早期阅读
  - _____首音
  - _____音素分割
  - _____字母命名
  - _____字母发音
  - _____无意义单词
  - _____单词识别
- 阅读
  - _____短文朗读
  - _____完形填空
- 写作
  - _____总字数
  - _____正确拼写单词数量
  - _____正确写作顺序
- 早期数字
  - _____口头数数
  - _____点数
  - _____读数
  - _____找出缺失数字
  - _____比较数字大小
- 数学
  - _____计算（多种运算类型）
  - _____计算（单一运算类型）
  - _____数学概念与应用
- 词汇
  - _____匹配

第 3 步：将使用什么测验材料？

- _____使用具备记分与数据绘图功能的商业产品
- _____购买现成的材料（即短文、清单、测验题、故事启发器）与自制绘图软件
- _____购买现成的材料（即短文、清单、测验题、故事启发器）与手绘统计图

第 4 步：何时开始施测

_____秋季　　_____冬季　　_____春季

第 5 步：谁来培训教职人员

- _____聘请专业培训者
- _____安排先接受了培训的两三位教职人员担任培训者

_____自学已出版的材料并进行团体练习

实施 CBM 期间

第 6 步：谁管理测验材料

_____教师（普通班级教师，层级 1 的教师，ESL 课程教师，特殊教育教师）

_____管理人员（校长、副校长）

_____辅助人员（言语治疗师、阅读教练、学校心理学家）

_____助手（行政助理、家长志愿者）

第 7 步：谁收集数据

_____教师个体

_____团队（普通班级教师、特教教师、教师助手、校长、学校心理学家、阅读教练、言语治疗师）

第 8 步：数据在哪里收集

_____教室

_____学校中心位置

实施 CBM 之后

第 9 步：在完成数据收集以后谁负责管理数据

_____每个教师负责输入自己学生的数据并用统计图加以呈现

_____每个年级或每所学校有专人负责输入数据并用统计图加以呈现

_____学区团队负责输入数据并用统计图加以呈现

第 10 步：数据怎样分享

_____每个教师亲自负责查看各自学生的数据

_____同年级所有教师共同查看所有学生的数据

_____学校组建团队负责查阅与分析全校学生的数据

From Michelle K. Hosp, John L. Hosp, and Kenneth W. Howell (2016). Copyright © The Guilford Press. Permission to photocopy this material is granted to purchasers of this book for personal use or use with individual students (see copyright page for details). Purchasers can download additional copies of this material (see the box at the end of the table of contents).

实施 CBM 忠诚度检核表

实施 CBM 之前

是　否
☐　☐　1. 使用正确的学生材料和教师/主试材料
☐　☐　2. 使用合适的设备记录学生的反应（电脑/笔）
☐　☐　3. 使用合适的计时设备（电脑/计时器）
☐　☐　4. 注意计算机屏幕或写字夹板的位置，以防学生看到记分

实施 CBM 期间

是　否
☐　☐　5. 按标准逐字朗读指导语
☐　☐　6. 按照指导语启动计时器
☐　☐　7. 遵守每个测验规定的时限
☐　☐　8. 在合适的设备（电脑或教师/主试记分纸）上标记学生的错误
☐　☐　9. 当学生犯错误时，不予纠正（除非示例材料中允许）
☐　☐　10. 遵守中止规则
☐　☐　11. 在规定的时间范围内进行任务施测
☐　☐　12. 计时结束时让学生停止，并标记学生所停位置。

实施 CBM 之后

是　否
☐　☐　13. 通过网络或其他方式提交已完成的测验
☐　☐　14. 正确合计作答题目总数
☐　☐　15. 正确合计错误总数
☐　☐　16. 正确计算速率
☐　☐　17. 正确计算正确率
☐　☐　18. 如果学生在计时结束前完成测验，则按比例折算分数
☐　☐　19. 正确绘制数据图表

From Michelle K. Hosp, John L. Hosp, and Kenneth W. Howell (2016). Copyright © The Guilford Press. Permission to photocopy this material is granted to purchasers of this book for personal use or use with individual students (see copyright page for details). Purchasers can download additional copies of this material (see the box at the end of the table of contents).

图书在版编目（CIP）数据

课程本位测量实践指南：第 2 版／（美）米歇尔·K. 霍斯普（Michelle K. Hosp），（美）约翰·L. 霍斯普（John L. Hosp），（美）肯尼斯·W. 豪厄尔（Kenneth W. Howell）著；刘颂主译. —北京：华夏出版社有限公司，2023.10

书名原文：The ABCs of CBM：A Practical Guide to Curriculum-Based Measurement（Second Edition）

ISBN 978-7-5222-0449-9

Ⅰ.①课… Ⅱ.①米… ②约… ③肯… ④刘… Ⅲ.①教育心理学—心理测量学—指南 Ⅳ.①G449-62

中国国家版本馆 CIP 数据核字（2023）第 030381 号

Copyright © 2016 The Guilford Press
A Division of Guilford Publications, Inc.
Published by arrangement with The Guilford Press
ⓒ华夏出版社有限公司　未经许可，不得以任何方式使用本书全部及任何部分内容，违者必究。

北京市版权局著作权合同登记号：图字 01-2022-1066 号

课程本位测量实践指南（第 2 版）

作　　者	［美］米歇尔·K. 霍斯普
	［美］约翰·L. 霍斯普
	［美］肯尼斯·W. 豪厄尔
主　　译	刘　颂
策划编辑	刘　娲
责任编辑	薛永洁
出版发行	华夏出版社有限公司
经　　销	新华书店
印　　装	三河市万龙印装有限公司
版　　次	2023 年 10 月北京第 1 版　2023 年 10 月北京第 1 次印刷
开　　本	787×1092　1/16 开
印　　张	14.75
字　　数	280 千字
定　　价	88.00 元

华夏出版社有限公司　地址：北京市东直门外香河园北里 4 号　邮编：100028
网址：www.hxph.com.cn　电话：(010) 64663331（转）
若发现本版图书有印装质量问题，请与我社营销中心联系调换。

列丛书

书号	书名	作者	定价
融合教育			
*9228	融合学校问题行为解决手册	[美]Beth Aune	30.00
*9318	融合教室问题行为解决手册		36.00
*9319	日常生活问题行为解决手册		39.00
*9210	资源教室建设方案与课程指导	王红霞	59.00
*9211	教学相长：特殊教育需要学生与教师的故事		39.00
*9212	巡回指导的理论与实践		49.00
9201	"你会爱上这个孩子的！"（第2版）	[美]Paula Kluth	98.00
*0013	融合教育学校教学与管理	彭霞光、杨希洁、冯雅静	49.00
9329	融合教育教材教法	吴淑美	59.00
9330	融合教育理论与实践		69.00
9497	孤独症谱系障碍学生课程融合（第2版）	[美]Gary Mesibov	59.00
8338	靠近另类学生：关系驱动型课堂实践	[美]Michael Marlow 等	36.00
*7809	特殊儿童随班就读师资培训用书	华国栋	49.00
8957	给他鲸鱼就好：巧用孤独症学生的兴趣和特长	[美]Paula Kluth	30.00
*0348	学校影子老师简明手册	[新加坡]廖越明 等	39.00
*8548	融合教育背景下特殊教育教师专业化培养	孙颖	88.00
*0078	遇见特殊需要学生：每位教师都应该知道的事		49.00
0433	培智学校康复训练评估与教学	孙颖、陆莎、王善峰	88.00
生活技能			
*0130	孤独症和相关障碍儿童如厕训练指南（第2版）	[美]Maria Wheeler	49.00
*9463	发展性障碍儿童性教育教案集/配套练习册	[美]Glenn S. Quint 等	71.00
*9464	身体功能障碍儿童性教育教案集/配套练习册		103.00
*9215	孤独症谱系障碍儿童睡眠问题实用指南	[美]Terry Katz	39.00
*8987	特殊儿童安全技能发展指南	[美]Freda Briggs	42.00
*8743	智能障碍儿童性教育指南	[美]Terri Couwenhoven	68.00
*0206	迎接我的青春期：发育障碍男孩成长手册		29.00
*0205	迎接我的青春期：发育障碍女孩成长手册		29.00
*0363	孤独症谱系障碍儿童独立自主行为养成手册（第2版）	[美]Lynn E.McClannahan 等	49.00
转衔|职场			
*0296	长大成人：孤独症谱系人士转衔指南	[加]Katharina Manassis	59.00
*0301	我也可以工作！青少年自信沟通手册	[美]Kirt Manecke	39.00
*0299	职场潜规则：孤独症及相关障碍人士职场社交指南	[美]Brenda Smith Myles 等	49.00

社交技能

*9500	社交故事新编（十五周年增订纪念版）	[美]Carol Gray	59.00
*0151	相处的密码：写给孤独症孩子的家长、老师和医生的社交故事		28.00
*9941	社交行为和自我管理：给青少年和成人的5级量表	[美]Kari Dunn Buron 等	36.00
*9943	不要！不要！不要超过5！：青少年社交行为指南		28.00
*9942	神奇的5级量表：提高孩子的社交情绪能力（第2版）		48.00
*9944	焦虑，变小！变小！（第2版）		36.00
*9537	用火车学对话：提高对话技能的视觉策略	[美] Joel Shaul	36.00
*9538	用颜色学沟通：找到共同话题的视觉策略		42.00
*9539	用电脑学社交：提高社交技能的视觉策略		39.00
*0176	图说社交技能（儿童版）	[美]Jed E.Baker	88.00
*0175	图说社交技能（青少年及成人版）		88.00
*0204	社交技能培训实用手册：70节沟通和情绪管理训练课		68.00
*9800	社交潜规则（第2版）：以孤独症视角解读社交奥秘	[美]Temple Grandin	68.00
*0150	看图学社交：帮助有社交问题的儿童掌握社交技能	徐磊 等	88.00
*0380	了解你，理解我：阿斯伯格青少年和成人社会生活实用指南	[美]Nancy J. Patrick	59.00

与星同行

*0109	红皮小怪：教会孩子管理愤怒情绪	[英]K.I.Al-Ghani 等	36.00
*0108	恐慌巨龙：教会孩子管理焦虑情绪		42.00
*0110	失望魔龙：教会孩子管理失望情绪		48.00
*9481	喵星人都有阿斯伯格综合征	[澳]Kathy Hoopmann	38.00
*9478	汪星人都有多动症		38.00
*9479	喳星人都有焦虑症		38.00
9002	我的孤独症朋友	[美]Beverly Bishop 等	30.00
*9000	多多的鲸鱼	[美]Paula Kluth 等	30.00
*9001	不一样也没关系	[美]Clay Morton 等	30.00
*9003	本色王子	[德]Silke Schnee 等	32.00
*9090	我心看世界（最新修订版）	[美]Temple Grandin	49.00
*7741	用图像思考：与孤独症共生		39.00
8573	孤独症大脑：对孤独症谱系的思考	[美]Temple Grandin 等	39.00
*8514	男孩肖恩：走出孤独症	[美]Judy Barron 等	45.00
8297	虚构的孤独者：孤独症其人其事	[美]Douglas Biklen	49.00
9227	让我听见你的声音：一个家庭战胜孤独症的故事	[美]Catherine Maurice	39.00
8762	养育星儿四十年	[美]蔡张美铃、蔡逸周	36.00
*8512	蜗牛不放弃：中国孤独症群落生活故事	张雁	28.00
*9762	穿越孤独拥抱你		49.00
*0428	我很特别，这其实很酷！	[英]Luke Jackson	39.00
*0302	孤独的高跟鞋：PUA、厌食症、孤独症和我	[美]Jennifer O'Toole	49.90

经典教材 | 工具书 | 报告

*8202	特殊教育辞典（第3版）	朴永馨	59.00
*9715	中国特殊教育发展报告（2014-2016）	杨希洁、冯雅静、彭霞光	59.00
0127	教育研究中的单一被试设计	[美]Craig Kenndy	88.00
*8736	扩大和替代沟通（第4版）	[美]David R. Beukelman 等	168.0
9707	行为原理（第7版）	[美]Richard W. Malott 等	168.0
9426	行为分析师执业伦理与规范（第3版）	[美]Jon S. Bailey 等	85.00
*8745	特殊儿童心理评估（第2版）	韦小满、蔡雅娟	58.00
8222	教育和社区环境中的单一被试设计	[美]Robert E.O'Neill 等	39.00
*0167	功能分析应用指南：从业人员培训指导手册	[美]James T. Chok 等	68.00

新书预告

出版时间	书名	作者	估价
2023.03	应用行为分析（第3版）	[美]John O. Cooper 等	398.00
2023.04	多重障碍学生教育	盛永进	69.00
2023.05	课程本位测量实践指南（第2版）	[美]Michelle K. Hosp 等	78.00
2023.06	特殊教育和融合教育中的评估	[美]John Salvia 等	148.00
2023.06	孤独症及相关障碍儿童社会情绪课程（初阶）	钟卜金、王德玉、黄丹	88.00
2023.06	家庭干预实战指南	[日]上村裕章	59.00
2023.06	应用行为分析与社交训练课程	[美]Mitchell Taubman 等	88.00
2023.06	准备上学啦！在学校环境中给孤独症孩子设计ABA项目	[美]Ron Leaf 等	88.00
2023.06	走进职场：阿斯伯格人士求职和就业完全指南	[美]Gail Hawkins	49.00
2023.10	行为分析师执业伦理与规范（第4版）	[美]Jon S. Bailey 等	88.00
2023.10	融合教育实践指南：校长手册	[美]Julie Causton	58.00
2023.10	融合教育实践指南：教师手册		68.00
2023.10	融合教育实践指南：助理教师手册（第2版）		60.00
2023.11	特殊教育和行为科学中的单一被试设计	[美]David Gast	68.00

标*号书籍均有电子书

微信公众平台：HX_SEED（华夏特教）
微店客服：13121907126
天猫官网：hxcbs.tmall.com
意见、投稿：hx_seed@hxph.com.cn

关注我，看新书！ 联系地址：北京市东直门外香河园北里4号（100028）

华夏特教

书号	书名	作者	定价
*0137	孤独症入门		
*0137	孤独症谱系障碍：家长及专业人员指南	[英]Lorna Wing	59.00
*9879	阿斯伯格综合征完全指南	[英]Tony Attwood	78.00
*9081	孤独症和相关沟通障碍儿童治疗与教育	[美]Gary B. Mesibov	49.00
*0157	影子老师实战指南	[日]吉野智富美	49.00
*0014	早期密集训练实战图解	[日]藤坂龙司等	49.00
*0116	成人安置机构ABA实战指南	[日]村本净司	49.00
*0119	孤独症育儿百科：1001个教学养育妙招（第2版）	[美]Ellen Notbohm	88.00
*0107	孤独症孩子希望你知道的十件事（第3版）	[美]Ellen Notbohm	49.00
*9202	应用行为分析入门手册（第2版）	[美]Albert J. Kearney	39.00
*0356	应用行为分析和儿童行为管理（第2版）	郭延庆	88.00
	教养宝典		
*0149	孤独症儿童关键反应教学法（CPRT）	[美]Aubyn C. Stahmer等	59.80
9991	做·看·听·说（第2版）	[美]Kathleen Ann Quill	98.00
8298	孤独症谱系障碍儿童关键反应训练（PRT）掌中宝	[美]Robert Koegel等	39.00
9678	解决问题行为的视觉策略	[美]Linda A. Hodgdon	68.00
9681	促进沟通技能的视觉策略	[美]Linda A. Hodgdon	59.00
*9496	地板时光：如何帮助孤独症及相关障碍儿童沟通与思考	[美]Stanley I. Greensp等	68.00
*9348	特殊需要儿童的地板时光：如何促进儿童的智力和情绪发展	[美]Stanley I. Greensp等	69.00
*9964	语言行为方法：如何教育孤独症及相关障碍儿童	[美]Mary Barbera等	49.00
*0419	逆风起航：新手家长养育指南	[美]Mary Barbera	78.00
9852	孤独症儿童行为管理策略及行为治疗课程	[美]Ron Leaf等	68.00
*8607	孤独症儿童早期干预丹佛模式（ESDM）	[美]Sally J.Rogers等	78.00
*9489	孤独症儿童的行为教学	刘昊	49.00
*8958	孤独症儿童游戏与想象力（第2版）	[美]Pamela Wolfberg	59.00
*0293	孤独症儿童同伴游戏干预指南：以整合性游戏团体模式促进	[美]Pamela Wolfberg	88.00
9324	功能性行为评估及干预实用手册（第3版）	[美]Robert E. O'Neill等	49.00
*0170	孤独症谱系障碍儿童视频示范实用指南	[美]Sarah Murray等	49.00
*0177	孤独症谱系障碍儿童焦虑管理实用指南	[美]Christopher Lynch	49.00
8936	发育障碍儿童诊断与训练指导	[日]柚木馥、白崎研司	28.00
*0005	结构化教学的应用	于丹	69.00
*0402	孤独症及注意障碍人士执行功能提高手册	[美]Adel Najdowski	48.00
9203	行为导图：改善孤独症谱系或相关障碍人士行为的视觉支持	[美]Amy Buie等	28.00